"以爱育爱"教育丛书

丛书主编：李烈　丛书副主编：芦咏莉　冯红

爱的智慧

Ai de Zhihui

北京第二实验小学
爱的教育故事

冯 红◎主编

王春伟 何建雯◎副主编

科学出版社
北京

内 容 简 介

当下的学校教育面临着接踵而来的新现象、新问题、新挑战。应对教育的主要任务就是应对"问题"，教育同时也是一个发现问题、解决问题的过程。作为教师，只有爱的意识、情感还不够，还需要爱的能力和智慧，以帮助学生和家长，同时帮助教师自己不断学习与创新。

本书围绕着爱的智慧、爱的沟通、爱的氛围三个主题，通过其中的小故事、小案例，体现出教师在工作中如何智慧地去爱学生，体现教师"目中有人"的教育理念，以及教师如何潜心钻研学习、修养爱的智慧、提升爱的能力，以真正彰显教育的力量与价值。

本书适合基础教育工作者尤其是中小学班主任阅读，也可为即将从事中小学教学工作的大学生、研究生尽快进入职业角色提供参考。

图书在版编目（CIP）数据

爱的智慧：北京第二实验小学爱的教育故事 / 冯红主编. —北京：科学出版社，2017.6

（"以爱育爱"教育丛书 / 李烈主编）

ISBN 978-7-03-053066-0

Ⅰ.①爱… Ⅱ.①冯… Ⅲ.①小学-班主任工作 Ⅳ.①G625.1

中国版本图书馆 CIP 数据核字（2017）第 125405 号

责任编辑：孙文影 / 责任校对：刘亚琦
责任印制：张 倩 / 封面设计：润一文化
联系电话：010-64033934
电子邮箱：edu-psy@mail.sciencep.com

科 学 出 版 社 出版
北京东黄城根北街 16 号
邮政编码：100717
http://www.sciencep.com
新科印刷有限公司 印刷
科学出版社发行 各地新华书店经销

*

2017 年 6 月第 一 版 开本：720×1000 1/16
2017 年 6 月第一次印刷 印张：16 插页：2
字数：282 000

定价：49.80 元
（如有印装质量问题，我社负责调换）

"以爱育爱"教育丛书编委会

主　编　李　烈

副主编　芦咏莉　冯　红

编　委　华应龙　马丽英　孙津涛　王春伟　胡　兵

　　　　张　建　田颖红　黄利华　王冬梅

本书编委会

丛书序

以爱育爱，使教育梦想扬帆起航

教育之发展，首先是思想之发展。名校之特征，首推鲜明、先进且鲜活的教育思想或办学思想。唯有此，才能被世人传颂，才可能在教育史上留下浓墨重彩，被后辈传承与发展。

北京第二实验小学，一直都是首都小学教育的一面旗帜。1997 年，我接任北京第二实验小学校长一职。如何站在前辈深厚积淀的基础上，集当时教育研究之大成，提出学校发展的新思路、新思考，是我当时面临的首要课题。最终，以己推人，我提出"双主体育人"办学思路，将教师之"教育主体"与学生之"学习主体"齐肩并存，并强调两个主体在教学相长过程中的"互育"以及对己负责过程中的"自育"，即双主体共同成长。"以爱育爱"，和"以学论教""以参与求体验""以创新求发展"一起被提出，成为"双主体育人"办学思路的四大支柱，贯穿学校教育的全过程、全方位。

先进的教育思想，源自于历史积淀中的不断传承与发展。作为百年老校，"爱"始终是北京第二实验小学教育的主旋律。在百年校史中，大家熟悉的各位教育前辈，如陶淑范先生、霍懋征先生、关敏卿先生、马英贞先生、姚尚志先生等，都一再提出爱在教育中不可替代的重要地位。如"不爱教师的校长，不算好校长""没有爱，就没有教育""不爱学生的老师，不算好老师"……以爱育爱，再次强调了爱在教育中的重要性，不仅明确了爱是教育手段——即教师的"爱"应贯穿教育的全过程，渗透在教育的全方位；而且突出了爱是教育目的——育出学生的"爱"，是教育的首责。

2003 年 9 月，时任总理温家宝来我校参观，听取汇报之后，在感慨之余挥毫题写了"以爱育爱"四个大字。自此，"以爱育爱"成为北京第二实验小学的品牌与标志。

随着学校"以爱育爱"教育实践的不断深入，"以爱育爱"已经从教育过程中"教师—学生"之间爱的激发、培育，逐步引申到学校管理中"管理者—教师"之间爱的激发、培育，再扩展到学校发展环境与系统中"学校—社会（家长）""家长—孩子"之间爱的激发、培育。由此可见，"以爱育爱"对各教育要素之间相互作用的关系，对宏观、中观、微观等不同层级的教育系统健康发展，产生了广泛而深远的影响。

与此同时，随着"全人"发展的深入解读，在北京第二实验小学，"爱"被明析为两部分：一是以"爱探索、爱思考、爱研究"等行为特征为代表，"爱"成为学生认知发展的核心内容与动力，并以"人"字的左撇来标示；一是以"爱他人、爱社会、爱国家、爱世界、爱自己"等行为特征为代表，"爱"成为学生社会情感发展的核心内容与动力，并以"人"字的右捺来标示。也就是说，借着"人"字的结构，其一撇（认知发展）一捺（品德发展）共同撑起学校教育中的全"人"发展，构建出"以爱育爱"的两大领域与核心内容。

近 20 载"以爱育爱"教育实践的不懈探索，北京第二实验小学创造出新的佳绩，迈入新的辉煌。

首先，塑造出一批优秀名师和一个以"美丽、智慧、快乐"著称的和谐教师团队。通过以爱育爱，改变教师的心智模式、加强和谐团队建设，培养教师的归属感。通过以爱育爱，提升教师的教学策略、促进学生有效成长，培养教师的效能感。归属感和效能感相辅相成，共同构成了北京第二实验小学激发教师主动发展的"∞教师成长模型"。一批名师就在这样的充满爱和研究的和谐氛围中不断探索、实践，逐步成长、成熟，形成了对教育教学的独特认识。参与本丛书编写的施银燕老师（《行走在数学与儿童之间》）、周

晓超老师（《游走在自我发展与成就学生之间：青年教师掬水留香的教学生活》）、许颜老师（《心的成长：心智能力的培养与发展》）是其中的代表。教师及其团队的成长与成熟，正是"以爱育爱"教育思想（《爱的智慧：北京第二实验小学爱的教育故事》）、"双主体育人"办学思路（《以爱育爱：双主体育人实施手册》）最具代表性的成果。

其次，打造出一系列彰显学生主体的参与式特色课程体系。遵循"爱"的左撇，学校在特色课程建设中，充分关注探索任务的真实性与趣味性，充分关注探索过程的参与性与挑战性，充分关注探索结果的价值性与推广性，以最大程度地调动学生探索、思考和研究的欲望。遵循"爱"的右捺，学校在特色课程建设中，充分关注自主与选择、统筹与规划、分工与执行、冲突与合作、责任与担当等各种核心品质的培养，基于现实情境展开人格的塑造与社会情感的培养。于是一系列广受师生、家长喜爱的特色课程诞生，如低年级的主题板块、中高年级的主题研究课，学科平行选修课，国学"思与行"课程，立体的书等等。本丛书采撷了其中两束 [《研之趣：北京第二实验小学主题研究课案例集（上、下册）》《数之乐：玩着游戏学数学》)]，与大家分享。

另外，还构建出凸显"目中有人"的学校系列文化。随着学校双主体之主体作用的不断激发，学校逐步走向从制度到文化的转型。围绕教师、学生两大主体，首先构建出教师文化、学生文化，同时分别衍生出了教师群体中的党员文化、学生背后的家长文化。遵循以爱育爱，围绕教师、学生之间的互动，创生出了学校的课程文化与课堂文化。同样，遵循以爱育爱，基于学校管理中"教师第一"的思考，又构建出学校的管理文化和制度文化。最终和校园文化一起，形成了凸显目中有"人"的北京第二实验小学九大文化体系。这其中，对于同行而言，最具有特色的当属学校"生本、对话、求真、累加"的课堂文化。尤其关于对话，在长达 5 个学年之久的科研月中，呈现的都是学校教师团队不断探索的内容，最终围绕"教师勇敢地退，适时地进"，围绕"课前参与—课中研讨—课后延伸"总结出了系列的教学策略包。在本丛书中，我们以语文、数学学科为例，提供出近年来或者受到大家好评，或者颇有研究价值的课例（《徜徉在语言文字间：北京第二实验小学语文案例集》《有滋有味的数学：北京第二实验小学优秀数学研究课荟萃》，供读者批评指正。

　　不愿意当将军的士兵，不是好士兵。这句话推崇的是理想、信念在专业成长中的意义和价值。我深感认同。有鉴于此，我想说：真正爱教育的人，一定有一个教育梦想。作为一位从教 40 余年的老教育工作者，我以为：以爱育爱，使教育梦想扬帆起航。

　　最后，诚挚地感谢科学出版社的领导、同仁，尤其是付艳、孙文影等编辑，是她们的全情投入，使本丛书几经周折，终于顺利出版。在此代表所有沐浴在"以爱育爱"旗帜下、成长于"以爱育爱"沃土的二小教师们，对科学出版社的工作团队，和历年来关心、支持北京第二实验小学成长、发展的各界朋友，表示衷心的感谢！

2016 年 12 月

于新文化街 111 号酬勤堂

序 言
Preface

　　植根孩子心灵发展和生命成长的爱就是以爱育爱。教育应该是一个温馨而又充满诗意的过程，应该是一个用爱来诠释生命成长的过程。爱的使命在于给生命以生长的力量，生长的力量首先源于孩子自身内在的发展动力，而需要是动力的主要来源。所以，了解并研究学生的发展需求是爱的使命使然；而能区分出哪些需求是合理的，哪些需求是不合理的，并能合理应对，就是爱的智慧所在。

　　爱的智慧，体现在如何教会孩子独立，如何潜移默化地让孩子的心灵得以成长，"授之以鱼，不如授之以渔"，这就是爱的智慧！

　　爱的智慧，体现在不断地研究新时代背景下接踵而来的一项项新问题、新挑战。其实，应对教育的主要任务就是应对"问题"，教育就是发现问题、解决问题的过程。人无完人，每位学生或多或少都表现有这样那样的问题，种类繁杂；时代在发展，问题又在千变万化；其中某些问题又类似顽疾般令人头痛。所以，光有爱的天性还不够，教师职业中还需要爱的智慧。不断研究学生、不断创新与学习、拒绝满足与守成是爱的智慧的源泉，也是教师职业的魅力所在。本书中一个个生动如刚刚发生在眼前的小故事、小案例体现了用心去爱每一位学生的师者那份执著于学生成长的浓浓的爱。他们潜心钻研、学习修养教育的爱的智慧，用发展的、动态的目光关注孩子个人的成长过程，体现着教育的真正价值。

　　本书的出版凝结着所有二小人在育人工作中炽热的爱的情感，大家围绕爱的智慧、爱的沟通、爱的氛围三个主题与大家细细分享，回味我们育人中的爱的智慧，叙述着我们工作中的智慧的爱。

北京第二实验小学德育智库

目 录
Contents

主题二　爱 的 沟 通

主题三　爱 的 氛 围

后 记

主题一 爱 的 智 慧

如果你问我，

什么是教育？

我会告诉你：

教育就是爱！

如果你问我，

什么又是爱？

我会告诉你：

爱是不伤害！

是面对一个个鲜活稚嫩的生命，

是面对一件件烦琐突发的问题，

是面对一天天陪伴成长的经历，

是面对一年年四季轮回的重复，

用爱心去呵护生命，

用智慧去解决问题，

用耐心去书写经历，

用创新去精彩重复！

爱能生慧，

爱孩子所以有办法，

定能生慧，

有耐性所以能成功，

新能生慧，

敢创新所以勇向前！

当您读完这段序言，

当您翻过这页白纸，

当您开始阅读这一章的故事，

我们相信：

您看到的虽然只是白纸黑字，

但脑中一定会呈现出一幕幕精彩的瞬间，

您读到的只是老师们再平常不过的工作，

但心中一定会涌动着一股股温馨的暖流，

那是爱的瞬间，

那是爱的暖流，

那爱呀，

是由智慧成就！

（刘娟）

因势利导，抓住时机引导学生学会爱

冯 勉*

　　爱，不仅是教育的手段，更是教育的目的。学生在尊重、理解中，学会的应是尊重、理解他人，在被爱中学会的应是爱他人、爱周围的一切，这是教育最终要达到的目的。但是，小学阶段的学生认识事物的能力还不完善，缺乏社会经验，各方面处于形成阶段，这就需要教师在教育的过程中，充分发挥主体作用，引导学生去学会理解爱、体验爱，进而付出爱。有一次，接一个五年级新班不久，我发现有一个长得白皙、瘦弱的男生（在这称为小朋）经常抹着眼泪回到班上，问他怎么回事，他只是说有人打他，是谁他也不肯说，问班上其他的同学，大家对此似乎见怪不怪，甚至有些漠然，我的心里有一种说不出的滋味。有一天判学生写的日记，当判到一个刚转来的学生小林的日记时，一段文字深深触动了我，他说："小朋是一个很爱帮助人的孩子，我不明白为什么总有人欺负他……而每次他哭过之后，又擦干眼泪，微笑着去面对每一个人……"读到这，我的心里不禁又是一阵酸楚。看来，小朋挨打的事已经到了很严重的地步，连转来几天的小林都关注到了，这不是一个两个学生的问题，而是关系到班风的问题。这样说一是欺负小朋的人不止一两个学生，小小年纪如此没有爱心；二是不欺负小朋的其他学生对此无动于衷，甚至在一旁看热闹，幸灾乐祸，情感上的漠然更是件可怕的事，必须好好地解决这个问题。正好这天课间小朋又挨打了，他又一次抹着眼泪走进了教室，我内心复杂的情感一下子爆发了，决定开个临时班会。上课了，学生们都安静地坐好等着上语文课。我说："今天的语文课我们不学课文里的内容，我们来探讨一个很重要也很基本的问题，那就是如何做人。"学生们听了都露出疑惑的目光。我接着说："说到人，我们身边有形形色色的人，我们每个人每天都在与这些形形色色的人打交道，在这个过程中相互磨合、相互协作，我们自己从中成长起来。"听到这里，一部分学生赞同地点着头。我话锋一转，说："那不妨先从你

＊　北京第二实验小学五年级语文组冯勉，高级教师，北京市学科带头人；获北京市"紫禁杯"优秀班主任奖特等奖、北京市十佳班主任、北京市人民教师奖、全国模范教师等荣誉。

们身边的同学说起吧。你们是怎么看待小朋的？"学生们先是一愣，接着陆续举起了手。有的说他长得有点别扭，有点傻；有的说他说话爱拖长声，不好听；还有的说不愿意跟他来往……没有发言的有的跟着频频点头，不时看着小朋笑，而小朋先是茫然地看着我，接着低下了头。听了他们的想法，我感到非常吃惊，觉得太不可理喻，这么小的年纪，就学会以貌取人，如此缺乏爱心。我压抑着心里的愤怒，说："看来大家都觉得小朋挨打是有道理的，有同学欺负他是有理由的。但是在你们中间有这样一位同学，他是这么看待小朋的。"接着我读了小林的日记。可能是当时太激动了，读完后，一句话还没说，我已是泪流满面。学生们一下愣住了，不解地看着我。我冷静了一下，问："你们知道老师为什么哭吗？"学生说："可能是您被同学写的日记感动了。"我一边流着泪一边说："我此时的心情很复杂。我为小朋感到难过，他生活在一个怎样的班集体？没有温暖，没有关爱，有的只是辱骂和拳头。他要在这样的集体生活六年，这六年叫他怎么过呀？我也为欺负他的同学感到羞愧，你们这些十多岁的孩子，正是拥有最纯洁心灵的年龄，可是却没有一颗关爱他人的善良之心，这真令人痛心！我也为在座这么多看到小朋挨打却无动于衷的同学而感到可悲，你们的正义与善良哪去了？我更为班里有一个敢站出来为小朋说话的同学感到高兴、自豪！"此时，教室里安静极了，学生们都低下了头，刚才还嬉笑的学生此时表情严肃起来，一些女生低声啜泣起来。

第二天，学生们写来了日记，都谈到了这节特殊的语文课，许多学生对自己以前的做法表示羞愧。一个学生写道："我为自己的无动于衷感到悔恨。是的，我也曾为挥向小朋的拳头而为他感到难过，但仅此而已。……以后再遇到这样的情况，如果我的劝说没有什么作用的话，我会用我的脊背为他挡下挥下的拳头，哪怕一拳也好！"从那以后，欺负小朋的现象明显减少了，有时有谁忍不住又犯老毛病，要么有学生主动劝住，要么有学生主动向老师报告。有一些男生主动带着小朋玩，小朋的脸上笑容多了。

在爱中坚守规则底线

张 蕾*

金秋九月，我又接了一个四年级的新班，听说班里有个叫小一的孩子很是特别。

开学后的日子，我领略了小一的各种"风采"。他脾气暴躁，易怒，出手伤人，甚至敢和老师挥拳头；对老师没有敬畏之心，有时老师说话，他像没听见一样我行我素。遇到问题逃避，推卸责任；无视规则，上操、听广播、晨读等时间常常不回班；上课随便走动，随便说话，不能按时完成作业；自己的物品一团乱，经常毁坏班级物品。但是，我也发现他有两个时尚而高雅的爱好：阅读和打篮球。

面对众多问题，我是多管齐下，还是逐一突破呢？我对小一的问题进行了分类和权衡。我准备先以交往问题为突破口。原因如下：①只有解决了这个问题，才能把小一对集体的影响、对同学的伤害降到最低。②对小一今后的成长和生活幸福度有长远影响的是他的为人处世之道。③这个问题解决了，其他问题也会有所缓解甚至迎刃而解。

基于以上思考，我认为首要任务是帮他脱下"特需"的外衣，回归集体。在观察中，我发现小一是一个矛盾体，一方面他有强大的自尊心，不愿意让大家觉得他和别人不一样。但另一方面他希望得到一些"特权"，比如：可以不专时专用，上课看课外书，等等。针对他这样的心理特点，我力图用班级文化去感染他，让他回归集体，脱下"特需"的外衣。

严守规则底线，但多一把评价的尺子

小一不愿意上操，上操时间总是"玩失踪"。我曾多次提醒和劝说，他依旧我行我素，趁大家排队时下楼悄悄溜走，躲在某处看课外书。一天，小一依旧没有上操。我没有去找他。同学们下操后纷纷回到教室。我让同学趁小一还没有回来，把前后门都锁上。一会儿，小一回来了，发现进不了教室，就把门捶得"咚咚"

---

* 北京第二实验小学六年级语文组教师张蕾，中学高级教师，西城区语文学科带头人；获北京市"紫禁杯"优秀班主任奖特等奖、西城区"德育先进个人"等荣誉；多次在各项教学比赛中获一等奖。

响。我依旧和同学们谈笑风生，不予理睬。小一在门外边跺脚边哭喊："臭9班、烂9班、可恶的9班。"此时，我已看出他迫不及待想回到集体中，便让同学打开门。他生气地攥着拳头，一副气急败坏要打人的样子。我微笑着问全班同学："你们听见刚才小一说什么了吗？"同学们表示听到小一在骂班集体。我故作神秘地说："可我听到的是小一在说香9班、好9班、可爱的9班。"全班同学一脸不解，我继续解释："小一嘴上说的臭9班，心里却在说香9班；嘴上说九班可恶，心里却在说9班可爱，想回到9班。"我的话音刚落，小一停止了哭泣，嗫嚅地说："你怎么知道的？"我深情地说："因为你们每个人都在老师的心里，所以老师也可以听到你们心底的声音。"我趁势拍拍小一的肩膀说："快告诉大家，你想回9班。"他低着头不肯说话。我柔声地作了示范："我想回9班，我喜欢9班。"他仍低头不语。我不厌其烦地做着示范，鼓励他用语言表达自己的情感。他终于小声地嘟囔道："我喜欢9班，想回9班。"但始终低垂着眼皮。我连忙说："喜欢9班就要和全班同学遵守一样的规则，不能擅自离开集体。大家一起帮助小一好吗？"全班同学纷纷用掌声表示接纳。这件事，让小一感受到离开集体的痛楚，也明白了爱需要表达，更懂得了享受集体的温暖就要遵守集体规则。

之后，小一不敢再肆意地离开班级队伍。但他仍然不愿意上操，总是站在队尾，想见习。我没有妥协，坚持让他站到原本的位置。尽管他做操还不够标准，但只要按时站在队伍中，都可以获得"信誉度积分"。严守规则底线，但多一把评价的尺子，一方面让他知道在集体中没有特权，任何人都要遵守规则。要想赢得别人的尊重，首先要尊重自己；另一方面也给予他充分的鼓励，他尽己之力就会得到认可，不拿他和别人比较，做最好的自己即可。

少说教，发挥教育活动的育人功能

发挥活动育人的功能，在集体活动中帮助小一成长是我的另一个策略。我们北京第二实验小学的课外活动异彩纷呈，集体活动为改变个体行为提供了空间和时机。

跳绳比赛前，小一始终不愿意参加集体训练，只喜欢打篮球。但我告知小一跳绳比赛要求全员参与，一个不能少后，他还是加入了跳长绳的队伍。为了鼓励他顾全大局，为集体肯服从，每天我会单独奖励他一些打球时间，还让他给同学传授跳绳技能，让他感受到集体需要他。

纸飞机比赛引起了小一的浓厚兴趣。他深钻其中，他研制的纸飞机的滞空时间和飞行距离在班中都是数一数二的，在全年级比赛中也是榜上有名。在他研究期间，我和他的妈妈商量好，请他的妈妈用周末时间带他到合适的场地试飞，支持他。我为他提供需要的材料和工具。但小一有时也把控不住自己，在课上折纸飞机。于是，我又和小一约定了奖励和惩罚措施，帮助他进行自我管理。在此活动中，小一收获的不仅是优异的比赛成绩，更是一份自信。

歌咏比赛前的训练对小一来说是一个挑战。每次排练，四十分钟的站立对他而言已属不易，还要边唱边做动作，小一的耐性在崩溃的边缘。我对小一的要求是和大家一样，不允许他找任何理由不参加排练。但根据他的承受能力，时间上采取循序渐进的方法。如果他练习认真，可以提前休息，如果排练时间坚持得久，我会多奖励打球的时间。这样，他参加排练坚持的时间由最初的十分钟增加到最后的四十分钟。一次，小一在排练中和同学发生了冲突，影响了集体，耽误了大家的时间。放学后老师与他的妈妈共同陪他补练动作，让他为自己的行为进行弥补。总之，对小一的要求和对其他同学的要求是一致的，但评价标准上略有灵活。让小一对集体有责任感、归属感。同时所有要求都在他能承受的范围内，让他有成就感。

篮球是团体项目，需要配合，但作为体育比赛，身体间的冲撞又是不可避免的。打篮球是小一的最爱，于是我关注他在玩篮球中的交往问题，及时引导。我教给他如何请别人和自己一起玩，发生矛盾时如何解决。渐渐地，小一成了篮球场上的"铁杆"。

给予特需生个性化的教育固然重要，但更应帮其渐渐回归集体，让他在集体中感受温暖，感受被需要；在集体中学会担当，懂得责任。

信任是用智慧去表达对孩子们的注视

陆宇平*

爱是教师的本能，是对每一个生命的尊重和热爱。"以爱育爱"的学校教育理念，使我联想到了马克思曾说过的话："人就是人，而人同世界的关系是一种人的关系，那么你就只能用爱来交换爱，只能用信任来交换信任。"

在合校近两年中，我深深地感受到：读懂学生，了解孩子真实的内心需求，

---

* 北京第二实验小学陆宇平，北京市师德先进个人、西城区德育先进工作者、西城区十佳女教师，获第十八届北京市"紫禁杯"优秀班主任奖一等奖、西城区基础教育课程改革试验工作先进个人。

给予积极期待，才能达到爱的目的——给孩子以成长的动力。爱，更多的是尊重与信任。

"信任"一词在词典中的解释为：相信而敢于托付。我认为信任不等于放任、对问题的视而不见，以及盲目的理解与认可，而是要用"包容"去呵护，用"交流"去培养，用"爱心"去守望。

尊重和信任是现代教育的第一原则。在班主任的工作中，教师、学生、家长这个"三角形"如何能够在尊重和信任的原则下更加和谐稳定，是一个时代性的命题。理论认为，情感是影响人们行为最直接的因素之一，任何人都有渴望各种情感的需求。人的情感决定了人的价值取向和行为方式，而个人价值的激励则是人的最高追求，也是最成熟的境界。这种激励就是信任。特别是，对于班级中那些有特殊需求的孩子们来说，深度践行信任原则，能够打开他们的心扉，让教师与他们共同度过丰富的、涌动的、特殊的生命历程。

所谓特殊需求的学生，是指那些在缺少社会和家庭关爱的环境中成长起来的畸形群体，那些心理或生理存在缺陷的弱势群体。在这些学生身上，普遍存在着不同程度的心理障碍和不良行为表现。心理学研究发现，对人们的良好思想和行为作出肯定的评价和给予适当的激励，能使人产生愉快的情感体验，并受到鼓舞，焕发出更大的积极性。对于更需要尊重、理解、宽容和关爱的特需生，激励是促使其奋发进取的有效推动力。

生活的逻辑是，失后才会有所得，给予后必会有所获。现在社会竞争如此激烈，而越是竞争，就越需要和谐的人际关系，越需要信任的力量。教师不但要信任那些优秀生、中等生，更要信任那些特需生。因为给予一个曾经犯过错的人以信任，是一种美德；这种美德，基于我们过硬的心理素质，良好的心性。在这样的信任里，饱含了真诚的爱，远比那种信任"可信的人"来得深刻、深沉，所以也更为珍贵，更值得珍惜。真正的信任，并不是对某一个个体的信任，而是对人性，对整个我们所生活的世界的信任。只有这样的信任才是健全的，对我们周围的每一个个体的信任才是有基础的、可靠的。

教育的艺术在于融入真挚情感的交流，真诚地与学生谈心是教师用自己的真情感染学生的重要途径，是排除特需生心理障碍的好方式。而这种真挚情感的表达往往会被误以为是态度的温和、话语的温柔等。其实，真挚的情感还应该表达一种讯息，那就是科学的交流与互动。这种交流互动应该包括：第一，要与学生及时谈，即在问题的第一时间与学生进行交流；第二，要与学生谈得来，即在交流中教师与学生都有话可说，都有彼此想听的话可说；第三，要与学生谈得深，即在交流碰撞中让学生有可回味咀嚼的话题。同时，与学生的交流不仅贵在及时，贵在坚持，更贵在运用科学的方法。

班里有个家庭十分特殊的孩子，他的爸爸因伤人进了监狱，判了无期徒刑，他的妈妈吸毒也进了劳教所，他从小跟大姨长大。因此，他对周围的人总抱有猜疑、不信任的戒备心理，经常有意躲避老师。于是，我开始走近他，与他交流。通过交流和观察，我发现孩子最大的心理障碍是害怕别人知道自己的家庭情况，害怕被别人看不起，越是害怕就越封闭自己，越是封闭自己就越无法与同学们正常沟通。在这种情况下，我开始将注视投向他。

上课时，有我对他积极的评价；下课后，有嘘寒问暖的话语；午休时，与他一起打羽毛球，玩篮球，尽量让我们有话可说，在说说笑笑中拉近心灵的距离；要开运动会了，我让他做班里的总指挥，设计班徽、排练队形、统一服装全都交给他去做。当他不被大家认可时，我教给他与人沟通的法宝：放弃命令、学会倾听……。一个人的态度决定着一个人的行为，而态度的选择是完全自主的，选择积极主动的态度，改变要从自己开始，并鼓励他要心里装着法宝，主动与人沟通，我始终在注视他，更相信他能做好应该做的。

慢慢地，他与同学们开始了良性的交往。有了好的开始，我又向他提出了更高的要求，让他在班里主动找四个同学，并要跟他们建立起友谊来。一段时间以后，奇迹发生了，他不但与班里的四个同学成了好朋友，其中竟有他从前的"对头"，他的这一大步迈得真让我高兴至极，同时，也让我更加体会到，态度是一种完全可以选择的选择，只要用积极的态度去选择积极的行动，孩子们是可以不断进步的。

教师的职业是一个充满"情分"的职业，而教师的"情"与"爱"更多地应该表现在科学的教育上。其实，科学的教育总要伴之以科学的交流，而交流要建立在充分了解特需生的基础上，要注意了解他们的心理需求是什么，他们在想什么、做什么，他们的欢乐和苦恼是什么，他们为什么会这样，等等，在了解的基础上实施的交流才是有效的交流，在了解的基础上才能选择最适合学生的教育，只有适合的教育才是最好的教育，才是最有效的教育，也才是最科学的教育。

人，最重要的不是他是什么，而是你把他当作什么。你给他信任多少，他就会给你回报多少。而给人以信任需要智慧，需要胸怀。正如孔子所说："信以立志，信以守身，信以处世，信以待人，毋忘立信，当必有诚。"教师给予学生的信任应是科学的、智慧的，要在科学的交流互动中使学生体验信任、感受信任、传递信任。

要让孩子们感到，教师对学生的信任不是对过去的甄别，也不是对现在的评判，更不是对未来的预设，而是最美的注视，是不倦的期待，那是体现师爱的神情守望。

发现"脆弱"心灵中的那份美好

毛莉丽[*]

　　特需生是最让班主任头疼的学生，在他们身上经常会发生很多让人意想不到的事件，这些事件不是伤害他人，就是伤害自己。小曹就是这样一个全校知名的特需生，他的暴力行为不但自伤过，还曾经伤及过一位年轻的音乐老师。

　　这次接班我遇到他。开始的一段时间他对我还算信任，每天有些小磕绊，但也相安无事。可是有一次我们之间发生了严重的冲突，他的暴怒让我震惊！起因是那天他带着乐高玩具来到学校，凭我的经验，我们班的那些小淘气肯定会闹着和他一起玩儿，他肯定不同意，这后续的"故事"我估计至少一周我都处理不完。

　　为了减少麻烦，我和他商量："我能帮你收着，咱别影响自己和同学的学习，放学后我肯定给你！行吗？""不行！你凭什么！"他瞪着眼睛向我大声地喊叫着，我惊住了，还从未遇到过这样和我说话的学生。然后他开始和我大闹，和我争抢手中的玩具，一边抢还一边嚷："我就不给你！……"不堪入耳的话一句接着一句，班里顿时鸦雀无声……

　　作为一个成年人，一个老师，我的威严正在被他的行为撼动。我也有些要发怒了，这样顽劣的学生不教训他一顿不行！但转念一想，我对他发怒之后，他会怎样？真的会把他震慑住吗？如果事情这么简单，他也就不会特殊到如此"知名"了。北京第二实验小学提倡要"以爱育爱"，不仅要有爱的情感、行为，更要有爱的智慧、能力。"不行，要静下心来，要马上想办法……"我快速地在脑中寻找着可行的策略——先舍再得，要了解他这么做背后的缘由。

　　于是，我松开玩具，轻声说："大家在学习，我俩出去谈谈，就两分钟，行吗？"

* 北京第二实验小学六年级语文教研组毛莉丽，中学高级教师，北京市骨干教师和西城区学科带头人、北京市教学改革实验先进个人，论文、案例等多次获得国家级、市级、区级奖项。

他好像被我的做法也惊住了，想了想，带头走出了教室。结果在后来的几个回合的谈话中，我终于知道，他的玩具曾经被前任老师没收后就再也没拿回来，所以这次他怕我不还他心爱的玩具，坚决不想给我。听到这里，我释然了，我明白了这份歇斯底里后面的心理需求：玩具是他的最爱！他要保护它！这个特需生不是一个不可理喻的孩子，只是他自己心里的那份需求没有被我们大人耐心地去理解。

理解了他的行为，我开始和他商量解决的办法："我请校长做证人，保证放学后玩具还给你，你看行吗？"他眨着眼睛审视了我一会儿，点头同意了。我请来校长，让校长做证人，他乖乖地将玩具交到了我的手里。一场风波就这样平息了，而且这次的平息还让我对这个孩子有了些同情：原来他疯狂的外表下面是这么脆弱的心灵，他丢失了玩具，那份伤心我们大人又曾理解多少呢？也许他的今天就是在我们一次又一次这样的不经意的伤害中造成的。

我 的 发 现

通过这次事件，我感到其实孩子的心灵真的是美好的，只是有时候作为成年人，我们没有蹲下来看待他们，没有真正用他们的眼光和心灵与他们平等对话，所以我们对他们不理解，甚至会称他们是"特需生"。那些所谓的"特需生"有的正是被我们成年人的不慎言行给误导了的孩子。

面对这样的学生，我们应该采用什么策略对待他们？是以其人之道还治其人之身？那我们的教育行为又会对周围的同学产生怎样的影响？面对这样的孩子，如何让我们打开他们的心灵之门，让我们的教育能真正有效？我觉得这把"金钥匙"就是教师对学生的理解、尊重、赏识、接纳与宽容，就是北京第二实验小学提倡的"以爱育爱"。

如果我们能饱含一颗关爱之心，放下我们成年人的面子，放下我们教师的权威身份，放下我们衡量学生的"一把尺子"……走进孩子的心灵，真正地去理解他们，不因他们是特需生而忽略他们的内心需求。真诚地送上信任与鼓励；运用心理学知识，对他们进行不动声色的心理辅导与指导，让他们对老师有信任，对自己有信心……只有这样坚持进行教育，坚持有耐心地化解他们心中纠结的一件件小事，赏识他们一点点微小的进步，及时肯定他们一丝丝的努力，送给他们安全感……

那么我们一定会发现那颗"脆弱"心灵中的美好！

一块黑板的启示之斗智不斗勇

郭　霄*

　　话说到了高年级，老师和学生得是斗智斗勇。而我则不然，我更善于斗智不斗勇。

　　班里有个篮球明星——小马。有一次，他们组做值日，小马负责擦黑板。整个上午，我们一再提醒他擦黑板，可他总是忘记擦。于是我决定惩罚一下他。

　　英语课后就是语文课，上课了，我见到英语课的板书虽然已擦掉一部分，但依然有两行红字摆在黑板上，我眉头一皱，不禁想到：嘿，这个屡教不改的小子，就这一块黑板，还需要老师反复提醒，今天我非给他来个"小题大做"。今天语文课的内容是作文讲评，以学生读范文为主，正好板书比较少，我要在黑板上大做文章，给他布置个不可能完成的任务，好好难为难为他。想罢，我计上心头，于是二话不说，拿起白粉笔直接将当天作文课的板书覆盖在英语板书之上。学生们也是丈二和尚——摸不着头脑，在我的带领下，上完了当天的作文讲评课。

　　下课了，看着自己"精心设计"的板书，我不禁微微一笑。这时，小马要来擦黑板。我一下子叫住了他，对他说："今天的黑板可不好擦，由于语文板书下午还要用，请你将英语板书擦掉，将语文板书留下，要求原封不动，午饭后必须完成，否则影响了白鸽奖，唯你是问！"听了这话，这下不单他，连全班同学都傻眼了。小马皱着眉头，想要跟我求情，我当然不能给他这个机会，直接出了班。一路上，我暗自得意：两份板书二罪并罚，量他有天大的本领，也休想完成，等大课间一结束，我要好好地跟他算算账。擦不完，就要让他擦这一周的黑板。整个一个课间，我都没有进到班里去，不想由于我的出现，干扰小马擦黑板。上课了，我慢步走向教室，这时我发现班里几个女同学站在远处，一看见我，转身就走。难道有什么不妥，但我无暇多想，心中的疑云转瞬即逝，径直回班检查小马的劳动成果，这结果真是让我瞠目结舌！只见板书黑白分明，所有的红色英语板书就

---

* 北京第二实验小学五年级语文教师郭霄，区级学科带头人，曾获"区优秀班主任""区先进教育工作者""区优秀党员"称号，撰写的多篇论文、教育案例在市区评比中获奖并刊登。

像蒸发了一样，只剩下语文板书清晰可见，这下轮到我傻眼了。

这时，班里的学生看见了我，几个活跃分子纷纷打手势让大家坐好。见状，联想到刚才在教室门口碰见的女同学的反应，我马上狐疑起来，这事有蹊跷。于是我高声问道："谁擦的？""小马！"学生们异口同声。没办法，由于马上就要上课了，在将信将疑中，我只好组织学生先上课。下课后，好几个学生偷偷告诉我，原来我走后，小马苦苦哀求大家，班里的学生们鉴于小马的悔过及白鸽奖的荣誉，最终原谅了他。于是所有学生相互配合，有的用板擦擦，有的用抹布抹，甚至有的孩子用毛笔描，再加上站岗放哨的，总之男女学生齐动手，帮助小马解决了难题。我听后心想：嘿嘿，看来和我一开始想到的如出一辙，果然班里有学生帮助小马，但能有这么多的人，真是出乎我的意料。可是此类行为从某个角度来看，是对老师的一种欺骗，而且是集体性欺骗。但是从另一个侧面来看，这又是一次意外的收获，原本打算教训一下小马，没想到学生们相互配合，使班级呈现出了一派空前的团结景象，这不正是天大的本领吗？这时我想：如果直接向孩子们说出真相，批评大家，严惩小马，难免造成彼此尴尬，教育效果也会大打折扣，不如来它个欲擒故纵。于是我将计就计，恰好此时语文课讲到"礼物"这个单元，一进班，只见学生们纷纷盯着我，特别是刚才几个向我说出真相的孩子，从他们的眼神中，我看到的是期盼，期盼我主持正义。而小马呢，正是满脸的欢喜，似乎还沉浸在完成了这个任务的喜悦中。见此场景，我故意向所有学生高声说道："同学们，今天小马给我们每个人送上了一份特殊的礼物，他用实际行动告诉我们——人的潜力是无穷的。"听了这话，学生们兴奋之情溢于言表，我当然知道他们的兴奋有着更深一层的含义。于是，我又趁热打铁，接着说道："那么接下来，作为纪念，我要和所有的同学在黑板前合影，以珍藏这份宝贵的礼物。来，大家，快抓紧时间！"于是，我召集男生、女生与我在黑板前留影，当相机的"咔嚓"声一次次响起时，我相信班里的每个人都懂得了"团结力量大"这个道理。经过不懈的努力，一切都按照我的计划顺利进行着。此时，我想：仅仅做到这些是不够的，还必须巩固胜果，因为自始至终我还没有发表对此事真相的任何看法与观点。我要通过此事，将正确的价值观、道德观植入学生心中。于是我又心生一计——反客为主。在大家留影之后，我让学生们坐回座位。然后对大家说："今天的事情值得回忆，那么今天我们加留一项作业，就是将小马整个擦黑板的过程写出来，还原当时的场景。我想，大家一定会写得精彩纷呈！"我故意将"精彩纷呈"四个字说得分外响亮。

第二天，翻看学生们的作文本，有些同学将事件的来龙去脉讲得一清二楚，而文中提到的学生们对于白鸽奖这种集体荣誉的珍视，更是让人感慨万千。

事情过去两年之久，现在回想起来，依然历历在目。此事之所以能成功解决，在我看来有两点原因：首先是胸怀，男人般的胸怀。社会上普遍认可男班主任的阳刚之气，但这"阳刚之气"一词未免太过笼统，在我看来它应该是一种独到的男人个性，如我们所说的智慧、幽默、大气等。然而这只是"男班主任阳刚之气"的一个侧面，另一个侧面则在于"我们对于学生之中阳刚之气的认可与包容"。其实就是对学生的培养和管理当中，也要有男人的胸怀，如对于小马屡次不擦黑板的宽容，对于全班同学"同流合污"的宽容，等等。同样出现问题，我们应该更多地从男性的视角去思考，对学生的管理当中也更应该有一种特殊的宽容，这应该算作是男班主任教育中的一股韧性，它给予学生更加充足的空间，而在这空间中，往往能够激发班主任老师的智慧，产生解决问题的方法。其次是思考，男人般的思考。这一点，很多人都谈到男人的思考是大处着眼。我们看上面这件事，可谓一波三折。特别是当我知道学生们瞒天过海，使用欺骗性的手段帮助小马解决问题时。这一时刻，最容易使老师丧失冷静，因为师道尊严受到了损害，相应地，一系列恶性的思维会占据老师们的头脑。男人们所谓的大处着眼，有些时候就是要超越这种表面的细节之处的胜败。大处上的"为"，并非小处上的"不为"，恰恰正是小处上的"更为"。这种方式，是实现北京第二实验小学在德育上"抓近、抓小、抓实"理念的另一体现。而最终，男老师和女班主任们的管理是殊途同归的。借用男班主任研讨会上，《班主任》杂志社赵福江社长的话来说："优秀的女教师同样的她也能培养出非常优秀的男子汉来，那么同样的男教师他一样能培养出非常温柔、女性的孩子来。实际上说到本质，我们男性教师和女性教师最主要的是我们的心理模式不一样，如此而已。"

所以我们讲，班主任工作必然中有偶然，偶然中也存在必然。《三十六计》中讲，"六六三十六，数中有术，术中有数。阴阳燮理，机在其中。机不可设，设则不中。"班级工作中，学生的个性、问题、老师的方法、教育的时机瞬息万变，而万变不离其宗的是老师思考问题的方式，这就是我们说的智。而这个智，就是北京第二实验小学一直以来所倡导的"爱的能力与艺术"。所以我们看，男班主任，无论是善智，还是善勇，重中之重的，则应该是我们心中的爱。也唯有这份爱，方能使我们的教育迸发出无穷的智慧。

这就是我，一个斗智不斗勇的男班主任，所对于男性之爱的浅显理解。

捕捉教育契机，做成功的引导

何艳茹*

　　每当手机铃声响起，一段被我存入的悦耳的钢琴曲就会流入耳际，这首曲子是肖邦所作的欢快乐曲——《蝴蝶》。喜欢它不是源于它出自肖邦之手；喜欢它不是源于它轻松明快；喜欢它更不是源于我的闲情雅致。喜欢它，源于它的背后有一个我熟知的演奏者；喜欢它，源于它的背后有一段理解的过程；喜欢它，更源于它的背后有一个我与孩子之间的故事。每每静静聆听之时，会勾起我的一段回忆。

　　时值六月，我们已经步入期末复习阶段，我提前下手，一边学习一边查缺补漏。真正的期末复习来临了，我带领着孩子们不慌不忙地稳步前行。几次单项复习结束后，一个目标被锁定了——一个本是优秀的孩子小 T 引起了我的注意，一连几次，无论是常态的听写字词，还是夯于基础的知识练习，她的成绩总是不尽如人意，令我异常诧异。一个个问号闪现在我的脑海里，是复习内容过多吗？是孩子的负担过重吗？……我没能给她找到一个合适的理由。总之，这种情况的出现令我不解，这样的成绩真的不应该出现在她的身上！

　　与这个孩子接触快一年了，凭借我对她的了解，她的自尊心很强。这对于她来讲，既是优点又是缺点。我想到了北京第二实验小学"爱的四有"理论，确实，对孩子的教育不仅要有爱的情感，最重要的是要有爱的智慧。教师理应以爱的情感激发爱的智慧，用爱的智慧去践行爱的教育。所以，我先与孩子进行了初步的谈心，了解到她已意识到自己最近的成绩不理想，但是自己也不知道为什么。面对她的坦诚，我不忍心再说些什么，只是结合具体学习上的问题给她指点了一些方法。我在心底默默期待，期待着她的进步。然而事实上，她在学习上的表现并没有什么改善。此时，我想请她的家长聊聊，但是深思熟虑后我认为不妥，这样做多少会给这个敏感的孩子心理上造成伤害。借助一次值周的机会，我与她的妈妈见面了。细聊后，得知孩子最近在家里状态也不好，学习没精神，每天的生活

---

* 北京第二实验小学语文教研组何艳茹，一级教师，西城区语文学科带头人，兼职教研员，荣获"西城区优秀工作者""课程改革先进个人"称号，曾参加市、区级授课说课，论文撰写曾获一、二等奖。

似乎也提不起兴趣，用妈妈的一句话来讲："每天这孩子困得不行，老是迷迷糊糊！什么也不想干！"通过妈妈的介绍，我更摸不着头绪了，于是我带着身为老师的责任心和使命感，决定展开细致的"刨根问底"。经过与她妈妈敞开心扉的畅谈，我在了解分析后确定，出现这一系列问题的原因是：孩子在近期要参加钢琴六级的考试，谱子难度很大，钢琴老师的期待很高，无形中给孩子造成了业余学习的巨大压力，再加上孩子近期在学校里又要参与期末考试复习，学校老师、家长对她的学习成绩也是有所期待的，她一贯不甘示弱，课内课外沉重的担子一起压在身上，让她无所适从。

作为老师，我了解了问题、分析了问题，下一步就要解决问题。我打算让孩子课内课外两不误。我将自己的想法和她的妈妈进行了交流，得到了她的赞同和支持。起初，我借弹钢琴作为话题，拉近我与她的关系；接着讲自己喜欢听钢琴曲，却无从下手，所以羡慕会弹琴的孩子，帮她树立自信；再借我对肖邦的了解，激起她向我讲述正在弹肖邦曲子的事实；然后借我的兴趣点请她来为老师演奏肖邦的曲子，在有目的、潜移默化的教育帮辅训练中，孩子与我的距离缩短了。顺理成章地，我督促她把考级的曲目进行了反复练习，使她顺利通过了钢琴六级考试，取得了证书。随后，我对她大加赞赏一番，并鼓励她说："这么有难度的曲子都被你'攻克'了，真是不容易。拿出练琴的精神头儿来，再把功课努力复习一下，老师相信你在学习领域也一定能收获满枝硕果。"经过一段时间的调整，她的学习状态逐渐恢复了。

一天早晨，我还邀请她在学校的大厅演奏，用欢快的乐曲迎接来上学的同学们。她兴奋不已！欣赏着动人心弦的曲调，看着她小手之下跳动着的黑白琴键，我和她一样兴奋不已，于是拿起手机录下了这首曲子，作为自己的手机铃声。我想，这不仅是一首简单的曲子，更是我教育收获的果实！

一件小事就这样悄然而逝，然而却带给了我久久的回味，作为一名教育工作者，我深深地意识到：爱是教育存在的本源；爱是生命的真实存在；教育应关注人类之爱。同时我也感悟到：教育中没有爱是不行的，但只有爱是不够的，师爱还应该充满智慧。所以我们要在日常的工作中尊重孩子的梦想，尊重孩子的成长，始终与孩子们保持心与心的交流，让师爱的智慧温暖每一个孩子！

"我 没 错"†

张文胜*

我班有一个同学叫小丁，有一天课间我把改完的百词卷子放在讲桌上，告诉课代表还没登分，过完分后再发下去。同学们知道卷子已阅完就纷纷围在讲桌边翻阅。语文课代表赶快把卷子敛在一起拿去过分，过完分后发现少了一张小丁的，课代表以为小丁没交，就怀着忐忑的心情小声问小丁见没见卷子，他理直气壮地说："其他同学都把卷子拿走了，你为什么光说我。"课代表拿出记分册让他看，大声问："为什么其他同学的卷子都在，就没有你的卷子，你看就你一个人的分数没有登？"说着就挥了挥手中的记分册并让他看，小丁看也不看振振有词地说："我怎么知道？我没错。"

下课后课代表向我汇报了这件事，这时小丁同学也主动地来到我身边，他也不说话，目光也不敢正视我，在我身边蹭来蹭去。看来他已经认识到自己的错误了。我问他，老师教给全班同学的处理问题的四步方法，你已经想清楚了？他肯定地回答，想明白了。我让他逐条说说，自检一下，他想了片刻，说："在这件事中，我做得不好的地方是：第一，我拿了卷子，为了减轻自己的错误还说别人也都拿了，这是推卸责任。第二，我态度不好，看见别人在旁边听见了，就有点生气。"我问他："那以后再碰到这样的事，你会怎么办？"他毫不犹豫地说："我先对照四步法思考，想清楚了再解决。如果是自己的错，就主动承认，不推卸责任，不胡言乱语。"

遇到纠纷时，我平常会让学生先想好四个问题，如有必要再请老师帮助解决问题。第一，自己哪儿做得不好？第二，他平时有没有帮助过我？第三，他是有意的，还是闹着玩无意的？第四，有没有更好的方法来解决问题？试想，遇事时孩子当时在气头上，很容易冲动，往往处理起来缺乏理智，但在想这些问题时自

---

† 本文曾获北京市西城区教育故事二等奖。

* 北京第二实验小学三年级语文教研组张文胜，一级教师、区级骨干，曾获北京市西城区教改先个人、先进教育工作者、北京奥运会、残奥会先进个人、北京市西城区优秀班主任等荣誉。

己己先逐渐冷静了下来，逐一想过这些问题后，往往他自己就能很好地解决。

在学校生活中我们常常会遇到同学之间有了矛盾、发生了纠纷，或是闯了祸，老师了解情况时，绝大多数孩子张嘴就说："我没错，都是他不对！"那么是谁错了呢？

实际上是学生责任意识教育出了问题。在周五的一周回顾上，我谈到责任意识时，他主动站起来讲了那天的事情并承认了错误，我及时表扬他知错就改的品质，赢得了大家的掌声。这件事让他和同学们明白了遇到纠纷不能总是在他人身上或周边环境上寻找原因，而对自己的问题视而不见，主动认错更能赢得大家的好感和尊重。

我陪伴你成长

王 红*

师德是教师之本，师爱是师德之魂。

教育中"理解学生"的实质就是要尊重、体谅学生，平等地对待、欣赏学生，诚心诚意地去帮助他们，鼓励他们，用心体会，用心去爱。

我们班有一个叫小黄的同学，接班的时候原来的老师介绍，他特别淘气，每天不是招这个就是打那个，同学们都不喜欢他，谁都不和他玩，他没有朋友。接班后我观察他，接近他，耐心地和他交流，发现了他的问题所在。而且通过与家长沟通，我再次肯定了我的判断——他不是想欺负人，而是不知道该怎样与别人沟通，怎么交流才能得到别人的认可。在开班会的时候，我把他的事编成小故事讲给孩子们听，并分析这种情况，与孩子们讨论如何对待这样的同学。他听后也觉得自己不对，但不知道怎么做。而同学们也纷纷表达了意见，想方设法要把他融入班集体。我们全班同学达成一致，当他的行为令我们不高兴时，我们不会与他对着干，而是冷静地说出我们的不满，然后告诉他，应该怎么做，我们大家才会接受。

---

* 北京第二实验小学六年级数学组王红，一级教师、区级骨干；获得区级"师德标兵""优秀教师""优秀少先队辅导员"等称号；教学教育等论文、随笔多篇获全国、市级一等奖。

开始同学们对小黄做出的不好行为都耐心地告诫，但小黄却认为别人都怕他，变本加厉地欺负人。大家都躲他远远的，不理他。我发现课间或午休他总是一个人，漫无目的在校园游逛，又发现他特别喜欢学校，每天早早地来到校园，晚上总是要在连廊走走坐坐，跟保安叔叔聊聊天，再依依不舍地出校门。根据他这个特点，我给了他一把班级钥匙，让他负责教室开门和锁门。

有班级钥匙的其他孩子都把钥匙放在铅笔盒或书包里，而小黄却把钥匙用绳子拴好挂在脖子上。我甚是感动，这说明他是很重视这把钥匙和这个工作。从那以后，他总是每天早早地来到学校为大家开门、开窗，晚上也是等大家都走了，才锁门再走。当有同学回来取东西，他也会耐心等待，甚至不辞辛苦地跟着人家跑回来，打开门，再陪着人家离开。每次他都是那么高兴，有说有笑地和同学交流。逐渐地，大家不再那么讨厌他了，他也有和同学们交流的机会了。

早晚有事做了，可中午他还在闲逛。一天，我让他帮忙，把我从传达室拿回的信件给老师们送去。他特别兴奋，一声"保证完成任务"后，手里拿着信件、嘴里哼着小曲快步走出办公室。看着他高兴的样子，我想，能否让他帮忙做"小信使"，每天帮我们送报送信呢？第二天，征得他的同意，我带着他来到传达室，跟里面的老师商量能否让他每天做这个事情，传达室的老师也很支持他。我告诉他，怎么与人沟通，用什么样的语言，用什么样的语气，用什么样的表情。他按照我的要求去做了，看到他每天乐此不疲的样子我也很高兴。同时他还带动班里的其他同学一起干，每天中午把报纸从传达室取回来后，分派给大家，大家分头行动，这就像一个快递小队一样，他与同学的关系更亲近了。

由于每天坚持送报，他不仅和同学们亲近了，还得到了其他组老师的认可。期末，四年级组宿梅主任特意打电话提醒我，他的行为已经坚持一学期了，是否让孩子申报育爱奖。梁学英主任高兴地在小黄的育爱奖申请表上签字，希望他再接再厉。

得到同学和老师们的认可后，小黄改变了许多。他知道了主动帮老师发作业本，在发本的时候要轻轻放在别人的桌子上，而不是远远扔出去；他还知道，下课主动擦黑板，要把抹布洗干净，拧净水，而不是把湿湿的布放在黑板上，任意流水；他更知道，要想有朋友，自己就要学会谦让，而不是招惹是非……

当学生犯错误本该受到惩罚时，如果我们以"假如是我"的情感去体会孩子的内心世界，以童心去理解他们的"荒唐"，宽容他们的"过失"，善良地对待他们，让他们时时体验到一种高于母爱、超越友情的师生情，这就可能成为孩子改正错误的内在驱动力。对孩子来说，有时候宽容比惩罚更有力量。

针对独生子女缺乏责任感和爱心的弱点，我们在班上开展了"不给别人添麻烦"和"多给别人留方便"的专题系列教育活动，学生真正懂得了自爱的重要意义，学会关心学会爱。

孩子的进步源于我们的爱

王 琛*

2014 年，西城区民族团结小学有幸融入到北京第二实验小学中，北京第二实验小学一直以来是一所"有风格"的学校，"以爱育爱，做最好的我"已经成为北京第二实验小学的"魂"。小学阶段的孩子，他们个体的身心发展距离成熟还有很大差距，他们发展的潜力巨大，也充满各种变数。小学教育是"在路上"的教育。"每个孩子都有与众不同的特质，都有自己的智能优势""全优是才，某个方面杰出也是才"。在我们心里要永远给孩子一份希望，给孩子继续发展的动力。北京第二实验小学的理念一下子让我这个工作二十多年有些墨守成规的中年教师有了想学习、想改变的冲动。

就在这一年我认识了一个特殊的小姑娘，我学着北京第二实验小学的理念，学着二小人的做法与这个女孩儿开始了我们的故事。

"王老师好。"身后传来弱弱的、含糊不清的声音，转身看到一个白白净净、瘦瘦高高的小女生，她是我新接班里的孩子，一个天生语言神经发育有障碍的孩子。从我接班开始每天只听到她有礼貌地叫老师，其他的话就没听到过，下课除了上厕所就没离开过座位，只要有活动她总是磨磨蹭蹭的，总需要大家的帮助，这个女生吸引了我，她叫小 Y。

一个乖乖的学生经常被老师忽略，我们忙着开展学校的各项活动，开学一个月我都没好好地关注她。一天小 Y 在班里大叫，可我们都没听懂她在喊什么，只见她皱着眉头指手画脚非常气愤的样子，我和班里的孩子边听边猜，费了很大劲终于明白了个大概，有人拿了她的铅笔她没法写作业了，我帮她在班里找，原来

---

* 北京第二实验小学三年级语文老师王琛，小学高级教师，被评为西城区德育先进工作者、西城区基础教育课程改革先进个人、西城区德育带头人、西城区首席班主任。

是同学恶作剧，我简单地处理了问题。

第二天放学，小 Y 的姥姥找到我，跟我反映了一些情况，让我恍然大悟，因为她说不清楚话，大家都不和她交流，她受了欺负也不敢说。这一次，我感受到她需要我的关爱。

童年只有一次，美好但稍纵即逝。童年的经历影响着孩子一生的成长，人生长发育和接受教育的关键期都是在童年阶段。然而语言障碍、语言发育迟缓给孩子造成的不开口说话、性格孤僻等危害却无情地摧毁了一个孩子美好的童年，剥夺了一个家庭珍贵的幸福。为了更好地了解她，我上网、看书查找资料，没想到孩子语言发育有问题能给他们造成这么大的伤害：孩子说不出话，会让坏人有机可乘，被骗、被欺负等常有出现。孩子语言障碍不能开口说话，间接地影响孩子适应环境的能力，导致孩子患抑郁症的风险增大，严重的还会有自伤和伤人的倾向。孩子不能和同龄人正常交流，直接导致孩子的人际关系差，容易影响孩子性格，导致孩子性格古怪孤僻。孩子不能说话，不能像同龄人一样学习，导致智力落后，技能落后。孩子易走失。孩子迷路时不知道问，看见父母也喊不出，很容易遇到危险……这些文字让我触目惊心。

我要行动，我要帮她。经过家访我了解到她的情况：一是舌根肌发育有问题，而且肢体运动不协调；二是家长因为孩子弱而更娇惯；三是因为孩子的不正常，家长不带孩子外出交流。真是雪上加霜呀！家访为顺利开展工作奠定了良好基础。我分析小 Y 身心发展出现偏差的原因，主要源于许多人对她的歧视、嘲笑，使她日渐觉得缺乏安全感，失去了对他人的信任感，从而形成了除父母家人外拒绝与他人交往交流的不正确心理。有了这样的认识，我明白建立良好的师生关系是促进孩子身心健康发展的基础，也是小 Y 消除自卑心理障碍的必要条件。

培养良好的情绪情感。孩子只有在良好的情绪下学习的效果才会好。愉快的情绪往往能促进孩子学习，不愉快的情绪常常导致各种消极行为的产生。一个宽松、平等、民主的交往氛围可以诱发孩子的良好情绪。我每天早晨都会早早地等在教室里向每个学生问好，尤其是小 Y，我总是微笑着声音洪亮地叫她，而且要等她的回应并表扬她。班里的同学也在我的带动下主动和她打招呼，慢慢地，我们听到了她的回应，而且声音越来越大。现在她不仅和我们打招呼，看到其他老师也会走到老师面前大声地问好。学校很多老师都因此认识了她。课间我会主动走到她身边和她聊天，很多话我都听不懂，但我会耐心地倾听，我俩有时会用手比画，有时会拿笔写一写。经过一年的训练，她在课上也敢大声发言了，虽然还是有我们听不懂的语句，但班里没有人嘲笑她，还都努力地猜，帮她解释直到她点头为止。在这一点上很多正常的孩子比不上她，我们把她当成学习的榜样。

树立自信心，得到他人尊重。对具有强烈自卑感而导致有退缩行为的小 Y，我更应持积极主动的态度，主动地给予更多的关注、更多的关心、更多的爱抚，使她感到安全，感到温暖，感到可信可亲。增加与孩子亲密接触和多加关注的时间与机会，建立良好的师生关系。我利用课间教她收拾文具、书包、课桌和小柜子，并教育她自己的事情自己做。她的行动虽然有点慢但非常认真，我会带着同学参观她的成果并及时表扬她，也会拍照传给她的家长报喜，并请他们在家也培养孩子自己整理物品。

孩子在学习、观察过程中，不论在哪个阶段，不论是有意的还是无意的，只要她做出一点进步时，都要及时给予有效的鼓励和肯定。李校长曾说过：当我们为孩子挡住了所有的困难挫折，也就挡住了孩子生命的多彩体验，挡住了孩子的未来成就。真正的智者能够"正视"酸甜苦辣多彩生命体验的存在，因为他知道存在必有道理，每种存在背后必有其独特价值。自从融入北京第二实验小学，在学校的倡导下我们的每个学生都有服务岗，小 Y 找到我也想为大家服务，可是她从没有参加过任何劳动，我先给他找了一个小师傅教她擦黑板、扫地、倒垃圾、换水，小 Y 很聪明也很能吃苦，每个课间都抢着干。她不仅在学校积极劳动，回到家也成了家长的好帮手。

创设一定的交往情景，使孩子感受与他人交往的快乐。我有意识地多组织、创设一些较能引起学生注意的活动，以引起他们更多、更清晰地观察活动的行为，深切地感受小朋友在交往、活动过程中的愉快。我教学生在课间做游戏，积极参与学校的各项活动，利用节假日组织亲子活动。我们的活动坚持了一年，现在学生不会因为一点小利益互相争，在集体里大家相亲相爱，互相帮助；孩子在家也不再"独"；能听取老师、家长和同学的批评。我的学生在和谐民主的环境中健康地成长。在我们的集体中关爱处处可见，小 Y 在活动中和同学们一起玩耍，学会了分享，学会了互相帮助，在我的引导下小 Y 的父母也改变了很多，只要有空就带孩子走出家门，走进大自然，走进人群，让孩子多一些与社会交流的机会。生活是语言的源泉。有丰富的生活空间和生活经验，孩子才有话可说，有话要说。帮助孩子拓展生活空间，积累生活经验和社会经验，不断促进他们语言能力的提高。现在小 Y 不仅语言水平提高了，她的肢体协调性、孤僻胆小的性格也在发生着可喜的变化。

李校长还曾这样引领："做校长不是'管'教师，而是为教师服务，帮助每位教师找到工作的快乐！"这句话给我深深的触动：是啊，校长为教师，教师就是为学生，要为学生服务，帮助每位学生找到学习的快乐，做一个有人文情怀的教师，用"大爱"的思想育人，用极大的耐心等待，让每个孩子的童年快乐，让每个孩子的生命彰显出自己的个性。"以爱育爱"，让爱充满校园，充满每个孩子的心！

护 花 使 者[†]

孔泽明[*]

　　打造生态教室，我们班增加了许多新成员——一盆盆花草。这些花草是同学们拿来装点我们的新教室的。孩子们都是"爱花的人"，把这些花视为宝贝，对它们爱护有加。有几位极富爱心的女孩子还自发成立了护花小组精心地照顾它们。

　　周一一大早，我刚在教室门口出现，就被一大堆孩子围住了。"小 A 毁坏咱们班的花草！""您快看看吧，小 A 把咱们班的花都毒死了！"孩子们七嘴八舌地向我告状。我一听，不由得皱紧了眉头，心想：这个小 A 又惹事了！我把目光投向小 A。小 A 好像从我的目光中读出了气愤，连忙抢白："我没有，我没有！"其他孩子听了，更生气了，大声喊："有！""就是他！"我看孩子们的情绪比较激动，赶忙安抚孩子们："大家先别着急，你们这样七嘴八舌的，老师也听不明白呀！请大家都回座位，开始早读。老师会解决好这个问题的！护花小组的组长然然和小 A 留下来。"

　　我看其他孩子回到座位坐好，在学习委员的带领下开始早读，班级情况已经稳定住了。之后，我把然然和小 A 领到楼道里的阳光房。我还没有坐稳，小 A 就抢着说："老师，我没毒死班里的花草！"我一听他还敢狡辩，于是严厉地说："站这儿好好想想。"小 A 一下子把要说的话咽了下去。我还怒气未消，转身问然然："这是怎么回事？"然然说："孔老师，小 A 用洗手液兑上水浇咱们班的花，我们跟他说不让他浇，他还不听。孔老师咱们班的花死了可怎么办呀？"小姑娘的眼圈都红了。我听了也大吃一惊，怎么能用洗手液浇花呢？我刚要大发

---

†　本文曾获西城区第二届教育教学案例评选一等奖。

*　北京第二实验小学五年级语文教研组孔泽明，一级教师，区学科带头人，北京性健康教育研究会会员，市性健康教育项目先进个人。多篇论文、案例、教学设计在全国、市区获奖。

雷霆，突然看到一旁的小 A 双手紧紧地捏在一起，神情非常紧张，嘴和鼻子在不停地抽动。小 A 是一个比较特殊的孩子，一年级就被诊断患有秽语抽动症，这学期又被诊断为艾斯伯格症，思维和行为都与众不同，一紧张更容易失控。看到他的样子，我立刻意识到不能再刺激他，我提醒自己：要冷静下来，这样的孩子，更需要我们的细心呵护。我轻轻地握住他的手，把语速放慢，说："小 A 你先别着急，深呼吸，放松。"我一边说一边抚摸他的双手，让他的双手慢慢松开。随着手的放开，他的面部表情也平和了许多。有时一个细小的动作就可以抚平孩子内心的波澜。

看他平静多了，我和蔼地问："能说说你为什么这么做吗？"小 A 听我这么一问，抬起头骄傲地说："我不是浇花，我是在给花洗澡呢！我们班的花叶子上都是土，还有粉笔末。我给它们洗洗，它们就干净了。我们不是就用洗手液洗手吗？"听了他的话，然然"扑哧"一声笑了，说："花和人一样吗？"小 A 梗着脖子说："怎么不一样？"是啊！在孩子的心目中，花也和我们人一样。孩子的内心世界和我们想象的是这么的不同，我庆幸刚才没有劈头盖脸地把小 A 批评一顿。我看到了一颗纯真善良的美丽童心。作为老师，我有责任帮助这个天真的孩子改善认知，调整思维方式，自己认识到错误。我想这样才能从根本上解决问题。于是，我对然然说："你看，小 A 不是故意破坏花草的，他是不懂得不能用洗手液浇花。你这两天，给这几盆花多浇点水，多观察一下，有什么变化及时告诉我。别着急！"她点点头，回班了。

我让小 A 坐下，拉着他的手，对他说："我知道你特别爱咱们班，想让咱们班的花更漂亮，让咱们班的环境更美丽，对吗？"小 A 点点头。我看他的情绪稳定了，又对他说："就像你说的那样，花草也像人一样有生命，但是花草有自己的生长规律，每种花都有自己的习性和喜好。我们想关心它们，就要先了解它们。不了解它们，我们的好心可能还会害了它们呢！"小 A 半信半疑说："是吗？"我说："我找一些养花的资料，你先看一看。你回家也可以找一找，看看应该怎样给花洗澡。"他点点头。

课间，我回到办公室，从网上搜了一些养花的资料，打印下来交给了小 A。第二天，小 A 主动找到我，愧疚地说："老师对不起，我错了。我知道了花和我们人是不一样的，给花洗澡不能用洗手液和浴液。因为他们都含有碱性的清洁剂，会使花受到损伤的。给花洗澡可以用清水冲一冲或用潮湿的布来擦擦花叶，它就干净了。"我听了，欣慰地点点头，拉着他的手语重心长地说："知道错了就好。以后做事之前要好好想一想。我们关心花草也好，关心小动物也好，关心其他人

也好，必须先了解他们的特点。如果像你原来那样，反而会好心办坏事的！"小 A
使劲地点了两下头。"你想照顾这些花草可以参加护花小组，经常给它们浇浇水，
洗洗澡好不好？"他高兴得蹦了起来，"太好了，我愿意！"

我拉着小 A 的手回到班里，把小 A 为什么用洗手液浇花告诉了大家，并让小
A 承认了错误。我向大家宣布："今天开始，小 A 成为护花小组的'护花使者'，
用精心照顾花草的实际行动来为集体服务。"大家都为他鼓掌。小 A 一蹦一跳地
回座位了。看着小 A 的背影，我想他会做到的。

第三天，我早早来到教室，没想到经常晚到的小 A 竟然已经到了，正和然然
一起浇花呢！我再一次欣慰地笑了，当即表扬了他。

一个多月过去了，在我们班的教室里经常看到一个瘦瘦的小男孩弓着腰，给
花浇水、洗澡。

看着他的背影，我想：这个孩子不就是一朵"奇异的花朵"吗？人们常把孩
子比作花朵，作为教师的我们不就是那养花、爱花的"护花使者"吗？记得老舍
先生在《养花》这篇文章里写道："尽管花草自己会奋斗，我若置之不理，任其自
生自灭，它们多数还是会死的。我得天天照管它们，像好朋友似的关切它们。一
来二去，我摸着一些门道：有的喜阴，就别放在太阳地里，有的喜干，就别多浇
水。这是个乐趣，摸着门道，花草养活了，而且三年五载老活着、开花，多么有
意思呀！"我想我们"育人"就如同"养花"。孩子们自己会奋斗，我们却不能置
之不理，我们应该天天照管他们，了解他们，像好朋友似的关切他们。每朵花有
自己的喜好，每个孩子也有自己的特点。我们要在教育的过程中摸门道：平时细
心地观察，耐心地倾听，蹲下来和孩子交流，多站在学生的视角看问题；发生问
题时，不急于评判，多问几个为什么，了解他们的想法，走进每个学生的内心世
界。这样就能根据他们的不同特点、不同情况因材施教。摸到门道，我们的这些
"花草"也就养"活"了，养"好"了，"开花"了，"结果"了！这不就是做老师
的乐趣吗？

"小小委屈"成就"年级冠军"

马 佳*

上周四的主题研究课上，全年级进行了拔河比赛。为了保证比赛的顺利进行，年级组在纪律上要求是：只要哪个班说话，就取消这个班的比赛资格。

对于此次比赛，同学们都很兴奋，但为了集体，他们一直控制着内心的激动。但意外还是发生了——

下课铃声刚一打响，四年级的学生从篮球馆上方的通道经过，一路说说笑笑，吵吵嚷嚷。声音传到了我们班所在的方向。我心中一惊，猛回头看着坐在地板上的同学们：大部分同学在安静地等待着，但也有小部分同学控制不住满心的兴奋，已经开始聊天了。我一个箭步冲过去，把手放在嘴边："嘘——"但为时已晚，只听陆主任的声音残酷地响了起来："一班有同学说话，声音太大了！取消一班比赛资格！"那口气不容置疑。

一瞬间，再看同学们：有的惊讶地张大了嘴巴，似乎不相信这是真的；有的立刻坐姿笔直，紧闭小口，似乎在争取着陆主任的原谅；有的则小声嘟囔着："凭什么呀？又不是我们说话！""不公平，欺负人！""不调查就说是我们班！冤枉人！"说着就要站起来去找陆主任理论，一副怒发冲冠的架势。

委屈，就这样毫无征兆地降临了。但此时带着愤怒的情绪去和陆主任争个高低对错，就能赢回参赛资格吗？我深深地吸了口气，脑子里又浮现出刚才同学们说话的情景。这委屈真的都来自他人吗？为了参与比赛，就可以不承认自己的过错，把责任都推卸给别人吗？从这个角度来说，我们被取消比赛资格，不委屈。但同学们缺少自省的意识和冷静处理突发事件的对策，忍不得一时之气。回想有多少同学间的小摩擦就是这样产生的。不妨借此机会，教会同学们什么是"退一步海阔天空"。

拿定了主意，我来到同学们中间，问："还想参加拔河比赛吗？"就在大多数同学频频点头时，一个声音出现了："都被取消资格了，还参加什么？没戏！"我微微一笑，接着说："有戏！大家冷静下来，回忆一下，刚才陆主任说的是'取消

***

* 北京第二实验小学五年级语文教研组马佳，一级教师，区级学科带头人，被评为"西城区教育系统优秀教师"；教学设计荣获市区评选一等奖，多篇文章发表在教育类核心期刊上。

一班的比赛资格',但没说'一班马上离开比赛场地'吧?那就说明我们还有机会。对不对?"同学们使劲点了点头。"关键是下面我们怎么做,机会有,但我们是不是能抓住这次机会,改正小声说话的错误,用实际行动赢回比赛资格。这就叫'山重水复疑无路,柳暗花明又一村。'就看你们的表现了!"同学们一点就透,立刻端正了坐姿,积极为其他班加油,只要我一个手势,令行禁止,一班立刻鸦雀无声,俨然一副训练有素的模样。

我们班的优秀表现,陆主任岂能看不见?在大队长白行健代表同学们认错之后,我们果真又赢得了比赛资格。这来之不易的参赛资格也似乎激发出了同学们的战斗激情,20名拔河队员个个摩拳擦掌,20多名拉拉队员也跃跃欲试,场上场下,拼尽全力,团结一心。就这样,我们一路过关斩将,一局不败,最终成为年级拔河冠军。"一班是冠军!"我和同学们一起欢呼雀跃,不仅为这个来之不易的冠军,更为同学们面对"委屈"时所做出的正确选择。

"委屈"是什么?是生活中的寻常调味品,尽管我们不喜欢,但有时不得不接受。虽然我们无法拒绝委屈的到来,但我们可以选择面对委屈时的态度。今天,若没有平复冲动情绪的过程,哪有重新参赛的机会?若没有冷静思考,哪有拔河比赛的冠军?若没有把委屈化作动力的决心,哪有一往无前的胜利?在未来的生活中,我们还会无数次地和"委屈"不期而遇,希望到那时,我们都能想起今天的拔河比赛,是它教会我们——"退一步,海阔天空"。

请学会为他人喝彩

李丽洁*

"你是反小 A 组织成员吗?"(两个孩子文中为小 A 和小 B)今天在孩子们当中无意听到好几次这样的问询。怎么回事?孩子们发生了什么事?这是我与合唱团的孩子们在去奥地利参加国际大赛活动的第八天。我按兵不动,继续观察了解,最后事情聚焦在两个同班的女孩子身上。在确定被"反"方小 A 没有过错,并走

---

* 李丽洁,西城区小学音乐兼职教研员、区级骨干优秀教师,多次获得教学及论文评比全国、市区级一等奖,校金帆合唱团团长,所带合唱团多次荣获国内外金奖,被评为全国优秀指挥。

访两位周围的同学，同时基于对两个孩子平时的性格了解，我知道了事情的原委。

原来，被"反"方小 A 从小多才多艺，爱好广泛，喜爱唱歌之余又喜好书法，小小年纪已得过全国书法大赛金奖。此次出访因有国际文化交流任务，特邀请小 A 书写一幅中国字来代表合唱团送给有奥地利国宝之称的"维也纳男童合唱团"作为文化交流礼物。同时，小 A 在合唱团非常认真刻苦，有较强的演唱能力。在大师班结束后即将上演的专场音乐会中，通过公开选拔考试考取了其中一首合唱作品的四段 solo 之一的演唱。这一切，被小 A 的同班同学小 B 看在眼里，小 B 心里不平衡了。当羡慕变为嫉妒再变成恨时，失去理智同时伤人的一幕出现了！

下午的音乐会非常成功！所有的孩子都兴奋而快乐着，我看到小 B 那幽怨的神情！吃晚完饭，我召集所有团员到排练厅开会。我说："孩子们，出国以来我们连续的演出、交流、比赛、大师班学习及今天成功召开的专场音乐会，大家各尽其职，舞台上一场比一场精彩，表现得非常出色！我想，今天我们大家一起来讨论一下合与唱对于咱们合唱团来说哪个更重要？"团员们一致认为：合比唱更重要！我立即跟进："为什么要合在前，唱在后？为什么合比唱更重要？"团员们立刻讨论起来。有的说："大家心不齐，怎么能唱好合唱呢？！"有的说："咱们是合唱团不是独唱团，大家在一起一定要很好合作才能唱得更好！""孩子们，你们说得太好了！大家要心往一处想，要让咱们的合唱团到处充满正能量！那我们怎么才能做到'合'呢？"孩子们沉静下来，在思考着我提出的问题。

我接着说："李老师认为除了在声音上我们追求统一、完美，在平时的相互合作中我们每个团员如果都能做到以下这三点，我想我们就真正做到了'合'了！"孩子们都竖起耳朵认真地听着，小 B 也忽闪着大眼睛期待地看着我。我说："要做到合，我们首先要做的就是与同伴在一起时总要想：我能为对方做些什么？怎么做？它不仅仅是物质上的给予和帮助，更重要的是精神上莫大的支持和鼓励！其次，同伴间要多看对方的优点，不要放大对方的缺点。当然不是忽略缺点，而是慢慢帮他改掉。第三，就是要学会为他人喝彩！每个孩子都是独一无二的！我们每个人都会有这样或那样的精彩！面对同伴的成功与精彩要能由衷地为他鼓掌喝彩！绝不能因同伴的精彩而产生嫉妒、怨恨等负面情绪！这样的情绪就像乌云遮挡住合唱团的光芒，不只影响自己，也会给整个合唱团注入负能量的！"话音刚落，所有团员都鼓起掌来，孩子们都非常认同。我看向小 B，她默默地低下了头。

第二天早餐，我把小 B 单独叫到一旁无人的角落，我俩边吃边聊，我说着出国这些天团里团员之间的感人事迹，就是不提她的事情。小 B 终于沉不住气了：

"李老师，我错了，我不应该那样做！"说着，眼泪啪哒啪哒地掉下来。我走过去把她搂在怀里，一边给她擦眼泪一边说："孩子，同班的就你和小 A 同在合唱团，当同伴在某方面比自己优秀时要学会由衷地为她喝彩啊！你出现的这种情绪会让你失去快乐！你身边的伙伴对你的这种做法第一反应都会说你是在嫉妒小 A！团友们也在看你是怎么对待你的同班同学的！人人心里有杆秤，别人会逐渐对你敬而远之，到最后你失去的是更多的朋友啊！""李老师，我真的错了！呜……""好孩子，知错就改，以后类似的坏情绪一要出现就立刻把它打消掉！永远让自己充满正能量多快乐啊！我们想想办法怎么弥补这个错误呢？""其实我昨晚开完会后已经去找小 A 道歉了，可是她没有理我，我该怎么办呢？""你想想，如果是你认为的好朋友这样伤害了你，她轻描淡写的一句对不起你就不再生气了吗？"小 B 使劲摇了摇头，"李老师帮助你和小 A 和好吧？"小 B 用泪汪汪的大眼睛无助又充满信任地使劲点头，我走到小 A 身边轻轻对她说："孩子，小 B 有话想对你说，她又不好意思主动来找你，拜托我过来请你，谢谢你孩子！""好的，李老师，我去！"说着起身跟我一起走向小 B……

当两个小伙伴面对面站在一起时，小 B 哭着对小 A 说："真的对不起！是我错了！我不该嫉妒你，还做出那么伤你心的事，是我不好，请你原谅我吧！"小 A 拉住小 B 的手说："我原谅你了，你别哭了！""两个小伙伴又是同班同学出来更要团结，互相补台，互相欣赏，为彼此的精彩而喝彩！好了，你们互相拥抱彼此吧！"两个小姑娘拥抱在一起……其他的团员都看着这一幕，眼神里写着赞赏，有的团员还竖起大拇指……

现在的学生几乎都是独生子女，竞争激烈，这些社会现象的背后带来的是孩子在成长过程中生活能力的缺失，不会与人合作，不会为他人喝彩。在金帆合唱团建设和发展的过程中，我们深切地感受到小学生虽然年龄小，但通过合唱团的学习，可以帮助其掌握歌唱的知识和方法，形成美的意识和思维，养成良好的修养和习惯，提高审美品质和素养。不仅能陶冶情操、提高素养，更是为学生未来高质量的工作和生活打下良好的基础。为此，合唱团除了重视团员专业能力的培养，还更加重视团员身心健康，并且明确树立一个观念："合唱团不仅仅教孩子们歌唱，更是全人的教育"！人的健康发展需要的不仅仅是知识，更需要其他素养——道德品质、身心健康、审美能力、协作意识、修养、责任等，这就是"全人的教育"。

每个孩子既是一个已知数，又是一个未知数，已知在于他成长的必然，未知在于成长过程中的不可预见性。然而，正是这"动态生成"的成长过程的精彩更诱人。当面对孩子，教师就应该清晰地认识到教育是一个不断"动态生成"的、"慢工出细活"的过程，这个过程与合唱训练有异曲同工之妙。在团员动态生成问题的过程中，教师要充分利用活动、现实场景，敏锐地找到解决问题的切入口，冷静对待，不指责、不对学生做常规式的批评教育，应顺势利导，给予学生更多的思考空间，把欣然而至的、真正属于学生自己感悟出的精彩留住。在这样的"生成"中，教师与学生共同经历思考，共同经历蜕变，共同经历成长的喜悦是一位教育者最大的幸福！

尴尬无比的突发事件

赵 伟*

　　这天的数学课上学习的是"7"的加减法，课时已过大半，学生兴趣正浓。对于一年级的孩子们来说培养对数学的兴趣，远比习得计算的方法重要得多。为了让他们感受到生活中处处有数学，数学无处不在，于是我举了一个具体实例来巩固本节课的新知识。

　　"孩子们，随着社会的发展，我们国家的文明程度越来越高了，但是在我们的身边仍然存在着一些不文明、不环保的行为。比如，在干净整洁的大街上我们随处可见四处张贴的小广告，它们严重破坏了我们城市的形象。有一天，我们二小的一年级小朋友组成了一个环保小分队，去清除这些城市牛皮癣。他们由 5 名男生和 2 名女生组成，请问……"

　　我正得意自己再一次把德育与教学在我的课堂上完美地融合在了一起，突然，一个孩子的一句话就像一瓢凉水当众浇在了我的头上。正当我要提出我的问题时，班里一个毫不起眼的男孩子坐在位子上公然冲我义愤填膺地喊出了两个令人震惊的字——"狗屎！"

　　当时的感觉至今回忆起来都让人头皮发麻，面对这个才踏进校门不过数月的一年级孩子，我这个任教多年的教师竟不知所措。愤怒、尴尬之余我的脑子飞速

＊ 北京第二实验小学二年级数学教研组赵伟，一级教师，校级学科带头人，西城区小学数学兼职教研员；荣获第十一届"西城杯"课堂教学活动一等奖。

地转着——我刚才说错话了？我最近批评过他？我平时对他关注不够，难道他是个特需生？还是刚才他举手我没看见？……发呆的一瞬间我同时想着接下来要怎么做？怎么做才能艺术地处理好这个突发事件，同时挽回我做老师的一点点尊严？

在北京第二实验小学多年的历练让我本能地觉得这个时候不能生气，用爱包容一切，当时也容不得多想，我稍稍平复了情绪，很自然地对他说："来，孩子，站起来谈谈你的想法。"令人意外的是他站起来后并没有感觉到有什么难为情，他徐徐说道："您刚才说不文明、不环保的行为是随手张贴小广告影响城市形象，其实跟小广告相比更恶心的是满街的狗屎。小广告是贴在树上、站牌上、电线杆上，可是狗屎是在地上，不小心就会踩到，这比小广告破坏得更严重！赵老师，如果我们北京第二实验小学要组织小分队，能不能先清理狗狗的粪便呀？"

一个一年级孩子一口气把这么长的意思表达出来已累得满头大汗，可是我却觉得此时的他无比可爱，尽管他的表达结结巴巴，但是我带头把热烈的掌声送给了他。我对全班同学说："小明说得特别对，有些养狗的人为了自己方便，不顾公共环境，把狗带到大街上，大小便后也不处理，所以影响了我们的生活。小明真的很会观察生活，是我们班的环保小卫士，希望有更多的同学也一起关注我们的环保事业。"听后他也高兴地坐在座位上，我们又开始解决数学问题了。下课后，我把他搂在怀里，再一次表示欣赏他的发言，并奖励他"精彩发言"的奖票，同时也告诉他，尽管今天得到了表扬，但是今后发言要先举手。

事情过去一段时间了，当时的场景还常常会在我的脑海里重现。"睁大眼睛寻找每一个孩子的优点，蹲下身子倾听每一个孩子的心声，尊重每一个孩子的感受……"这些北京第二实验小学的先进理念引领着老师们前行，可是遇到突发事件我们并来不及多想要套用哪一条，不过很庆幸它们已经融在我们的血液里，内化在我们的行为中了。这件事后，我上起课来更心平气和、从容不迫了。对于低年级老师来说，了解孩子的想法、呵护孩子的心特别重要，我们的一句话甚至一个表情可能就会让学生不敢于表达自己，误会就从而产生。我们绝不能按照自己的想法或是约定俗成的规则来衡量学生，我们要倾听他们，只有我们用心地去听了，才能获得这些小家伙的心！得到了他们的认可，一切教育问题不都迎刃而解了吗？

指尖上的胶布

张蕴明*

　　小宇是班上的一个文静的小姑娘。刚入一年级时，她和班上的其他孩子的表现完全不同。下课了，自己独自一人坐在座位上看书；做操时，站在原地一动不动，任凭老师怎么劝说；亲子活动时，硬是拽着妈妈的手不肯到游戏中去……最让我感到意外的是，小宇经常把手指含在嘴里。

　　事后与家长沟通交流，妈妈说小宇这么小已经在好几个城市待过，上过好几个幼儿园，每次时间都较短，她没有好朋友，性格越来越内向，没有安全感，渐渐地养成了吃手指的习惯。我和家长达成共识：现阶段没必要纠正孩子吃手指的毛病，迫切需要孩子尽快地融入班集体。

　　两年多过去了，小宇变得开朗、自信、阳光了，也有了自己的好朋友，可她依然下意识地含着手指。我想：含手指已经成为小宇的一个坏习惯了，而不是没有安全感。怎样帮小宇改掉这个坏习惯呢？

　　我尝试了多种方法：个别谈话，眼神暗示，点名提醒，奖票激励……可算是软硬兼施，但效果都不尽如人意。怎么办？我绞尽脑汁。

　　一次偶然的机会，我想到了解决问题的办法。小宇参校了学校的民乐队，弹琵琶。每周都有几天早上去练习。一次，由于急着回班上课，小宇连假指甲都没来得及卸去。我见了之后灵机一动，何不让小宇在常咬的手指上缠上一层胶布呢？我把这个想法跟小宇私下沟通，小宇欣然同意。还没等我与家长协商，当晚，小宇自己就把我的想法兴奋地告诉了爸爸妈妈，并说自己有决心改掉这个坏习惯。小宇妈妈在给我的短信上这样说："亲爱的张老师，想特别谢谢您！今天小宇回来说您关注她'吃手'，还和她一起想办法，她有信心改掉这个坏习惯了。我们在家和她约定，如果一天没有吃手，可以有两元零花钱，这样等她攒够了，就可以买礼物送给姥姥了（小宇从小是姥姥带大的，与姥姥的感情最深）……"

　　* 北京第二实验小学二年级语文教研组张蕴明，一级教师，校级骨干，撰写的《以爱与爱，构建新型师生关系》一文获 2003 学年度北京市基础教育科学研究优秀论文一等奖。

　　就这样，小宇每天坚持在手指上裹一层胶布，如果不注意咬手指，胶布的味道会"提醒"她……

　　一个月坚持下来，小宇"吃手"的次数越来越少了。但也经常有忘了裹胶布的时候，我就用一个眼神或一个手势，不露痕迹地去提醒她，小宇总是欣然接受，立刻裹上"胶布"，回报我一个灿烂的笑容。因为在她心中，老师是在帮助她，呵护她。

　　荀子在《劝学》中说："吾尝终日而思矣，不如须臾之所学也；吾尝跂而望矣，不如登高之博见也。登高而招，臂非加长也，而见者远；顺风而呼，声非加疾也，而闻者彰。假舆马者，非利足也，而致千里；假舟楫者，非能水也，而绝江河。君子生非异也，善假于物也。"当今社会，要求人有创新思维，要求人有解决问题的核心竞争力。其实，不就是要充分利用周围的资源的意思吗？还是那句话，善假于物也。

　　什么是教育？叶圣陶说："教育就是要培养好的习惯。"小学教育如此，小学低年级的教育更是如此。而培养一个好的习惯，需要老师、学生、家庭的密切合作。

特别的爱给特别的他

贡文生*

　　蓬蓬是一个高高胖胖的小伙子，不太爱说话，坐在教室的后排。刚入学时还能约束自己，适应学校生活后，上课时就开始趴在桌子上，或斜靠在椅子上。听讲时常常发呆、走神，提示后马上改正，并露出腼腆的笑；考试时需要老师关注，不然很多题都做不完。刚上一年级就戴上了眼镜，但眼镜经常扔在桌子上。

　　针对孩子的情况，我和他的父母进行了及时沟通。蓬蓬的家庭比较特殊，他是双胞胎中的哥哥，父亲已经 50 多岁了，可谓是老来得子；妈妈一看就是个女强人，比较强势，脾气急躁，常常会吼孩子。由于父母忙于生意，每周只有周末时才将孩子接回自己身边，平时由一个不识字的姑姥姥照顾兄弟俩的起居生活。至于学习，家长委托了学校周围的一个外语培训机构负责，每年兄弟俩的补习费用大约 30 万元。可以说，蓬蓬的情况在现在的学生中，具有一定的普遍性，尤其是家庭条件好、父母工作特别忙的，他们关注孩子少，认为花钱给孩子找课外最好的老师辅导、给

＊　贡文生，北京第二实验小学三年级数学教研组，一级教师、校级骨干，曾获校长奖励基金、优秀副班主任。

孩子最好的生活条件，就能培养出优秀的孩子，而忽略了孩子内心的感受。

开学一个月后，我和班主任商量给蓬蓬调下座位，班主任非常支持我的工作。因为蓬蓬身材高大，若要坐在教室第一排，可能会担心同学会说他表现不好，这是一件十分丢人的事。为了打消孩子的顾虑，我和孩子进行了第一次谈话。询问他是否愿意坐在教室第一排，并答应孩子，如果他愿意坐在教室第一排，老师就向同学说明他的视力不好，坐在教室后面看不清黑板，影响学习。在得知孩子不愿意坐在教室第一排后，我又说出了自己的想法，根据蓬蓬的身高将把他安排到教室第二排，蓬蓬高兴地笑了。调整好座位，蓬蓬的课堂听讲有了明显的进步，可谓初见成效。

虽然蓬蓬的座位调整到教室第二排，但是在课堂上我没有放松对他的关注，运用使眼色、提问、同学提醒等方式培养蓬蓬课上听讲的良好习惯。

每天上课时，我都会准备一个小故事，这个时刻也是孩子们最期待的时刻。蓬蓬开始凝神听故事了，我会冲他伸伸大拇指，每当这时他都会骄傲地点点头。新授课开始后，孩子又开始慢慢懈怠起来，怎么办呢？我找到班里一个很优秀的小姑娘——小李，请她来帮我这个忙。我把小李安排在蓬蓬旁边，这样可以经常提醒他注意听讲。小组讨论时，小李拉着蓬蓬一起说，作业一起写，蓬蓬各方面有了提高。

与此同时，我在上课时更加关注蓬蓬的听讲状况，有时让蓬蓬重复同学说过的正确答案，有时让蓬蓬回答一些简单的问题，以此来培养蓬蓬良好的听讲习惯。

在初战告捷后，我在班里表扬了蓬蓬的进步，并当着孩子的面给蓬蓬爸爸打了报喜电话，孩子那个美啊！回到办公室，我再次拨通了蓬蓬爸爸的电话。首先真心肯定了孩子取得的进步，同时也指出了孩子的不足，并达成了共识：只有家校协同才能从根本上改变蓬蓬现在的状况，使之养成良好的学习习惯。首先，我们约定：当天回家后一定要大力表扬孩子，这样做对弟弟也是个促进；其次，每周除了周末，还要回家和孩子亲密接触一次，无论从生活还是学习上让孩子体会到家长的关注；第三，在家里督促孩子进行适当的练习，每次练习的数量不宜太多，要循序渐进，而且不得急躁；第四，孩子在前进的过程中还会有反复，他的进步是螺旋式上升的，因此当孩子出现问题时，要想到老师是他们的坚强后盾，用平和的心态对待，用积极的态度去解决。因此在后面的一段时间，家长很配合，蓬蓬也时常和我说昨晚爸爸妈妈回来家里发生的一些事。可以看出，爸爸妈妈在他身边，他是多么开心。同时，也可以看出，孩子的心慢慢安静下来，对老师也更加信任了。

虽然孩子的课堂听讲有了一点进步，然而一到单元练习时问题又出来了。一节课的练习中，他不是拿着笔发呆，就是用橡皮擦来擦去，别的同学早已写完，他在老师的提醒下，下课时才写了三分之二，成绩可想而知了。怎么办呢？单纯的"哄"已经不能解决问题了。

在一次练习后，我把蓬蓬带到了办公室。"蓬蓬，这些题你都不会吗？"蓬蓬还是那么腼腆："有的会，有的字不认识，不知道什么意思。""哪些题是你会的，可你没做？""这道、这道、这道我都会。"我一看只有一道题不会做。"能告诉我为什么不做吗？""不想写，写的字太多，累。"蓬蓬的理由给我逗乐了。"那我可不可以这样认为，蓬蓬是一个懒孩子，我想同学们知道了也会这样认为的，大家会叫你懒什么呢？"我冲着蓬蓬坏坏地笑笑。"好了，我现在进班，告诉大家这个消息。""不、不，老师，我不想让同学叫我懒猪。"蓬蓬已经憋红了脸。"我可以不和同学说，但你准备怎么办呢？""我好好做卷子，不懒了。"……

说说容易，做起来真难。于是我和蓬蓬又约定每次考试时他站到我前面写，开始时孩子并不情愿，但取得几次好成绩后，主动要求到我面前来做卷子。

每个人都有优点，如同人人都有缺点一样，美国心理学家威谱·詹姆斯有句名言："人性最深刻的原则就是希望别人对自己加以赏识。"在班级开展的各项数学活动中，尽量给蓬蓬创造各种机会，以便展示他的才华，这样可以让他发现自己的闪光点，增强他的信心。这学期，我们开展了"数学好玩"的游戏活动，其中有一个游戏项目"口诀大擂台"，是在学习完全部乘法口诀后，进行口诀背诵比赛，最先准确、迅速背诵完乘法口诀为胜。当别的同学比赛时，时常看到蓬蓬对我的期待目光，他希望参赛，又怕比不过他人，就这样矛盾。我看在眼里，记在心上。课下，我让蓬蓬先给我背了一遍，我记下了时间。从时间上来看，蓬蓬的背诵应该是比较熟练了，只是缺乏信心。我鼓励他一番，相信他第二天一定会有上好的表现，蓬蓬开心地回到了教室。第二天我运用小计策，蓬蓬如愿地取得了优胜，那个开心的场面一直浮现在我眼前。从那以后，蓬蓬增添了自信，下课也常来找我聊天了。

经过一段时期的矫正，蓬蓬上课时有意识坐好，不斜靠在椅子上，能注意倾听老师提出的问题，并开始进行一些思考，能主动举手回答问题，作业的正确率有了提高，改错的速度也提高了。他说："我最开心的就是上数学课了。"但因为孩子年龄小，自制能力差，因此时常还会出现这样或那样的问题。

爱是一种能力，更是一门艺术。爱学生，首先要走进孩子的生活，了解孩子的生活世界，找到问题的根源，取得家长的支持；其次，要走进孩子的心灵，读懂孩子的心灵，读懂孩子的需求，这样才能真正了解孩子的真实想法，以我心知彼心，做到"有的放矢"；再次，还要做到延迟判断，为孩子创设一个平等的平台，教师的耐心，会为孩子撑起一片蓝天。人们常把师爱比作春雨，比作阳光，能托起明天的太阳。在对待"差生"时，更需要我们在爱的前提下，不嫌弃、不歧视、不放弃，而且多加爱护。教师要善于发掘他们身上的"闪光点"；多表扬，少批评；多鼓励，不讽刺，不伤害他们的自尊心和自信心，鼓励他们做最好的自己。"有爱，才有教育"。师爱是学生树立良好品质的奠基石。

富情理于故事中

何昕礴*

一天放学后，一位家长朋友告诉我，他的孩子小方经常在课间时被坐在他前面的一个男生欺负，坐在前面的男生小成原来是一个在老师面前表现比较规矩的孩子，有时是淘气一些，但是没想到他竟然去摔同学的东西，无故地欺负别人。

小方的妈妈很通情达理，没有责怪小成的意思，他说这几天小方回家后心情不好，有一次竟然掉眼泪了，想调座位，不愿意再接近小成了。

我非常感谢小方的妈妈向我及时反映的情况，并说一定会处理好这件事。而小方的妈妈却开明地说这些其实都是很小的事情，孩子们在一起，难免会闹小矛盾，实在不好意思麻烦老师，只想调整一下座位即可，而我认为这是孩子心里的大事。我一定要帮小方解决心里的烦恼。

我先在课间时悄悄询问了小成、小方座位旁边的几个同学，调查清楚了小成的所为。小方虽然自己也比较淘气活跃，不够遵守纪律，但面对同学的欺负却不会自我保护，一味地害怕退让却没能逃过对方的欺负。怎么办？直接批评小成一顿？不太好。直接找小成解决问题，或当众批评，对于小成这样自尊心强的同学来说，未必能起到良好的教育效果。

既要保护孩子的自尊心，又要教育全班同学做团结、友善的孩子，我左思右想，终于想出了讲故事的形式。以此为载体，我利用班会的时间，给全班同学讲了一个我提前编好的故事，描述了一个插班生在新集体里开始很快乐，可后来由于总受一个男孩的欺负而特别烦。我把这个插班生的郁闷、痛苦尽量描绘得淋漓

---

* 北京第二实验小学二年级语文教研组何昕礴，一级教师，校级骨干，撰写的《抓准教育契机，培养爱的能力》一文获 2003 年北京市西城区班主任优秀论文一等奖。

尽致，使得同学们都十分同情。可是我话锋一转，这位欺负他的男孩其实只是想和他做朋友，只是不知道用什么方式来接近他，认为闹着玩就能交到好朋友。

一边讲着这个故事，我一边仔细观察同学们的表情，发现很多同学都在同情被欺负的同学，为他气愤，觉得他应该力争反抗，取得老师的帮助。嗯，说得很有道理。接着，我又问，我们怎样帮助这个不会交朋友的男孩呢？如果这个故事发生在我们身边，我们又该怎么办呢？

同学们从故事中悟出同学间相处要团结、友善的道理。大家畅所欲言，给故事中的男孩出了很多好主意，并且谈了如果是自己应该怎么做。其间小成也发了言，看来他也明白了其中的道理。后来，我又利用课余时间找小成谈心，他主动表示一定改正自己原先的缺点，跟小方做真正的好朋友，做个大气的好孩子。

小方一天天地开心起来，他下课主动来找我，拉着我的手感谢老师的帮助。

通过这件事，我深刻认识到"动之以情，晓之以理"，激发学生的爱心，引起情感共鸣，很多事情、矛盾就能即刻迎刃而解。

自我意识不成熟的孩子，自我行为的调控能力还较弱，需要不断地变换教育方式加以指导，使学生乐于接受，从心底理解爱，并学会付出爱。

这个"客人"不一般

赵 伟

我很幸运，因为在我从师的道路中有了一次支教的经历，这对我来说是多么的宝贵呀！第一次亲密接触山区的孩子，他们的笑脸那么的天真，他们的穿着那么的纯朴，他们对知识的学习是那么的渴望。和他们在学校学习的过程中，又发生了很多有趣的小事儿，就是这些有趣的小事儿最终成为了宝贵的教育教学资源。

以前在"铜墙铁壁"的校园里，想都没想过的事情，在这里却发生了。早上，第一节课是二年级（3）班的数学课，我在教室里让学生做口算，做完口算开始上新课，讲授《米的认识》，学生们很兴奋，纷纷发表自己的见解，交流、互动。就在同学们学得带劲儿的时候，有几个同学的目光开始"游离"，看着教室的门口，此时的门没有关，整个楼道里飘着秋风，大家享受着秋风带来的凉爽。同学们好像听到了什么。霎时，全班的同学都不出声了。我很奇怪：发生什么事情了，难道是有人来了？就在我思考的瞬间，教室里沸腾了。有学生已经下座位了，向门口冲去，在第一时间我也把头转向了门口，从来没有遇到的事情发生了，一只白色、可爱的小狗大摇大摆地走进了教室。"怎么办，怎么办……，对于这个突如其来的'客人'我该怎么处理呀？课还能上得下去吗？"我思考着……学生们被这个"客人"吸引了，笑声、欢呼声飘扬在教室里，他们完全忘记了此时在上课！

我看着学生们，没有生气，也没有批评他们，而是也笑了，心里又一想："这是多么好的教育教学资源呀，利用这只可爱的小狗，让学生们在真实的情境中去探究、去学习，激发学生的兴趣，是一件多难得的事情呀！"于是，我对班里最强壮的一个男生说："小豪，把狗抱过来，其他同学坐在座位上，千万不要把它吓跑了。"同学们很勉强地回到了自己的座位上，我又说："它是来帮助我们学习的，你们估计一下它的长度？"学生听完我的话，迅速开始比画争着发言，有人说："大约30厘米长。"有人说："大约50厘米长。"学生们看着活生生的实物，学习的热情高涨。学生们的注意力再一次回归了课堂。我又问："如果要给这只小狗盖一座1米高的小房子，你知道有多高吗？"学生们在小组内纷纷开始交流……就在学生们交流的过程中，我偷偷地把小狗放进了办公室里，学生为能给小狗盖一座合适的房子，发表着自己的见解，就是在这样一个突如其来的"客人"的影响下，圆满地完成了教学目标。下课前，我又和学生们交流了一些保护小动物的知识，我们要热爱它们，它们是我们的朋友。下课后，我们又一起去看了那只可爱的小狗，并把它送还给了主人。

这样的事情在城市里是很难遇到的，但是在农村这是很可能的。这就要求教师在处理问题上要很艺术，把这种突发事件看作最好的教育教学资源。也许，直接把这只小狗哄出教室，学生们在课上就不会那么"安心"！也许，就是一个"爱"的处理会变成学生永恒的记忆。

我被学生骂了

那　敏*

　　班里有一位胖胖的小张同学，他的语文基础一直不好，所以经过家长允许，我经常要把他和其他一些学习有困难的学生留在班里补课。而他自己身上又有着特别懒惰、不爱学习的一面，经常趁着老师放学的时候私自跑回家，不参加补课。由于家里的教育不得法，他做事只考虑自己的情绪，只要自己不高兴，就会把情绪发泄在同学和老师身上，甚至对同学和老师恶语相向。即使这样，为了帮助他提高成绩，我还是坚持耐心地给他补课。

　　一天，他又私自离开了学校，出于对他安全的考虑，我给他妈妈打了电话。没想到我正在给别的同学补课的时候，有人急匆匆地找到我，说这个小张正在操场上对我破口大骂。事后我才知道他是在妈妈的强迫下回来的。我透过玻璃，果然看到他站在操场上生气的样子，也真切地听到了他一句句骂我的话。旁边有很多围观的同学，这似乎更助长了他的火气。作为老师，我的委屈、我的羞辱感不言而喻。一个语文考试都可能不及格的孩子，我牺牲了自己的休息时间给他补课，他不但不感激，居然还如此待我，如此恶劣的行径、如此不懂事理的孩子，我真气极了。回想起他爸爸经常特别晚才接他回家，我经常到小卖部给他买饼干、水的情景，我的委屈更是到了让我快窒息的程度。碍于身边还有其他同学的缘故，我强忍住眼泪。但是我总要做点什么。于是，我冷静了一下自己的情绪，找身边的一个孩子请他下楼帮我给小张传几句话。我请他跟小张说："如果你还想补课的话，请快点上楼，参加剩下的补课。如果你还想回家，那老师请你路上注意安全。如果身上没钱买车票，那老师可以给你车票钱。"

　　过了一会儿，听同学说他正在楼道里徘徊呢，看样子是想回来听课。于是我走出教室，跟他说："还有半个小时，别浪费时间了。"

　　看着这个刚刚对我大骂的孩子就坐在我的对面，看着他那随时准备和我打上

* 北京第二实验小学六年级语文组那敏，一级教师，学校骨干；一直参加北京市西城区心理教研及国家课题的教研活动；所撰写的论文、案例等曾获得多项国家级、市级、区级奖项。

一仗的眼神，我内心的委屈再次涌上心头，甚至连自己的话都有些语无伦次了，然而我选择了漠视，漠视他的粗鲁，漠视他对我的伤害，既然此时的目的是补课，那么我就要珍惜大家的时间，不能因为我一个人而耽误大家，就这样我坚持着补完了课。

事情发生了总要处理。如果我为了发泄自己的愤怒情绪，而和他正面交锋，反而会激化他的负面情绪，更把老师当成敌人，今后还不知道要发生什么事情。如果让这件事就默默地过去了，反而给他一个信息，那就是老师被骂了，也无所谓，今后更不把老师放在眼里。经过一番理性的思考之后，我做出了决定。

第二天，我给他妈妈打了电话，叙述了事情的全过程。并且非常郑重地告知他，从今以后，如果他不愿意补课，就不必勉强了。老师应该让每一个孩子快乐地生活，如果他认为不补课他就能得到快乐，那么他可以不补课。虽然不面对面地补课了，但身为老师的我毕竟要对他的学习负责，于是我每天都请班长打电话给他的家长告知每一项作业，我也会把每天复习的内容都通过短信的方式转告给他妈妈。

此次事件之后，我发现他在班里明显老实了许多。不像平时那样张扬了，我经常能在无意间发现他总是直直地望着我，特别希望我能和他对视一下。然而我始终回避他的目光。令人意想不到的是过了两天，他竟然主动来补课了。我没有表示惊讶，也没有把他赶出去，更没问他为何自己又来补课了。我依然如故地把他和其他孩子组织在一起补课，好像那件事就没有发生过一样。他出错了，我也会给他讲，但我对他不会像对别的同学那样亲近。平时呢，我故意漠视他的存在，有好几天，我都不和他说一句话。渐渐地我看到的是他明显流露出的惭愧的眼神，我知道，我的沉默达到目的了。

这次经历，对我来说可能会终生难忘，也给我带来了不少的感悟：

一个老师挨了学生的骂，尤其是自己一向给予帮助的学生的骂，那是何等的委屈。然而，在我们最可以生气、最有理由发泄情绪的时候，我们必须牢记自己是老师，是为人师表的老师。"有容乃大"对一名老师来说，此时此刻是一个必行的准则。毕竟孩子是不成熟的，他也是在情绪化的作用之下做出无理举动的。我们只有让自己冷静下来，才可能从孩子的角度分析问题，找到最佳的处理方案，同时也避免自己因为发火而违背师德。

不斥责他，不向他发火，不理他，实际上就是一种冷处理的方式，老师以这种举动告诉他：我对你的行为非常生气，我无法原谅你对我的侮辱，但是作为老师，我应该宽容我的学生，所以我用沉默的方式原谅你。冷处理让学生能够有时间冷静下来反省自己的行为。因为老师或家长若正面批评得过多，反而会激化他的情绪。即使他在大人的压力下道歉了，那也不是真正触动其内心的反应，一样可以埋下愤怒、不情愿的火种，迟早还要发泄。因此，我一反常态的冷处理倒让此时的他不知所措。老师的宽容和他的粗鲁形成了鲜明的对比，反差越大，他所承受的震撼也就越大，就越可能促进他的自我反思。毕竟，德育最终的目的是要促进学生在具体事件中自我反思，自我调节，最终达到自育。而冷处理就是促进他自育的一种手段。

从那以后，他特别听我的话。我狠狠地挨了一顿学生的骂，最后却换来了一个对我百般佩服的学生，这顿骂，倒也算没有白挨。

我是班主任，我爱开偏方

许德刚*

国学能养心，也能润心；中医能治病，也能治班。

在北京第二实验小学，最讲究"以爱育爱"，尤其是爱的四有——爱的情感、爱的行为、爱的能力和爱的智慧，其中最让我深有体会的还是爱的能力和爱的智慧。为了爱，我学习了很多关于中医的知识，在不断的学习中，我越来越深刻地感受到中医不仅仅能治病，它还蕴含着丰富的哲学道理，对于我更好地理解和提升爱的能力和爱的智慧有着举足轻重的作用。

中医讲求望、闻、问、切，我在实际的教育教学工作中用中医里面的这四步来更好地关爱孩子们。

小故事一则

小 A 跑来愁眉苦脸地对我说："老师我想吐。"

望：我一看孩子的脸色惨白，我问孩子："还有别的感觉吗？"孩子答："没有！"

闻：我靠近一闻，没有什么异味。

---

* 北京第二实验小学五年级语文组许德刚，一级教师，校级骨干教师，在北京市西城区班主任基本功大赛荣获高年级组优胜奖；论文曾荣获市、区级一、二、三等奖，多篇文章发表在教刊上。

问："你昨天吃的什么？""就喝了点粥。"这时我立即意识到大约出了什么问题。

第一，这是她几天来第三次跟我说想吐，前两次都去了医院，没查出什么结果。

第二，我因为喜欢画素描，时常有练习，所以对于人的轮廓观察相对细致一些，前几日我总觉得她的左脸不太对劲，但也说不出具体问题在哪。今天把两件事情放在一起，我隐约感觉事情不那么简单。

第三，我喜欢练武术和医学，而平时的练习就是打穴的功夫，知道脸颊下方是三条经络都要经过的地方，就是西医所说的三叉神经，孩子想吐，可能是胃经出了问题，但我感觉不是那么简单，也许是脸颊问题引起的。

我又问："你的脸疼不疼？"孩子说："脸不疼。"

切：我伸手一摸，吓一大跳，颌骨边缘一个十分坚硬的圆状物，不仔细还真摸不出来。我第一感觉是，这回孩子要遭罪了。之后，我劝说不想去医院的妈妈接走了孩子。下午，得知孩子是颌骨下长了肿瘤，需要拔掉三颗槽牙，把肿瘤切除、刮净，不然下颌骨外侧骨壁就透了，下颌骨容易折断。但是我感觉肿瘤没那么严重，于是我镇定地告诉妈妈，找最好的大夫，也许拔一颗牙就好。后来进行了手术，果真只用拔一颗牙，大夫说幸好发现得及时，不然后果会很严重。这件事后，原本内向的孩子反倒变得开朗了许多，学习也更加努力，经常主动跟老师聊两句，真好。其他孩子也都说："许老师，您可真神啊！"

中医中的很多哲学思想也被我运用在了班级管理上。例如，午餐时，我指导孩子们合理膳食。

吃饭、喝茶都是七分，留三分，做人也是这样，给人留三分余地；孩子情绪激动时，让孩子按压合谷穴；孩子心情不畅时，让孩子按压通理穴；孩子们遇到一些问题，我还会单独给他们开一些偏方。

偏方虽然不能治百病，但我用它的思想管理出了一个和谐的集体。每个孩子，每种问题都犹如百草，在班级管理中我愿尝尽百种草，探尽万条路，只为做好一个班主任！

我爱开偏方，我是许德刚。

妈 妈 的 吻

范　薇*

开笔礼是北京第二实验小学一年级新生入学要经历的第一个活动。每到这时，一年级的老师们都会穿上美丽得体的服装，女老师还要配上精致的妆容，和只上了半天学的"小豆包"一起拜孔子，拜师，点朱砂，完成开笔礼。在开笔礼上，李校长深情的致辞，为孩子们讲解"爱"和"人"的意义，每每都令在场的孩子和家长们折服。

9月7日，温暖的阳光洒在操场上，我和一年级的老师们正在为开笔礼做最后的准备。家长们已经在操场外围站好，翘首以盼，等待孩子们入场。这时候的孩子们正在操场旁边的集结地点整装待发。600多张稚嫩的面孔，有的充满期待，有的严肃认真，有的略带紧张，还有的笑容灿烂，可是在这些不同的面孔中却有一张小脸儿一下引起了我的注意，因为这张小脸上挂了好几颗泪珠。我急忙走过去，蹲在这个小姑娘面前，轻声问道："你怎么了？为什么要哭呢？"小姑娘瘪了瘪嘴，委屈地说："我，我，我想妈妈啦！"说完，泪水又充满了眼眶。旁边的孩子们见到这种情况有的赶紧出言安慰，有的也有点被悲伤的情绪感染。我和孩子们一起安慰她，不要着急，马上开笔礼就开始了，会很有意思的！时间不长，很快就结束了，妈妈就在操场上看着你呢！要好好完成开笔礼啊！"可是我还是想妈妈！呜呜！"小姑娘任我怎么劝说，也止不住她的眼泪。开笔礼即将开始，这可把我愁坏了，总不能让小姑娘哭着去参加开笔礼吧！真留下这样的回忆将来想想多遗憾啊！怎么办？难不成真的去600多位家长中去找小姑娘的妈妈？这显然不行。

情急之下，我想到了一个办法。"小姑娘，如果可以让妈妈亲你一下，你会不会感觉好一些？""亲我？"小姑娘仔细想了想，认真地回答我："是的！""现在妈妈正在操场上等着看你们入场，虽然不能让妈妈过来，但我可以去找到她，管她要一个吻，放在我的手心里，给你带过来，好不好？"小姑娘一边流着眼泪，

* 范薇，北京第二实验小学一年级数学教研组，小学高级教师；担任实验二小第一支部支委工作，校极教学骨干教师，核心组成员；曾任北京第二实验小学校长助理，北京市优秀支教教师。

一边说"好……""告诉我你的名字！我现在就去找你的妈妈，要等我哦！"在小姑娘期盼的目光中我向操场走去。

其实，在茫茫人群中，我根本无法找到小姑娘的妈妈，时间也不允许我这样做。于是我走到小姑娘看不到的角落里，等待了半分钟，之后开始往回走去。

我将右手放在胸前，轻轻握拳，小心翼翼地走到小姑娘面前，对她说，"我要到了妈妈的吻，就在我的手心里，你想把它亲在哪里？亲在脸上好不好？"小女孩仔细想了想，回答道："可以！"听到了肯定的答复，我把我温热的手掌轻轻附在了小姑娘的脸上，"嗯嘛！"

随着"妈妈的吻"落在小姑娘的脸上，她的心情明显得到了平复，眼泪止住了，笑容渐渐浮现在了脸上。就在这时，入场的指令发出了，小姑娘带着"妈妈的吻"顺利地完成了开笔礼。

事后，我及时和小姑娘的妈妈取得了联系，得到了这个吻的"授权"。到此，"妈妈的吻"真正印在了孩子的脸上。

不动脑子动感情

李彦秀*

一个周五的中午，我正在班里和孩子们一起热火朝天地做值日，两个女生手里拿着布，从"阳光房"里哭着跑回来找我告状，都说自己被对方打了，其中一个孩子的肚子上还有个脚印儿。

叫她们到讲台前坐定，我准备细听理由。没有想到她们异口同声地说："她不给我布，还打我！""你先打我的！""是你先打我的！"两个孩子情绪都比较激动，一句一句地几乎快在我面前吵起来了。我当时就火冒三丈，真忍不住想大喝一声，让她们冷静下来。就在这时其中一个孩子情绪失控地失声痛哭："我，从此以后，再也不会去阳光房了……"她的表现让在场的人都十分震惊，这时围观的孩子开始议论："至于吗？""就是，多大点事啊！"

---

* 李彦秀，北京第二实验小学五年级语文教研组一级教师，校级骨干教师；西城区优秀共产党员、区优秀教师、"我心目中的好老师"，在第八届区优秀班主任评选活动中荣获一等奖。

我心想事情一定不会是看上去那样简单，就找来几个知情的学生了解情况。

原来是小A想帮忙打扫阳光房，跟小B借布，小B不借，俩人争执起来。

其中失声痛哭的孩子小A是我们班的"特需生"，平时总是忙着奔波于各个老师的办公室之间，忙着改错、补作业，同学们都了解这个情况，每到她值日的时候大家就抢着帮她把值日做了，所以她劳动的机会就特别少。那天她特意抓紧时间赶在中午大课间前改完所有的错，就是为了能得到一个劳动的机会。这对于她来说是一个通过自己辛勤付出所换来的宝贵的劳动机会。

而小B呢？是每天负责打扫阳光房的小组长，在我们班每天只有被老师表扬的孩子才有机会去打扫阳光房，小B觉得小A总完不成作业肯定是没有经过老师许可，自己硬要来打扫阳光房的，所以迟迟不给她布。

这样的问题相信每个老师都遇到过，公说公有理，婆说婆有理，听听都有理，想想都没理。按照以往的处理方法，把事情搞清楚，再让两个孩子互相道个歉就算解决了。可是我觉得这件事不能这样简单地处理，因为事件的主角不是一个普通的孩子，从她的表现不难看出她受的伤害很大。如果是因为小小的争执，远不至于失声痛哭，说着从今以后永远不进阳光房之类的话。一定是这件事让这个孩子深深地伤透了心，她才会有这样的表露。

静下心来想想，到底是谁的错？谁应该先道歉？这些都不是问题的关键，我的当务之急是抚平孩子受伤的心，如果处理不好，这件事就会在这个孩子心中留有阴影。

另一个孩子一句简单的道歉能达到目的吗？小B情绪也这么激动可能先给小A道歉吗？看着她们泪流满面的脸我的脑子飞速地旋转着。

"在6班的三年多时间里，你们每天最在乎的事是什么？"我任凭着自己的情感，脱口而出这个问题。

小B毫不犹豫地回答："来上学当然最在乎每天学到了什么啊？"

但小A的反应却不一样。仿佛我的这个问题，又一次触碰到了小A内心深处最柔软的神经，她再次失声痛哭，几乎是喊着说了以下的一席话："三年多了，我每天最在乎的是有没有人喜欢我，有没有人愿意和我一起玩儿！我喜欢这个集体，我喜欢大家，我想为大家做事儿，别不喜欢我，我能写完作业……"

很长一段时间教室里鸦雀无声，在场每一个人的眼角都悄悄流下泪水……

这时小B走到了小A身边轻轻地抱住了她，并在她耳边轻轻地说："对不起，我挺喜欢你的。"

听了小 B 的话，两个人抱在一起大哭起来。我倒显得有些多余了。

从此以后，两个人成为了好朋友。

是泪水化解了这场矛盾，是爱通透了两个孩子的心，而老师，只是架设了一座心灵的桥梁。

上面的故事，在大人看来也许只是一件小事，尤其对于老师而言更是一件司空见惯的平常事，但是在孩子心里，这是一件天大的事，关乎她的人生观和价值取向。

冷静地思考，整件事中谁也没有做错，只是缺乏足够的沟通。如果教师这个时候简单处理，是很节约时间、精力，而且表面上看不出有什么问题，但实际上会在很长一段时间内在孩子的心中留下阴影。如果这个时候抽丝剥茧去分析事情的来龙去脉，追究谁对谁错，最终也得不到好的结果。

我们要找到问题的症结所在，一语中的，让孩子自己内心的情感爆发出来，问题就不攻自破了。

通过处理这件事，我深深地感到，有的时候处理学生的问题，往往不用动脑子，而要动感情。

小"票友"练成记
——有了爱便有了一切

李小妹*

案 例 描 述

小 A 同学是二小五年级的女生，性格孤僻，不善交流。在学校，朋友不多；经常不来学校，不爱学习文化课。为什么在这个本应充满快乐的年龄，她却如此与众不同？为什么在二小这个充满开放、包容、人文的优质教育资源的环境，她却拒绝进入？又是什么原因造成了她的厌学情绪？

为了更有针对性地帮助小 A，我和春伟主任与班主任杨老师对她的家庭进行

---

* 北京第二实验小学京剧教研组李小妹，京剧专职二级教师、校级骨干教师，曾获得西城杯评优课一等奖、国戏杯优秀教师指导奖。

了深入的了解。她生长于一个特殊的家庭：父母都是盲人，父亲在她出生不久就去世了，视障的母亲因无法照顾她，所以只能由大姨和姥姥肩负起照顾她的责任。小 A 的母亲常年生活在房山，见面的机会很少。为了照顾小 A 而延误自己婚姻大事的大姨，终于在小 A 四年级的时候结婚了。姥姥岁数大了，没有精力照看她，只能把妈妈从房山接回照顾她。本以为孩子和妈妈团聚在一起，可以顺利地成长，可谁知自从与妈妈住在一起后，小 A 经常不来上学。

春伟主任与我进行了第一次家访，进到家门，只见一间七八平方米的狭小房间简单地摆着几件家具：门口有一张桌子，上面放了一台破旧的电脑。再往里面是一张木色的上下床。小 A 看到我们，一直面对着墙壁不肯说话，春伟主任耐心地和她谈话后，小 A 同学答应今后不再无故地不去上学了。

不久，得知小 A 又没来学校，我与春伟主任再一次去到她家中。只见小 A 一直躺在床上，明明听到我们来了，竟连眼皮也不抬一下。春伟主任耐心地与她说话，但她没有丝毫回应。我慢慢地靠近床边，轻声说："小 A，我是李老师，坐起来咱们说说话。"她依然不动，我轻轻地抚摸着她的胳膊，惊讶地发现她的手边竟然放着一把水果刀！"小 A，把刀给老师。"我急切的声音并没有让她有所动容，她死死地攥着，不肯松手。我急中生智说："京剧团马上要排练艺术节的节目了，《卖水》这出戏的角色也在选拔当中，你迟迟不来，就没有机会了。"听到这个话题，她慢吞吞地起身靠在床头。我静静地从孩子手里接过水果刀说："穿好鞋子洗洗脸，现在跟我去学校。"此时的小 A 像泄了气的皮球，软软地说："李老师，我今天去不了，明天我去上课。"我点了点头，不经意间发现了她眼神中的一丝期待……

第二天，小 A 真的来上课了！

成 因 分 析

冰心说："有了爱便有了一切。"教书育人是教师的天职。那到底应该如何育人？

首先，必须走近学生，走进他们的内心深处。关爱、尊重学生是育人的根本。尊重是根本，爱是源泉。爱学生，就需要我们尊重学生的人格、兴趣、爱好，了解学生的生活环境、习惯，只有这样才能帮助学生树立独立、完善的人格。人格尊严是平等的。作为老师，要努力做到能像一个真正的朋友一样，欣赏学生，学会倾听学生意见，接纳他们的感受，包容他们的缺点，分享他们的喜悦。

其次，必须走近学生，激发他们的兴趣爱好。教育是科学，需要我们认真探寻其可循的规律性；我们热爱学生，就要让他们体会到老师的真爱，我们教育学生就要寻找到最佳的教育时机，采用最行之有效的方法，特别要调动学生自我教育的积极性，这样可收到事半功倍的效果。

再次，必须走近学生，增强他们的自信心。鼓励教育法是以激发、鼓励、勉励为原则，采取一定措施，如激发兴趣、鼓动勇气、提示愿望、给予奖赏或荣誉、提供方法或方便条件等，激发起学生的学习兴趣、热情和愿望，进而促使学生积极自觉主动地去掌握需要学习的知识、技能和行为规则，提高学生各方面素质的一种教育方法。

措施与实施

1．探究自卑情绪的根源

她为什么不来上学？是和妈妈有什么不愉快还是其他原因？在小 A 家中，我也曾感觉到小 A 对于妈妈的排斥比较大。由于妈妈的不方便，小 A 一个 10 岁的孩子已经会做饭、炒菜。小女孩都爱美，喜欢穿漂亮裙子和佩戴漂亮的发夹，而我常常见到的小 A 几乎没有穿过裙子。在京剧团小 A 因为比较胖也会被一些同学开玩笑。爸爸的去世、妈妈的残疾、家境的清贫，这些很有可能给小 A 带来了一些自卑的情绪，内心产生了无助、纠结和困惑，觉得自己一无是处，没有了自信、快乐和希望。

2．鼓励小票友坚持对艺术的追求

小 A 不喜欢上课，却积极地报了京剧兴趣班，虽然她的身段不协调，却兴趣盎然地参与京剧学习。为了能够促进她来学校上学，学校的冯校长及春伟主任不约而同地想到了一个方法，京剧是她的爱好，每天早上给她增加半个小时的京剧课。有了这个安排后，小 A 基本上天天来学校上课了。每天早上 7:30 到 8:00 是我和小 A 的专属时间，为了让她能够在京剧这方面提升自信，在早上的时间里给她安排练习圆场功和身段。由于小 A 的协调性较差，所以在练习动作时比较困难，她也曾经觉得很辛苦，但是小 A 还是坚强地坚持了下来。

3．创造机会树立孩子的自信心

为了能够增强小 A 的自信心，在冯校长的特殊关怀下，春伟主任在每周一中午的广播时段特地给小 A 安排一个表演的舞台。在小 A 表演过后，班内的小伙伴及年级的同学都知道了她的特长，当她从电视台录播节目回到教室之时，班主任和全班同学都报以长久而热烈的掌声，这让她信心倍增。

效　　果

在京剧的熏陶和影响下，小 A 逐渐适应了学校正常的学习生活。提前到校排练京剧，也已成为她一天学校生活的开始。在日常的生活中，小 A 也渐渐养成了看京剧节目的习惯，经常在楼内看到她对着镜子表演。京剧团组织去长安大戏院的观摩小 A 踊跃报名，听戏的时候摇头晃脑，做派也颇有几分神似。小 A 非常想报考戏校，并在数学曹老师的帮助下，去体验了考试的过程，这也让她非常难忘，虽然这次没有成功，但是我和她说："不要放弃，不是非要做专业，当个高水平的票友也一样会受到大家的崇拜和青睐的！"

反　　思

要想让学生有所进步，教师一定要抓住他们的特点，从各个方面去关怀他们，去保护他们，使他们感受到教师给予他们的情感。这样让学生从内心感到温暖，发现乐趣。与此同时也让学生对教师产生一种信任与喜欢，从而努力学习。

从这个案例中，我领悟到：要想真正做一个好老师，不仅要让学生学到知识，更要让每一个学生感受到学校及教师的温暖，适应各种学习环境，掌握学习方法，学会与同窗之间的相处之道等等。所以我们一定要去深入调查、加深对学生的了解，这样才能真正地对学生有所帮助。

虽然小 A 现在在多数情况下能够积极来校上课。但是孤僻的性格，还是让她阵发性地厌恶学习。在京剧这个小天地中可以给她带来一丝快乐，作为一名二小的、阳光大气的学生，希望她在其他科目中也能够同样有所收获。

下一步我计划将进一步与各个学科老师进行密切的沟通；进一步与小 A 本人及其家人进行紧密深入的沟通；并且有可能与专业人士进行深入的探讨。愿小"票友"全面发展，美出修养与特长、学出习惯与大气！这个案例的研究还在进行当中，也希望大家能够给予一些建议和帮助。

喵喵不哭了

赵爽嬛*

喵喵是这周的值日生，这个工作和职位可是每个小同学都乐于去做的。在上周亮亮当值日生时，她和乐乐同学两个人就已经跃跃欲试了。这不，现在正拿着扫帚扫地的她脸上乐开了花儿，正高兴地扫着。

我低头收拾着教材，脑中不停地计划着明天的教学内容。虽然这些已安排好了，但还是要根据实际教学情况随时做出调整。"明天先检查孩子们前四课的生字掌握情况，接着……"

"老师，他们都说我！"一声"老师"把我的思绪拽了回来。我抬头一看，怎么回事，刚才还兴高采烈的喵喵同学这会儿怎么眼含泪水？

"孩子，别急，跟我说说怎么了。"我往她身边凑了凑，手顺势搭在她的肩头。"他们都说我没扫干净。""那他们是怎么说的呢？""乐乐说，你看你都没扫干净。亮亮说，你就是没扫干净。"我抬眼一看，乐乐正拿着扫帚扫地呢，确实又扫出了不少脏东西。喵喵似乎也关注到了这一事实，"那你是不是没扫干净呢？"喵喵可怜巴巴地冲我点了点头。看了她的神情，我突然间明白了，问题的关键不是她不承认地没扫干净，而是同学们的语气和态度让她无法接受，这可是一个爱劳动、助人为乐同时又很爱面子的小朋友啊。

"乐乐、亮亮来，咱们先不扫地了，你们都到老师这儿来。"接下来，两个小家伙的陈述和喵喵同学的叙述是一致的，听后我说："小朋友在给别人提正确的意见时，怎么才能让别人接受呢？"（本来想跟他们说"心悦诚服"，但考虑孩子们年龄尚小，未必能懂，所以，话到嘴边又咽了回去。）望着孩子们纯真的目光，我顿了顿接着说道，"老师建议你们可以这样说：'××同学，你今天当值日生辛苦了，谢谢你。给你提个小建议，把地面的橡皮屑再扫干净些好吗？明白了吗？"乐乐、亮亮心领神会地、诚恳地学说了一遍，喵喵高兴地接受了意见。

* 北京第二实验小学五年级组赵爽嬛，曾获第六届"金秋杯"语文一等奖，区优秀党员、区优秀辅导员等；多篇论文获得国家、市、区级一、二、三等奖并发表在教育杂志上。

"对呀，小朋友要学会善意地给别人提意见，被提意见的人也要虚心接受呀，这样才叫友好相处呢。"一旁的我，又适时地总结了一下，再一看，喵喵不哭了。

是呀，教育的过程就是发现问题进而解决问题的过程。这当中时机的把握是最为关键的。教育者应该感谢这些随时随刻生成的问题，并把这些问题当做一种宝贵的教育资源，把找到解决这些问题的办法作为对自己的一种历练和提升，及时在学生的心田里播种"精神的种子"。

是学生错了还是老师错了

常佳媛*

当大家看到这样的口算时您会有什么样的反应呢？反正我是非常的震惊，更加气愤，简直难以置信，怎么会出现这样的问题呢？我压住心中的怒火，下课把孩子叫到我的身边，温柔地和她沟通着。"小 A，这些口算你是怎么想的呢？"回应我的是两只水汪汪的大眼睛不解地看着我。于是我再次问她："咱们来看看 1+1 等于几啊？"回应我的依然是两只水汪汪的大眼睛不解地看着我。我再次追问："为什么 1+1=3 啊？你能给我讲讲吗？"依旧是两只无辜的大眼睛看着我，眨眨眼没有一句话语。一问三不知，没有一丝回应，我已经火冒三丈了。但我还是强压住内心要喷发的怒火，深深地吸了一口气，再次和蔼地对小 A 开口："你看看 1 根手指再加上 1 根手指一共是几根

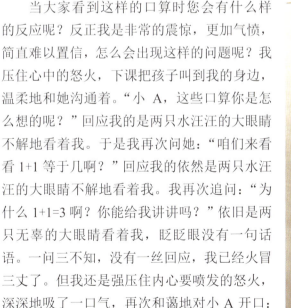

① 1 + 1 = 3　　① 2 - 1 =
② 2 + 1 = 5　　② 4 - 2 =
③ 1 + 4 = 8　　③ 5 - 4 =
④ 2 + 2 = 8　　④ 3 - 1 =
⑤ 3 + 1 = 9　　⑤ 4 - 3 =
⑥ 2 + 3 = 11　　⑥ 5 - 2 =
⑦ 1 + 2 = 10　　⑦ 5 - 1 =
⑧ 1 + 3 = 12　　⑧ 3 - 2 =
⑨ 3 + 2 = 14　　⑨ 4 - 1 =
⑩ 4 + 1 = 15　　⑩ 5 - 3 =
⑪ 2 + 2 = 15　　⑪ 3 + 2 =
⑫ 3 + 2 = 17　　⑫ 4 - 2 =

手指啊？"这回小 A 终于有了反应，说道："2。"我心里悄悄地松了一口气，心想有回应就好。于是接着问道："那你为什么答案写的是 3 呢？"回应我的又变成了

* 北京第二实验小学一年级数学组常佳媛，小学高级教师。

那双水汪汪无辜的大眼睛。我的心里犹如被人泼了一盆凉水，从头冰到脚。我再也问不下去了，于是让小 A 休息去了，我无奈地走出了教室。

回想起小 A 平时上课的种种迹象，例如，注意力无法长时间集中，接受新知识较慢等情况，我武断地断定了她的口算一定很差！外面的天气虽然寒冷，但是也无法让我的内心平静下来。于是我回到办公室后，迫不及待地把我的遭遇告诉了办公室的老师们，想让他们帮我想想办法，看看有什么好的方法可以让小 A 学会计算并提高口算的正确率。老师们看到练习的第一反应也和我一样立刻震惊了，由于旁观者清，很快就有老师发现了端倪！有位老师在沉默了 5 秒钟后，说了一句："小 A 好像把题号也加进去了。"听到这句话后，我的头上出现了一圈希望的光圈，迫不及待地把练习拿在了手上，一道一道认真地算了起来。每算一道题心里就踏实一点，直到算完最后一题，发现竟然全对了！我如释重负地舒了一口气。同时，心里对小 A 产生了一丝丝的愧疚。觉得不应该因为小 A 平时的表现，就全盘否定了她的口算水平。于是我飞奔到班里，问了小 A 是否把题号也加了进去，得到了肯定的答案后，内心的郁闷彻底散去。

通过这件事，我一直在反思，当学生出现问题的时候，作为老师的我们不应该立刻做出判断，应该先冷静下来，分析这背后的原因，作为老师的我们，应该与学生拉近距离，了解每一位学生的情况，像小 A 这样特别需要关注的学生老师更应该与之零距离，应当走近学生并走进学生！通过跟家长沟通后，发现孩子有一定的口算基础，几乎没有学前基础，于是建议家长可以有针对性地进行注意力的训练。其次，团队合作可以帮助每个老师，当老师面对自己的学生无法控制情绪的时候，团队的老师可以先出面帮助讲解或解决；当自己的学生出现问题而老师产生困惑时，可以求助团队找到好的方法解决。我想这就是三人行必有我师的道理。我相信我和小 A 会相互促进共同成长。最终会成为优秀的"双主体"！

给别人一个仰视的理由

于兆博*

现 象 描 述

我班有这样一位男生 Y 同学：他身材高大，体壮如牛，是学校篮球队的成员；每次见到我都是一副憨憨的样子，给人一种淳朴的感觉；他平时在班里非常热心，谁有困难他都会热心去帮助，是个善良的好孩子。

但是他身上也有突出的问题：课间经常和其他男同学打闹，而且动作幅度很大。以至于身材相对矮小的同学都不敢和他玩儿，经常有同学向我反映被他打疼。看来，他的的确确成了班里的安全隐患。刚一开始，我只是按照以往的管理方法进行说教。把学校所有的规章制度和 Y 同学说了一遍。出乎意料，Y 同学态度非常好，连连点头。我以为问题就这样解决了。可是，好景不长。转过天来，我又看见 Y 同学在打闹，前面的说教根本没起作用。我耐下心来又用同样的方法教育了 Y 同学一遍。Y 同学态度出奇的好。目光恳切，连连点头。遗憾的是，当天下午同样的事情又发生了。看来简单的说教并不能解决问题。于是我改变了做法，通过和他交流我发现他没有任何恶意，动机非常单纯。就是想表达对同伴的喜爱，但是却把握不好这个度。面对这样的情况，我全面观察了他的活动范围和活动对象。发现他特别喜欢在户外活动，而且总喜欢和班里的几位身材相对"魁梧"的男孩活动。

深 入 交 谈

看到这我也在思考：如何解决这个问题，如何才能真正触动 Y 同学。于是我先找他的小伙伴们谈话。得知他们其实很愿意和 Y 同学玩，而且有着非常深厚的友谊。但一个小伙子话锋一转说道："他有时动作太大，弄得我们可疼了。

---

* 北京第二实验小学四年级语文组于兆博，二级教师，担任班主任已有七年，热爱国学经典，十分愿意将国学经典中的观点、故事应用在班主任工作中。

上次因为一次无意的冲撞我们之间闹了点小别扭，不过很快就和好了。"然后就憨憨地一笑。后来我找 Y 同学谈话，把伙伴们的话对他一说，Y 同学面露愧色。看得出来这些话触动了他。我看准时机对他说："你的质朴、刚正、热心、善良我们都看在眼里，很欣赏。但同样存在着问题。你是全班最高大的同学，同学们都要仰视你。当然也包括我。你应该给大家一个仰视你的理由。"Y 同学冲我眨眨眼睛，若有所思。我又说道："同学们希望你成为班集体的一面旗帜。当大家有困难时你能用你高大的身躯去帮助弱者。正所谓仁者爱人也。"说完，Y 同学信心满满地对我说："老师，我懂了。请相信我。我会注意的。"话虽不多但分量很重。看来达到了预期的效果。日后，类似事件虽偶有发生，但较之以前确实大有改观。

此后，我又寻找更多的机会给他展示的空间。巧得很，年级的篮球比赛开始了。这的确是 Y 同学大显身手的好机会。果然，在赛场上 Y 同学身手矫健。运球、投篮都展现出了高人一筹的实力。班里的同学更是给 Y 同学加油助威，不遗余力。看着 Y 同学在赛场上挥洒自如，我对自己说：这才是孩子展示的舞台啊！这次篮球比赛不禁让我改变了对 Y 同学的看法，更可喜的是让 Y 同学找回了自己，增强了自信。赛后，我对 Y 同学说："赛场上大家都在仰视你，老师希望你能体验更多被仰视的时刻。"

刮 目 相 看

和 Y 同学相识已有一年多了。我发现我真的是越来越喜欢这个大个子了，他"民胞物与"之心，也令我肃然起敬。

今年十一假期。Y 同学和爸爸妈妈一起到天津福利院看望有残疾、智障等缺陷的小朋友，并且给那里的孩子们带去了快乐。随后在班会上我让 Y 同学给全班同学朗读了自己写的随笔。他写道："我有一个愿望，就是蛋蛋（蛋蛋是福利院的一名儿童）到美国生活后，请福利院的妈妈能告诉我蛋蛋的联系方式，我能与蛋蛋保持联系。随着蛋蛋的长大，我们能互相交流。我还要告诉蛋蛋：不要记恨亲生父母，是他们给予了你生命；不要忘记福利院的妈妈、爸爸们，是他们给了你温暖的家，抚育你快乐、健康成长！不要忘记中国——你的祖国，是祖国给予了你新的生命。我衷心祝福蛋蛋：在国外生活快乐！相信会有那么一天，我和蛋蛋在祖国相会！"孩子们听得非常认真，一句句感人的话语，将一位至情至性的男子汉展现得淋漓尽致。

虽然 Y 同学依然时不时地和同学打闹几下，虽然 Y 同学还会因控制不住自己的情绪大喝一声，但是，我真的觉得，这，是上帝赐予我的一份礼物！

感悟及反思

（一）感悟

1）独辟蹊径，打破常规。"墨守成规"是教师应避免的一种教育误区。但说起来容易，做起来就不那么容易了。特别是当我们面临屡教不改的孩子时，还能不能理智地分析问题？这时就需要变化。

2）以退为进，动之以情，晓之以理。事后我也想，要是一味地批评会是什么样的结果。相信孩子一定会产生对立情绪，一旦这种不良情绪充斥孩子内心，那所有的教育都将是徒劳。先肯定优点，再伺机分析问题，这样效果就好多了。

（二）反思

没有没有原因的结果。学生出的问题一定是有原因的！这需要老师有耐心去探寻。也许这原因就在表面，也许这原因深藏不露。对于那些令老师感到无奈，甚至屡屡无法解决的问题，我们需要换个角度思考。

明代学者王守仁的教育思想与孔子一脉相承，他的一段话启发了我："大抵童子之情，乐嬉戏而惮拘检，如草木之始萌芽，舒畅之则条达，摧挠之则衰萎。今教童子，必使其趋向鼓舞，心中喜悦，则其进自不能已。"引导则舒畅，舒畅则条达。学生追跑打闹的原因多为做游戏而引起。既要满足学生做游戏的需求，又要保证他们的安全。老师们将这样的想法告诉学生，并且让学生自己创编安全、有益的游戏，充分发挥学生的创造力。这一举措的效果是显著的，学生专注于自己创编的游戏，楼道里追跑打闹的现象大大减少了。由此可见，这些产生于千百年前的教育思想在现今社会依然闪烁着智慧的光芒。

爱的"陪玩"

任 阁*

"小A，这边有2块糖，那边有3块糖，哪个多啊？"

"18!"

18？怎么回事？没听清楚吧？怀着这种猜测我又耐心地问了一遍："老师这边有2块糖，那边有3块糖，哪个比较多？你想要哪堆？"

"13!"

当时在场的老师都很惊讶。怎么会这样？这是带小A复习比较数的大小时的对话。平时每一次做题，不管是填空、连线、画图还是选择，她都会写上各种不同的数。当然写的数和这个题目也没有什么关系。为什么她理解的数学只要回答个数就行？不用分析信息，不用思考问题，数学就是数？

要想帮助她就要先了解她，"走进"她。通过多方面的了解，我发现这个学生确实比较特殊，她的父母离异，从小由患有精神病的奶奶带大，没有人对她进行过任何大脑的开发，学前缺失的东西太多，而且医院检查她的大脑发育迟缓，现在由她的妈妈和舅舅抚养，家里靠低保维持生活。而且她的妈妈和舅舅眼中的数学就是口算，死记硬背的口算。现在她要和同龄的孩子一起上课学习确实很困难。于是我开始每天带她补课，用不同的方法引导她。但往往是好不容易讲明白的内容，第二天就忘了，又要从头开始。就在我不知如何是好，甚至想要放弃的时候。"以爱育爱"的教育理念提醒我，不能放弃，要用爱的智慧，改变现状，为了每一个学生的未来，我选择继续！

"小A，这些玩过吗？"我指着一些积木和一个球问她。"没有……"小A失落中有些不好意思。但这次她的回答是我预料之中的。"咱俩今天就一起玩玩这些玩具好不好？"她的眼中一亮，露出了天真的笑容，连连说："好啊！好啊!"我将球滚过去，她也兴奋地学着我的样子把球滚回来。就这样玩了几个来回。"好玩吗？""好玩!"小A频频点头。"哪好玩啊？""滚它好玩。"稚嫩简单的语言已经表达出球这

---

* 北京第二实验小学二年级数学教研组任阁，二级教师，曾获得市级论文二等奖，区级论文一、二等奖。

种立体图形的特点——可以向任何方向滚动。就这样我们玩了球，搭了积木。边搭积木边数数，边搭积木边认识立体图形。令人惊喜的是这次补课效果还不错，知识点记住了！我突然意识到小 A 的生活环境中缺少这种"玩伴"，一个孩子应有的可以引导她的"玩伴"。虽然"陪玩"的过程耗时很长，补的知识点很少，但是抽象的数少了，她的笑声却多了，她的思考与积淀也更丰富了。所以我愿意做她的"玩伴"。

我们开始玩小棒、玩积木、玩七巧板等。这个学生现在很喜欢数学，热情也很高涨，当然问题还是很多，学习起来还是很慢，但我会继续陪玩、继续研究、用爱的智慧去帮助她。

爱的"陪玩"使她在轻松的氛围里感受数学、体验数学、玩数学，最终得到数学思维的提升！其实面对所有的学生都一样，教师不是知识的传授者，而是学生学习的陪伴者，在陪伴的同时给予引导。智慧地爱每一位学生，花时间陪学生"玩"便是一种美好的爱！

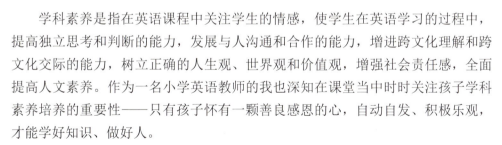

小 汽 车
——学科素养的巧培养

朱 珠*

学科素养是指在英语课程中关注学生的情感，使学生在英语学习的过程中，提高独立思考和判断的能力，发展与人沟通和合作的能力，增进跨文化理解和跨文化交际的能力，树立正确的人生观、世界观和价值观，增强社会责任感，全面提高人文素养。作为一名小学英语教师的我也深知在课堂当中时时关注孩子学科素养培养的重要性——只有孩子怀有一颗善良感恩的心，自动自发、积极乐观，才能学好知识、做好人。

本学期初，在讲第三模块时的一节课上，当我正热火朝天地讲着关键句型："This is a duck.""That is a boat."及"These are..."区别的时候，发现一孩子低着头很投入地在写着什么，我走到跟前他都没有察觉。低头

---

* 北京第二实验小学三年级英语教研组朱珠，小学二级教师，两次被评为北京市西城区研究课优质课，荣获北京市西城区中青年教师基本功大赛三等奖、北京第二实验小学凌空杯一等奖。

一看发现他在很投入地画着一辆小汽车。由于这个孩子本身就比较特殊，他以前的一些事情我也早有耳闻，经常因为任性不听老师的话。我怕不客气的提醒与指责会更加挫败他的自信心，于是微笑着对他说："Wow，what a cool car!"顺势举起来展示给大家看："Look，this is a cool car!"然后给一手势，让大家按照刚才句型练习的形式说出："That is a cool car!""You're a good designer，please finish your picture after class，OK?"我语重心长地赞叹他是个不错的小画家，并让他下课后再继续完成这幅图画。他会心地一笑，点点头，马上把画收起坐好听讲了，而且后来的注意力一直都很集中。虽然他还有很多的问题需要改正，但让他得到自信并给予他一定的肯定还是很有必要的。

我觉得让学生在课堂当中得到理解和尊重特别重要。我们应真诚地关注每一个学生，用艺术的方式对待和处理不同的突发事件。当然，在尊重犯错学生的同时将所发生突发事件与所学内容加以结合利用，不仅教育了学生，还充分体现了作为一门语言学科要时时处处利用真实语境的时效性。

对孩子进行学科素养的培养不仅是对优秀品质与良好德行的渗透，孩子们更可以从赢得的尊重和荣誉中得到成功的体验和回报！这种财富会保留一生，比所谓的金钱、权力要珍贵得多！所以，走进孩子的内心，给孩子注入爱，在课堂教学中将学科素养教育潜移默化地渗透，让他们自信、乐观，并能看到希望。这将是我一辈子坚定走下去的路。

爱
——从感受开始
赵伟然*

去年，班里有这样一个男孩，课堂上的行为习惯不是很好，在大家安静上课的时候，他总是为了引起别人的注意做出一些特殊的举动。发现这个问题后我便开始了一系列的关注和研究。首先我向班主任了解了他在其他课上的表现，发现在其他课上他

---

* 北京第二实验小学二年级赵伟然，二级教师，曾获得市级论文一等奖，区级论文一、二等奖。

也是如此。接着我又联系到了他的家长，了解了他在家里的表现。得知孩子确实存在一些先天性注意力低下的问题，而家长对孩子的行为也是束手无策，只是在用药物控制。当了解了孩子表现背后这些诸多的因素后，我萌生了帮助他的动力。

在一次违反课堂纪律后，课下我把他单独叫到了南小院，我们席地而坐聊了很久。对话中我又一次"走进"了他。他说其实他也不想这么做，就是有时候总是管不住自己。我听出了他的痛苦和向善的一面。于是我就和他立下了很多约定，我对他说："上课时如果再违反纪律，我不会马上批评你，我会用很多方式提醒你，但我的提醒不会超过三次。另外，我知道你喜欢打篮球，如果你整节课都没有违反纪律，下课我会陪你去打篮球，而且一定和你一队。"他欣然接受了并努力去做。虽然有时他还是管不住自己，但经过近一个学期的交流和互动，我们成了朋友，渐渐地他从喜欢和我玩转变成了喜欢上数学课，发言次数明显增多，成绩也有了好转。甚至有时还变成了维护课堂纪律的使者。

通过这件事，让我深深体会到，爱是要真情实感的，是要付出行动的。和学生在一起要时时刻刻地研究，走进每一个学生；和特需生在一起，更要用我们的心去感受他们的感受。

师生的交心信

艾思惟*

"以爱育爱"是北京第二实验小学的核心理念，是指用教师智慧的爱去激发孩子的爱。自从并入北京第二实验小学以来，这一条真理便深深印在我的心间。我也怀着一种更深刻的责任心和更高度的使命感在努力践行着做"有爱的班主任"。的确，班主任对孩子们的爱是一种巨大的能量，各方面无微不至的关怀和体贴能使孩子对自己产生信赖，更能使孩子学会爱他人，也更爱自己，尤其对于从家庭中获取不到足够的爱的学生。

学期初，班里有个性格较为内向的女孩引起了我的关注。她不善于与人接触

---

* 北京第二实验小学德胜高段教研组艾思惟，小学二级青年教师，毕业于首都师范大学汉语言文学专业，论文曾获小学"十二五"优秀成果论文二等奖。

和交往，在班里只有一个关系比较密切的好朋友，性格同样内向。女孩平时上、下学都是与另外一个女孩结伴或是由奶奶接送。这个女孩的平时小测和听写成绩都还不错，但作业却时常完不成。每次问起都是睁着大眼睛、一脸诚恳地解释说忘了带、忘了写。由于自己是过来人，了解孩子的心理，如果每遇状况都请家长的话，孩子容易对老师产生警戒和抵触的心理。所以我一贯是抱着能先通过与孩子沟通而解决的问题就先不出动家长的心理。虽然知道"没带"这个理由常常是学生没写作业的借口，我还是把女孩单独叫到了一边，温和地对她说："佳佳，在老师心目中你一直是个听话的孩子，所以你每一次说忘记带作业，老师都相信你。但是你现在都上五年级了，应该知道每天晚上睡觉前把书包收拾好、作业收进书包里呀。所以不能有下次了好吗？"看着她坚定地点了点头，我也放下了心。

可是，似乎这次谈话也没起到丝毫作用，女孩完成作业的情况在接下来的时间里只保持了两天。这一次，收作业的小组长翻出来女孩空空的作业本。我把女孩叫到了办公室。语重心长地对她说："佳佳，之前老师一直那么喜欢你、相信你，所以你几次告诉我没带作业我也没有责怪你，对吗？可是现在老师知道你一直是骗我的，心里真的很难过，就好像是被一直真心对待的好朋友欺骗了一样，伤心极了。你能理解吗？"女孩眼神里闪过一点儿受宠若惊的神色，有些自责地垂下了头。我接着说："佳佳，你不写作业是因为不喜欢老师吗？"女孩没有说话，大眼睛盯着我连忙摇了两下头。"那你是觉得老师的作业留得多吗？"女孩依旧摇了摇头。"那为什么不写作业呢？是因为觉得写作业浪费时间？还是觉得写作业对于学习没用？"我一直试探地问着。起初女孩微垂着小脑袋不说话，我用手捋开她额前遮住眼睛的碎头发，充满期待地看着她，等了两分钟，女孩终于怯生生地张口说："老师，是因为我偷懒了，不想写。我以后不这样了。"我微笑着对她说："好，老师相信你。犯了次错误不要紧，知错就改还是好孩子。如果平时学习或是作业中有不明白的也可以随时找我，或是给我打电话，好吗？""嗯"。

我想，这次总该是最后一次了吧。可这一次谈话达到的效果依然不理想。一周之后，收作业的小组长再一次告诉我，女孩的作业没写完。终于，当她再一次以"忘了"的理由搪塞我之后，我有些压不住心中的怒火，让女孩写一篇检查交给我，并请女孩的家长来学校。没想到的是，女孩的奶奶来了学校。经过与女孩奶奶的长谈，我才了解到，原来女孩的父母在她很小的时候就离异了，两人都对孩子撒手不管，放弃抚养。所以女孩从小便与奶奶相依为命，这也导致了女孩的性格孤僻，不善与人交际。而且不容易对人产生信赖。女孩奶奶开了一家小卖部来维持祖孙二人的生计，放学后女孩常常陪着奶奶在小卖部里卖东西，写作业也是趴在小店里的凳子上写。有时来了客人买东西，女孩便放下作业去帮忙。奶奶识字不多，所以没法帮她查作业。遇上作业中的难题，女孩也常常是空着不写。我很震惊，原来这个小小年纪的女孩身世如此坎坷。

送走了女孩的奶奶，我陷入了久久的沉思。我该怎么帮她呢？

我还清楚地记得，北京第二实验小学教育"八原则"中有一条叫做内化原则，是说教师要善于调动学生的内在积极性，让学生产生内驱力，把外在的要求化为学生自主的行为，也只有这样，才是让孩子主动发展自己。所以我打算把孩子现在的学习与她爱奶奶的情感相关联，使她意识到，自己现在努力学习本领是为了充实羽翼，为了将来有能力照顾和保护自己深爱的亲人。当孩子明确了这一远大目标时，她的学习动力会得到前所未有的激发。

然后，我在女孩交给我的检查背面写了一封长长的信。

"佳佳：其实老师一直都很喜欢你。我知道你心里一定想多结交几个好朋友，如果你可以信任老师的话，我愿意做你可以交心的朋友。老师真的很想把你当成好朋友对待，可是你总是让老师伤心。设身处地想一下，假如你一直用心对待的好朋友总是让你伤心，你是不是也会难过呢？老师知道，爸爸妈妈没有尽到责任，那是他们的错，可你并没有错。你不能在这个阴影下生活下去。我相信你可以很坚强，你可以乐观地去与同学交往。你那么爱奶奶，可随着你长大，奶奶也年老了，她需要你强大起来去保护她，你说对吗？现在的学习就是一个积累的过程，用知识武装自己，让自己不断强大起来，才能让你爱的人过上更好的生活。所以千万要首先学会爱自己，对自己负责，别让爱自己的人伤心难过。好吗？"

信的结尾，我署名道："你的好朋友：艾思惟"。

第二天，我将折好的信悄悄放到了女孩的桌兜里，也开始了一段漫长的等待。变化真的就这样一天天地开始出现了。渐渐地，女孩的作业除了个别几次是空着的不会做的题比较多，几乎没再出现主观不写的情况。而且在性格上似乎也逐渐有了一些改善，虽然还是比较腼腆，但多少能打开自己的心门去接纳朋友了。我由衷为她开心。

这次的经历带给我一些思考：

很久前我就听过一种说法：孩子成长的过程从来都不是一蹴而就的，而是一个螺旋式上升的过程。正如习惯的养成不是一天两天的功夫，当孩子出现错误后，我们教育者也不能希图孩子一次两次就将错误彻底改掉。要沉下心来，给足他们时间，去相信，去等待。每一朵花都会绽放。

其实，孩子的诸多外在表现都是有其深层原因的，走进学生，读懂学生，才能真正了解他们，知道他们行为的内在动因，从根本上解决问题。如果我没有与女孩奶奶的那一番长谈，怎么能知道她的家庭背景和家人的苦衷呢？又怎么能真正帮助女孩走出阴影，重拾自信和希望，及时调转方向、回归正途？孩子是无辜的，也许他们的一些表现只是出于对自己生活现状的本能回避，也许他们的一些错误举动只是没有成人适时正确的引领，所以对于孩子的"错误"，我们作为教师就要坚持"无错原则"，用信任和宽容为孩子引路。

每个人都具有爱的能力，教师如果以爱孩子的本心，智慧地激发出孩子对自己和对家人的责任心，激发出他们爱别人的能力，那么他们就自然形成了一种内在的驱动力，促使他们自觉主动地学习做事，而无须成人参与和介入。孩子也在感受到教师给他们的爱的同时心存感激和爱。我想这也正印证了北京第二实验小学一直以来所秉承的"以爱育爱"的理念。带着这些收获，我想在以后的教育道路上，我会更加笃定地"以爱育爱"，以交心信或更多有效的方式，为一颗颗正迷路的幼小的心指引方向。

同学前"扬长避短"，同学后"锱铢必较"
—— 教师的"爱"要宽严有度

徐东敏*

去年三年级的时候，第二学期伊始，有一位姓钟的同学突然从其他班调入我班，这是学校对我的信任，同时也是对我班主任工作的一次考验。

没有不透风的墙，钟同学调入我班后，他在原班打遍同学、对老师拳脚相加的行径不胫而走，加之以讹传讹，班里沸沸扬扬，包括家长也担心此事会破坏班集体、殃及孩子，大家对钟同学的到来很是排斥。

原本大家就不接纳钟同学，继而先后发生几起钟同学伤害其他同学的事件，大家对钟同学更加畏惧和疏远了，甚至憎恨。其中以一个叫天琪的学生为首，在大家面前大肆宣扬：我爸爸跟我说，钟同学再欺负我，就让我攥紧拳头朝他的脸

---

* 北京第二实验小学四年级语文教研组徐东敏，高级教师，北京市紫禁杯优秀班主任，多次荣获市区级论文一、二等奖。

挥去，一拳把他打倒。天琪是个很有号召力的学生，这样一来原本就排斥钟同学的同学，此时的情绪愈加膨胀，私下声称与钟同学"不共戴天"，他们还秘密成立了一个"给钟同学一拳头"的小团体，而这个小团体得到了许多同学的支持和响应。

在这样一个背景下，我感到转变大家的心态与矫正钟同学的不良行为同等重要。

力排众议，在同学面前"扬其长避其短"，引导学生接纳钟同学

针对天琪的小团体现象，我特意召开班会，想在探讨中帮助学生提高认识："拳头"该不该挥出去？此话题一经抛出，同学们立即议论起来，大家就像商量好了似的，答案出奇的一致。天琪第一个慷慨陈词：人不犯我，我不犯人，对于总是欺负我们的恶人，我们就要还击他。天琪的话使班里炸开了锅，大家一呼百应，也纷纷直抒愤慨：我们不能总遭受钟同学的伤害，我们要"以其人之道还治其人之身"，让他尝尝挨拳头的滋味；也有的说原来我们班那么好，现在让他一个人给毁了；还有的说："我们总是受钟同学的欺负，受皮肉之苦的总是我们，那我们多亏呀！"……同学们或委屈，或愤怒，或不平，班级中充斥的是对钟同学的极度不满。

三年级学生的认知水平非常有限，因此他们的言谈是那么的理直气壮。我又请大家思忖：怎样的人才称为"恶人"？经过交流，同学们明白了，无恶不作、罪大恶极的人才称为"恶人"。我们身边的同学存在着这样或那样的问题，但绝非"恶人"；同学之间应亲如一家人，应情同手足，对有缺陷的同伴冠以那么难听的称呼，这本身就是对同学的一种侮辱，是应该摒弃的。

继而我又带领大家进行换位思考：离开了相处两年的集体，突然来到一个全新的陌生环境，自己本人也既感到很突兀，同时也怀有希冀，想通过新环境从头再来。作为"家人"，我们应该以怎样的态度接纳新成员呢？

大家谈到应该提倡给予真诚的帮助。而"以牙还牙"的方式是最最不可取的，它表面看起来是给对方以教训，但实质上这只是一种简单粗暴的解决问题的方式，这种方式的后果只会加深矛盾，只会恶化同窗之间的友谊，只会留有无穷的后患，是非常不理智的，它不能从根本上解决问题。

还有，挨一拳，不还手，表面看是亏了一拳，但却赢得了大家对自己的刮目相看和对自己的敬重，因为你容忍了一般人所不能容忍的，这又何尝不是一种收获呢？况且对方在这种情形下肯定会自知理亏，良心上受到的谴责比受到的皮肉之苦更为痛苦。看得出大家正在吸纳着我的说法。

最后我毫不掩饰对钟同学的赞赏，因为钟同学的确很好学，并鲜明地亮出自己的观点：要用发展的眼光看待同学，不能停留在过去，更不能一概而论，以偏概全，否定同学的全部。每个同学都应锻炼自己成为有气度、有胸襟的学生。我这个班的同学原本就心地善良，在老师的引导下，很多同学把自己发现的钟同学的"闪光点"夸赞给大家听，并纷纷表态愿意做钟同学的朋友，特别是天琪真诚地说要取缔自己的"非法小团体"，取而代之成"携手互助"小组，要帮助钟同学进步。我特别清楚地记得当时再看钟同学时，他原先的不屑一顾不见了，而是惭愧而又高兴地低下了头。

　　在同学面前"扬其长避其短"，给钟同学留足了面子，最大限度地保护其自尊。通过引导大家彻底清除心底里的"阴影"，这是钟同学来到我们班后的三周时间里，大家第一次真正积极地接纳了这位特殊的新同学，我真高兴。最值得欣慰的是在后来因钟同学挑起事端后而制造的问题，同学们都能客观地、宽容地对待钟同学的失误了，而不是一味地指责与埋怨了。

同学背后，"锱铢必较"

　　钟同学在班级中的处境得到了许多改变，但我们非常清楚只有通过钟同学自身的巨大转变才能使大家乐于接纳并喜欢他。

　　因此，在单独处理钟同学的问题时，我会毫不留情，一点也不姑息，钟同学的问题会被一点点揪出来进行剖析，即在不伤害其自尊的前提下，通过公正、严肃的处理使钟同学认识到自身的错误及恶果。同时，与其家长进行有效沟通，帮助家长转变不良的教育观念，使家长能理解老师的良苦用心并得到家长的积极配合。

　　就这样，我们尝试着"为心灵送去温暖"的策略，即借助班级的凝聚力和浓郁的班级文化给他最大的宽容和约束，以大家的爱心感召、感化这位学生，即便钟同学有了失误，我们不是排斥和冷落，而是真诚地给予帮助。

　　心灵受到了触动才会"痛改前非"，经过近一学期三个多月的努力，钟同学感受到了老师的爱和同学的宽容，变得豁达、开朗了，后半学期，他更能遇事冷静，不再冲动，从没有和同学发生矛盾，更没有出手伤人，非常愿意帮助老师和集体做事情，多次受到表扬，令大家刮目相看；特别是钟同学切身体验到了与大家友好相处和被尊重、被喜爱的快乐；他的妈妈看到自己的儿子变得明理了也非常感动。

　　我深信，爱是一种传递，但教师的"爱"要宽严有度，严在科学尺度上，宽在心灵深处。当学生犯了错误老师要严之有理，严之有情，严有分寸；当学生对所犯错误有了比较深刻的认识、甚至内心感到痛苦时，教师则应宽容大度，给学生留有反省的时间，留下改正的机会，留给学生以期望和信任，反而会使学生更加内疚自责，促使其痛改前非。当教师真诚地付出爱时，收获的必定是孩子更多的爱！感受孩子们的心灵之语，是很快乐的一件事！

用"爱"唤回"特需儿童"的自尊

徐东敏

　　班里有一位患有严重抽动症的小阳。患有这个疾病的孩子表现出来的就是，身体不由自主地出现眨眼睛、皱眉头、吸鼻子、摇头、咬嘴唇等各种行为。

　　因为患病儿童的这种怪态很容易引起周围孩子对他的嘲笑、鄙视，患病孩子的自尊心反复地、长期地受挫，最可怕的后果就是厌学、逃学、心理障碍、自卑、品行问题、人格不健全。

　　刚接这个班时，一天晚上家长给我打电话，电话一头的家长泣不成声地哭诉着孩子的不幸。我听后心里真是一种震撼，健康的孩子可以无忧无虑地享受快乐的童年，而这个孩子却饱受身心的摧残和煎熬，面对这样一个特需儿童，我下定决心一定要尽全力、尽我所能去帮助他。

　　首先我上网查找了相关的资料，资料上特别强调：对于这样的儿童，要忽视他的短处和不足，用放大镜去看他的长处、优点，并当众表扬他，以增强他的自信心。

　　这个孩子因在治疗抽动症期间，要服用大量的药剂，而这种药剂抑制孩子的神经，上课时易昏昏欲睡。开学初的一段时间里，他经常在课上处于睡眠状态，我一般不打扰他，周围的同学疑惑不解，为什么老师还不批评他。下课后这些孩子争先恐后地质疑时，我会告诉他们小阳的身体不舒服，但他很坚强，放弃在家养病，坚持到校来上学已经相当棒了，我们应该学习他这种精神，他不舒服的时候当然可以先趴在桌子上。同学们明白了其中的缘由，这样当小阳在趴在桌上小憩时，耻笑声、责怪声消失了，取而代之的是安慰、慰问。当然我在课上尽量使自己的教学更具有吸引力，使他的注意力转移到课堂的听讲上来。

升入三年级以后，为了提高孩子的写作能力，按照惯例我们提倡、鼓励孩子写日记、周记。经过指导，有相当一部分孩子能写一页、两页的小文章了。而小阳的日记由于读写有障碍，从来都是一句、两句。但我从来不责怪他或流露出一丝的不满，而是认真地批阅，再一般的句子只要是意思表达得清晰，我都画上重重的波浪线，在最后写上"真棒""又有进步""贵在坚持"等诸如此类的鼓励的批语。而且经常不断地夸奖他坚持不懈的精神，具有这种持久力的孩子将来一定能成就大事业。每次表扬，同学们都向他投去赞许、羡慕的眼神，我能感到充盈在他心中的欣喜。

小阳的肢体运动技能很强，喜爱田径、篮球。我就鼓励他多去参加体育锻炼。特别是在年级跳绳比赛中，有一项跳大绳的比赛项目，由于孩子们从来没接触过这样的运动项目，在练习的过程中非常吃力，很多孩子总也跳不过去，即使跳过去了，也不能和前面的同学衔接紧密连贯。我却发现小阳的动作敏捷、身手不凡。我意识到这真是个一举两得的好机会。我立刻请大家先停止练习，围成两个半圆，请小阳为大家做示范，请大家观看他的表演，他表演了一次又一次，大家为他精彩的动作所折服，掌声一浪高过一浪。之后我郑重其事地邀请他做"全班的总教练"，每个课间的操场上总能看到大家争抢"总教练"的一幕；"总教练"乐此不疲，操场上留下了小阳忙碌而快乐的身影。在他的亲临指导下，同学们有了飞跃式的进步，正式比赛那一天大家齐心合力，取得了第二名的优异佳绩，回到班级，我们召开了一个小型的班会，请大家畅谈获奖感受，同学们纷纷谈到团队合作的力量；谈到付出后收获的快乐；更多的同学激动地说这次比赛多亏了小阳，没有他就没有班里的好成绩！在老师的提议下，最后我们为小阳颁发了一份"汗马功劳奖"！大家一致欢呼着一致通过。在后来的班干部竞选中，在老师的引导下，小阳光荣地当选了体育中队委。在同学们热烈的掌声中，我给他佩戴中队委符号并给予他拥抱时，我都能看到洋溢在他脸上的那份激动！

就这样我坚持奉行"五个一"：至少每天在班里表扬他一次；至少每天请同学为他送去一次掌声；至少每天和他聊一次天；每两周为家长送去一份电话、贺卡喜报；定期每月、每学期或不定期地赠送小阳一份别致的小礼物。

就这样，小阳的作业由最初只写一个词到写两个词、一行词，两行词，由最初的一两句日记，到期末阶段的作文考试回馈了老师和家长一页 400 多字的"一类现场文"。翻天覆地的变化，令人欣喜若狂的变化。

不仅如此，小阳变了，变得善谈了，性格开朗了，学习有了兴趣。孩子的变化将变成我一如既往继续探索的动力。

角 度
——做"爱"＋"智慧"的教师†
胡 雪*

曲莉梅老师的《爱心托起明天》令我爱不释手。是的，曲老师用生命、爱、智慧做教育，编织了她美丽的人生。满怀"师爱"的我们随着一页一页书稿的翻阅，产生了极大的共鸣。

我国著名教育家夏丏尊先生说："教育之不能没有爱，犹如池塘之不能没有水。"即"没有爱就没有教育"，这就是师爱。正因为有"爱"，才会形成无尽的教育源泉，获得孩子们的信任，产生无尽的教育力量（摘自《爱心托起明天》）。

2008 年管乐团新年专场演出结束后，我收到了一封电子邮件："……看着儿子吹着小号，缓缓地从幕后走向舞台的正中，领奏《友谊地久天长》，我不禁热泪盈眶，我知道他的心中同样充满着对二小的无限留恋，以及对管乐团的依依不舍之情。当我看到他脸上自豪、自信的表情时，我几乎不敢相信这是我的儿子。几年来，乐团在国内的演出我们夫妻每场必到，我们绝对是乐团当之无愧的超级'粉丝'。然而，这一次我们的心情是很复杂的，除去兴奋和自豪，也夹杂着酸楚和留恋，因为这一次将是我们的儿子最后一次参加乐团的新年演出。光阴荏苒，岁月如梭，转眼间，我的儿子刘天昊已在北京第二实验小学度过了五年半的幸福时光，再过半年，他将告别给予他幸福和快乐的实验二小，告别给予他自信和让他魂牵梦萦的二小管乐团……"

一封邮件，把我的思绪带回到三年前的那个下午，管乐团全体成员为备战"北京市学生艺术节管乐行进比赛"而合练——

教育家爱默森曾经说过："教育成功的秘密在于尊重学生。"学生是富于生命

---

† 此篇文章刊登在《北京教育》上。

* 胡雪，高级教师，西城区小学音乐学科带头人，音乐兼职教研员。获北京市优秀教师称号；论文多次获得国家、市、区级奖项，参与十二五市级课题"京剧进小学音乐课堂时效性研究"。

意义的人，应该把他们当作"教育的起点"和"中心"，以学生为主体，尊重学生。只有这样，才能为学生的健康成长创造一个较好的氛围，因为孩子的成长需要尊严，尊严有时可以改变人的一生；只有这样，教师才会蹲下来，平视每一个学生，才有可能转变自己的角色，改变我们的教育方法；只有这样，我们教师才会捧着一颗火热的心热爱学生，真诚地熟悉学生，有目的地了解学生；只有这样，我们教师才会以博大的胸怀理解学生，宽容学生，做到心与心的碰撞，情与情的交融，使教育发挥其最大限度的作用。（摘自《爱心托起明天》）

为一个"角度"而争论

"在管乐吹奏过程中，小号手一定要保持 45 度的持号角度……"我的话还没说完，便冒出来这样的声音："不对！小号手持号的角度应该是 90 度！"这插嘴的小男孩正是小号声部的首席——刘天昊。排练厅里一下子变得格外安静，恨不得能听到自己呼吸的声音。但紧接着，便是一阵责备："你别瞎说了！""刘天昊你就听老师的吧！""就是，你哪儿有胡老师专业啊！"……

"我没瞎说！胡老师说的 45 度就不对，就应该是 90 度！"

那一刻，100 多束目光齐刷刷地转向我，孩子们等待着胡老师做出反应。我心里有底，45 度的持号角度决不会有错，但刘天昊那么肯定地坚持说是 90 度，是为什么呢？

于是，我没有当场"镇压"，而是来了个"学术研讨"，问他有没有观察过维亚纳新年音乐会上小号手们的持号姿势。小号声部除他以外的 11 名号手都边点头边把号嘴放在嘴边模仿起来，持号的角度几乎都是 45 度。可他却不假思索地说："我们家里有光盘，我每天都看，就应该是 90 度！"从他执著的表情和肯定语气中，我判断出这次"学术研讨"的结果定是无休止的争论。

由于排练的时间紧、任务重，我当时没有再多说什么，而是留了个活话："好，那今天咱们先按照 45 度持号的姿势来排练，等老师看过了你家的光盘，再去问问更权威的管乐专家，如果真应该是 90 度持号，我们再改！"小号手们无一反对，刘天昊也很不情愿地按我说的去做了。

回家的路上，我眼前总是浮现出刘天昊那幅不情愿的表情。尽管我确定 45 度的持号角度没有错，但一进家门还是连忙找出世界顶级乐队的演出光碟，一连看了很多张，都没有找到刘天昊说的 90 度持号姿势。我又给军乐团小号声部的专业教练拨通了电话，从他那里证实了自己的说法没有错误，我心里的那块石头才总算落了地。

我问自己，为了一个明知不会错的"角度"，折腾这么长时间，把全家人的饭都耽误了，值吗？当我做出肯定回答的同时，突然想到刘天昊此时会在做什么？他一定也在和我一样，马不停蹄地求证自己坚持的"角度"是正确的……不行，还是不能做饭，我要赶紧跟刘天昊的家长沟通一下。

电话中，我把事情原原本本地讲给了刘天昊的妈妈听，请她帮助我做一些工作，千万不要因为这件事影响了孩子吹号的情绪，再积极地鼓励鼓励这个执著的小号手，表扬一下他天天看光盘学吹号的做法……

因一个"角度"起风波

本以为"角度争论"的事就这样过去了，不承想却发生了下面的事——

一连近十天，乐队里不见了小号首席的身影，排练时的乐曲声中也缺少了刘天昊那与众不同的清脆号声。直到那天早上七点，我们像平常一样训练时，乐队里的一名队员把一个手提纸袋交给我，说刘天昊退出管乐队了。我打开纸袋，看到叠得整整齐齐的乐队比赛服，眼泪差一点流出。

我在第一时间联系到刘天昊的家长，才知道不是孩子自己要离开乐队，而是被当法官的爸爸"管制"了，家里3把小号都被爸爸锁了起来，"管制"的理由是——忘恩负义，当众顶撞恩师。

天呐，是不是那天晚上我的一通电话，被家长理解成了告状？我思忖片刻，又拨通了刘天昊爸爸的电话，告诉他刘天昊喜欢吹号、适合吹号，他离不开乐队，乐队也离不开他！法官爸爸在电话里说："您做得很好，这事是孩子不对，我们想借这件事好好管教管教他，给他一个血的教训，让他知道自己应该怎么做事，怎样尊重老师！刘天昊对小号爱不释手，每天可以不吃饭、不睡觉，但是不能不吹号，现在我不让他吹号了，让他反省！等他想明白了再让他回到乐队。"原来，家长也是把"角度争论"一事作为教育的契机，暂时性地不让刘天昊吹号。那么我应该做的，就是让这个喜欢吹号的孩子早一点重新拿起他心爱的小号，早一天回到他喜欢的乐队。

教育家乌申斯基说："不论教育者怎样研究教育理论，如果他没有教育机智，就不可能成为一个良好的教育实践者。"教育是科学需要我们认真探寻其可循的规律性；教育是艺术，需要我们倾注其独特的匠心。我们热爱学生，就要让他们体会到老师的真爱；我们教育学生，就要寻找最佳的教育时机，采用最适合的行之有效的方法，调动学生自我教育的积极性，收到事半功倍的效果。（摘自《爱心托起明天》）

换一个"角度"看问题

中午，我找到刘天昊，像大姐姐一般和他谈心，告诉他："45 度也好，90 度也罢，只是一个为了让小号声部 12 个号手整齐划一的标准。"本想帮孩子解开心结，他却低着头，揉着鼻子劝我说："胡老师，您别生我气了！对不起，那天我真不应该当着那么多同学的面跟您顶嘴。我回去看了光盘，柏林乐团的小号首席在单独演奏的时候确实是 90 度持号的！不过……集体演奏的时候还真是 45 度。"我笑了，摸着他的头告诉他："等你成了演奏大师，单独演奏时，想什么角度持号就什么角度持号！"刘天昊也抬起头，笑了。他还告诉我，自己真的不想离开管乐队，说他每天在学校最快乐的事就是吹号。

我把和孩子沟通的经过和结果发短信告诉了刘天昊的家长，第二天管乐队小号首席的位置不再空缺。我还在合练的时候让全体队员欢迎刘天昊的归来，帮助他树立自信和在管乐队的威信，我告诉孩子们："争论是好事，刘天昊能有不同的观点，正是因为他平时经常观察世界级演奏家的姿势，善于向别人学习，而且还非常执著。"他呢？满脸顽皮地冲着大家说："别别别！我错了！"

正式比赛那天，刘天昊穿着曾经退回的那套服装，自信地在赛场上演奏，当我和他眼神交会的那一刹那，感受到的是彼此的鼓励与信任。"角度风波"让我们之间的关系变得更"铁"了！

"以其昏昏"不能"使人昭昭"。做到应做的这一切，源于教师对学生的深爱，基于教师的教育智慧。我们必须以极强的毅力认真学习，以极大的细心洞悉学生的特点，使爱心与匠心巧妙地结合起来。既要呕心沥血地付出，又要科学而艺术地工作。（摘自《爱心托起明天》）

由"角度事件"想到的

回想"角度事件"全过程，让我对"角度"二字有了更深刻的理解。在乐队演奏过程中，一个统一的"持号角度"是使乐队整齐划一的重要保障；然而，在教育过程中，却找不到这样一个适用于每个学生的"教育角度"。因此，选择好的教育角度，既是一种智慧，也是一种创造。在"角度事件"中，我找到了两个教育角度——"大局"和"需要"。

（1）大局

在百余名学生面前，相悖的意见突然出现。毋庸讳言，我这个当老师的当时感觉特别尴尬，真恨不得当即论出个子丑寅卯，反正我绝不会输。但合练是正事、比赛是要事。在大局面前，自己那点儿出于自尊的冲动，还是压一压吧。也许，这就是我们老师发自内心的责任感吧，既要对工作负责，又要对学生负责。

我认为，教师的责任是反映在教师与学生关系上的教师的自我责任要求，是促进学生健康和谐发展的教师的主动性和倾力的工作奉献，是建立在教师内部责任环境上的对学生的责任感和敬业表现。教师的这种责任表现，在思想上是无私的，在容量上是无限的，在工作上是尽力的，在感情上是热忱的，在教育要求上是无终极的。所以，才能在关键时刻不假思索地选择"大局"。

育人工作是一个挑战智慧的事情。要考虑孩子的各种情形，灵活应对孩子出现的问题……种种问题，挑战着教师的理性、情绪、行为。也正因如此，在智慧的较量中，教师的阅历才会愈加丰富，方法手段才会愈加灵活。在平等较量中，相互影响，相互促进、相互交融，共同成长（摘自《爱心托起明天》）。

（2）需要

孩子需要表达，需要引导，需要尊重。

明理需要质疑，需要求证，需要反思。

教育需要契机，需要配合，需要耐心。

刘天昊需要吹号；管乐队需要刘天昊……

1）孩子，需要表达。每个孩子都是一个具备所有发展可能性和表达能力的"人"。而教育的目的是尽可能把学生置于自然生活与自由思想的接触之中。要满足学生的"表达"需要，教师首先应该接受和理解学生的情感。让学生有表达的权利，孩子只有在意识到自己的情感被别人接受、认可时，才会勇敢地表达出来。其次，我们应该帮助和引导学生学会情感的表达。如果学生出现了消极的情绪，教师应该及时帮助和引导学生用正确方式把情绪表达出来。最后，我们应该给予更多的空间让孩子释放和表达自己的想法和情绪。

2）明理，需要质疑。爱因斯坦说过："提出一个问题，往往比解决一个问题更重要，因为解决问题也许仅是一个数学上或实验上的技能而已，而提出新的问题，却需要有创造性的想象力，而且标志着科学的真正进步。"

我想说的是，请老师放慢脚步，仔细听听学生的质疑！也许在我们看来十分简单的问题，却正是最近时时困扰他们的难题。只有学生希望弄明白的知识，才是我们教师需要传授的。孩子们也只有在质疑——求证——反思的过程中，才能自主地接纳和懂得以前不太明白的知识和道理。所以，教师不能忽视学生的质疑，应高度重视他们提问的价值，重视学生的创造力和想象力，重视课堂上思想火花的碰撞。

质疑是孩子们必须具备的能力，而这种能力的培养，需要教师给予足够的空间和时间，更需要教师的宽容与支持。

3）教育，需要契机。教育契机，是指在教育过程中事物发展或一事物转化为他事物的关键、枢纽，决定性的环节。在日常的教育教学过程中，教育契机是经常的、大量出现的，但它跟机遇一样，是不规则的，是可遇而不可求的，更是稍纵即逝的，要及时利用，如果错过时机，教育效果可能就不明显了。

教育契机的这些特点，要求教师在教育教学过程中要有敏锐的"眼"，善于发现；要有迅急的"手"，善于捕捉；要有睿智的"脑"，善于思考；要有勤快的"嘴"，善于激励；要有灵活的"脚"，善于走进学生之中。这就是老教师们经常讲的"五勤"。一句话，就是要求教师善于敏锐地识别教育契机，及时抓住它，对学生进行教育。

善于捕捉教育契机，是教师做好教育工作的关键所在。在我们的日常工作中，如果能善于挖掘、捕捉和利用教育契机，就能逐步使学生的思想精神境界乃至毅力、意志、品质得到进一步的磨炼和提高，从而使教育教学工作收到事半功倍的效果。

抓住了教育的契机，又得到了家长的配合，使教育形成了合力，再加上耐心和爱心，"角度事件"非常圆满地解决了，还收到了很好的教育效果。

《爱心托起明天》是一本厚重的书，不是因为它的体重，而在于它诠释着世间最伟大的事业——教育事业的真谛；这是一个个牵人心魄的情感故事，娓娓道来智慧实现有效的教育；这是一首壮丽的诗卷，在于它吟诵着"师爱"的博大动人。

在教育的过程中，一个好的角度能让教师轻松地引导学生自我发现、自我完善、自我教育，让学生在"我是好孩子"的心态中觉醒、进步、飞越；而决不会令老师走入只能看到学生弱点和短处的角落，小题大做、无限夸张，使学生在"我是坏孩子"的心理环境中绝望、放弃、沉沦。

正如李烈校长的期盼："祝福天下所有的教师都能像曲老师那样，装点祖国教育灿烂的星河！"我愿成长为这颗拥有爱与智慧的星斗，用真情去发现每一个孩子的每一点闪光，用我们共同的光光点点去编织出一个个美丽动人的教育故事！

关注特需，未雨绸缪

胡春兰*

如同世界上没有两片一模一样的树叶一样，孩子间的差异更是千差万别。在重视对人格培养和个性张扬的今天，要做好特需生工作更是不易，教师不但要对他们怀有爱的情感、付出爱的行为，更要不断提高自身爱的能力，使师爱具有艺术性。因此，教师除了要以自身的人格魅力、工作态度、一点一滴的所作所为影响学生，更应该采用科学的方法促进特需生的成长。

妈妈快四十岁时才生下了小毅，她对孩子格外的疼、特别的爱，于是在妈妈面前小毅是为所欲为。听妈妈说一、二年级老师上公开课时，每次妈妈去听课，小毅看到妈妈都会兴奋得在地上爬来爬去，老师说什么、妈妈说什么他是全然不顾，致使老师再上公开课时妈妈都不敢露面。爸爸呢？唯恐妈妈把孩子惯坏了，于是对孩子格外严格，甚至可以说是特别严厉。据说，孩子上二年级时做错了事，爸爸满操场追着孩子打，孩子虽小，但被操场上那么多同学和老师"关注"也感觉丢尽了面子，于是，听到爸爸和老师的批评他满脸的无所谓。

孩子升上了四年级，开学那天他十一点半才到学校（其他同学参加完开学典礼后已经回家了），原因是贪睡起晚了，他本想不来，是妈妈硬把他哄来的。我把初次见面的小毅和妈妈带到教室，他连声招呼都不和老师打、眼睛连看都不看老师就在教室里乱蹿起来。我注视着他，当他的眼神和我相对时我示意他坐下，他才不情愿地坐下了，但还在那儿不停地乱动着。"孩子，你已经是四年级的学生了，又分到了新的班集体，一定要把握机会做个好孩子，给新班级的新同学留下更好的印象……""无所谓！"还没等我说完小毅便脱口接了一句。"怎么和老师说话呢？跟老师说对不起。"妈妈不温不火地说道，孩子就像没听见妈妈的话似的又自顾自地玩了起来。

---

* 北京第二实验小学四年级胡春兰，小学一级教师，1992 年被评为北京市"紫禁杯"优秀班主任，2002 年被评为北京市西城区教育系统优秀青年教师，2011 年、2015 年被评为北京市西城区优秀教师，2014 年被评为北京市西城区教育系统骨干教师。

开学初，我想跟他沟通他根本不理你的茬，他打架、骂人、不好好听课、不完成作业，此时你如果批评他，他不是一言不发，便是怒目圆睁、气喘如牛。

这就是小毅，一个被妈妈惯得没样、被爸爸打得"没脸"的孩子，一个说火就火、说闹就闹、情绪极不稳定的孩子。

这样一个个性极强的孩子是需要特别关注的，而关注这样的孩子真的是要花费太多的心思了！那时的我每天都在观察他，找一切机会亲近他。中午吃饭发水果，"这个香蕉真大！"我顺手放在他桌上。"这是谁的作业，字写得真棒。"我头也不抬判了个大钩、写了个"真棒"递了回去，"呦，是小毅你的。"我"随便"说了一句（我知道他对表扬的态度和其他孩子反应是不一样的）。他接过作业本转身走了，脸上也有了一丝骄傲的神情。

10月11日，我们全体四年级师生去大兴秋游。在学校都没样的小毅外出还不得意外频出，我心里暗想。一上车我便坐在了小毅的旁边，再看小毅满脸的不情愿，起身就要换座位。"小毅，胡老师想看看你手里的玩具。"小毅把玩具坦克车递给我又坐下了。我一边玩着玩具坦克车，一边掏出手机按了起来："小毅妈妈，您好！我们现已上车，孩子就坐在我身边，表现得可乖了！相信孩子这一天都会很听话，玩得很开心的。您就放心吧！""小毅，想看看胡老师手机里写了什么吗？""嗯。"我把手机拿到小毅眼前一点一点地让他看着，我发现他看得很认真。"小毅，你说胡老师发给妈妈吗？""嗯。"随着小信封飞走我又看到小毅脸上偷偷露出一丝骄傲。一路上我和小毅虽然没有很多的语言，但我能感觉到他和我之间的距离越来越近了。回来时，我又坐到了小毅身边，他没有一丝不情愿。"小毅妈妈，您好！今天孩子表现得可好了，同学们都在夸奖他呢？相信小毅一定会越来越棒！"一上车我就开始按键了。手机又递到小毅眼前，他又是那样认真地看着，高兴劲已然清晰地写在了脸上。"胡老师，我妈妈昨天转了一晚上都没买到队标志，您能告诉我在哪儿能买到吗？"坐在后边的林林说。"你别着急了，我去买……""官园批发市场有，晚上我和妈妈去买。"还没等我说完小毅就开口了。"不用，胡老师去吧。""我去。""那好吧。""小毅妈妈，您好！小毅真的是越来越棒了，我们班的中小队委买不到队符号，他一定要帮忙去买。今晚您就辛苦一趟，陪孩子帮我们买回来，谢谢！"让小毅看后的又一条信息发送到小毅妈妈那里。想想这都是一上车就发出的那条信息发挥的作用，我感叹信息的奇效，我更感叹把工作做到"事先"的重要性。此时，我对"事半功倍"有了更深的理解。

"小毅妈妈，您好！明天我们听写，晚上让孩子好好练练，明天争取考一百分。""明天，我们运动会队列比赛，告诉小毅胡老师相信他一定能为班集体争光！""明天我们外出，请您给孩子备好吃的东西，告诉孩子胡老师相信他一定比上次表现得还好。"我一次次把工作做到了"事先"，果然收到了越来越好的效果。小毅也在我一次次"事先"的工作中慢慢发生着变化——"心中越来越有老师""心中越来越有集体""心中越来越有同学"！

12 月 11 日，语文开放课后是英语开放课，意想不到的是小毅竟然在众多家长面前走下座位，扰乱课堂纪律，刚毕业的英语老师竟然束手无策。英语课一下，就有家长跟我"汇报情况"，英语老师也一脸的无奈。听到这些情况，我知道"事后"再做多少工作也挽回不了课上已经造成的严重后果。我只有后悔，后悔自己没有"事先"做好工作。

"事先"事半功倍，"事后"事倍功半，我深深地体会到"关注特需，未雨绸缪"有多么重要。

主题二　爱的沟通

什么是教育？

我会告诉你：

教育就是爱！

如果你问我，

爱要怎么做？

我会告诉你：

爱要多交流！

这一个个稚嫩鲜活的生命，

源自各具特色的家庭。

这一个个儿童成长的烦恼，

显现于学校，隐形在各家。

教育永远不是单一的事情，

家校协同、齐抓共管，才是事半功倍的关键；

孩子永远不是简单的个体，

家校交流、沟通无碍，才是促进成长的捷径！

用爱心去呵护生命，

用交流去解决问题，

用沟通去化解烦恼，

用共识去助力前行！

当您读完这段序言，

当您翻过这页白纸，

当您开始阅读这一章的故事，

我们相信：

您看到的虽然只是白纸黑字，

但脑中一定会呈现出一幕幕精彩的瞬间，

您读到的只是老师们再平常不过的工作，

但心中一定会涌动着一股股温馨的暖流，

那是爱的瞬间，

那是爱的暖流，

那爱呀！

是由交流成就！

报　喜　会

——搭设亲子、生生、师生间心灵的桥梁

冯　勉

以前，家长最怕老师请他们到学校里来，因为来了以后不是告状，就是挨批评，准没好事。有时教师还因沟通不好与家长产生隔阂。现在，如果哪位家长接到孩子带回来的红色请柬，准会喜形于色，爸爸妈妈争着来学校，这是为什么呢？

十几年前我去上海师范大学附属小学参观，当时是特级教师贾志敏做校长，在听副校长介绍学校工作的时候，偶然听到这样一种做法，贾校长每个月都会邀请每个班的一位最优秀或进步最大的同学到校长室做客，届时校长会发出一张请柬，还会摆上好吃的水果和零食，孩子们都盼望着自己受到邀请。在被贾校长的独特之举感动之余，我突然想到这种做法可不可以用到自己的班主任工作中呢？以往我们与家长的沟通多是在学生犯了错误或是出现问题的时候，与家长有一个交流，学生问题严重时要请家长到学校面谈。有些家长在与老师交流孩子问题的时候出现抵触情绪，不认为是自己孩子不好，而认为问题出在老师身上。我就想，能不能改变一下以往的做法，换个角度看问题。我们把孩子身上的优点或取得的进步放大，把家长请进学校向他们报喜，帮助学生和家长树立信心，同时在与其他学生的对比中让他们能正确、客观地看待自己和自己的孩子，明确下一步的努力方向。我们也可以邀请班里表现突出的学生和他们的家长到学校里来，为他们召开"报喜会"，以此作为对孩子进步的鼓励，同时不也是与家长沟通的又一种途径和方法吗？"报喜会"的想法由此而来。

事实证明，这种想法是可行的，而且取得了一定的效果。每次召开前，我都精心做好准备，给家长发去正式的请柬，在教室里摆上花束，每个桌上摆上糖果和一杯清茶。营造温馨、喜庆的气氛。在会上请孩子自己谈谈自己取得的成绩，请小伙伴互夸，请家长谈谈自己孩子值得赞赏的地方。学生在展示自己的过程中也了解了其他人的特点，特别是家长能更走近孩子，参与其中，感受孩子成长的快乐，为学生与学生、学生与家长、家长与家长、学校与家长搭设了一个交流、了解的平台，同时，也为老师进一步了解学生提供了空间。

你们看，本学期的第一次报喜会正在进行着。十六位学生和他们的家长（有的是父母都来，还有的爷爷、奶奶也来）围坐在教室中间，黑板上红色粉笔字"报喜会"赫然在目。我在每一位学生面前的课桌上放了一小堆糖块，然后号召同学们向大家介绍自己最突出的特点和最值得欣赏的地方。话音刚落，浓眉大眼的中队长张××站了起来，在向客人们问好之后，非常从容大方地说："我的爱好很广泛，喜欢乐器，也喜欢体育运动，但我也不是十全十美的，平时做事不够细心。今后要发扬自己的优点，克服缺点，学习别人的长处。"虽然老师讲了今天是向家长报喜的，因为五年级开学以来，这些同学表现不错，但第一个发言的男孩依然还是很客观地向大家介绍了自己的缺点。刚开始，同学们可能是看到李烈校长和邀请来的记者在座还有些拘谨，但随着李校长一番鼓励的话，十六名学生都自信地一一做了自我肯定，纷纷向家长和同学们介绍自己的特长和优点，一个学生介绍完自己，在座的同学都争着给他补充，一句句真诚的话语，一个个动人的事例，不但使被评价的同学动容，也使在座的家长、老师激动不已。然后，由家长发言，夸一夸孩子的"闪光点"，特别是在学校里老师、同学鲜为人知的地方，使师生之间、同学之间从不同角度有了更多的了解。每一个家长在谈到自己孩子的时候都带着一种欣赏，当然也饱含着许多期望，孩子此时的眼中焕发着欣喜的光彩，每个人都被浓浓的爱意萦绕着。女孩彭××的妈妈说："孩子以前从不主动和我聊，最近，特爱和我说学校的事。她特别喜欢学校、喜欢老师和校长。那天，她对我说：'妈妈，我能不能在二小上到高中呢？'"听了孩子天真质朴的话语，大家都笑了。彭倩颖的妈妈接着说："从小就胆子小，可昨天在班里竞选上生活委员，有了自信，最近一个多月进步很快，真心感谢老师。"男孩许××的妈妈说："孩子特别爱老师、爱集体、爱学校，他非常重感情。他说长大后也要当老师。现在他自己的事情都自己处理了，而且也学会了怎么正确处理自己与同学、与老师的关系。"文静的女孩姜××在爸爸发言之后，激动地说："爸爸讲话之前我很担心，恐怕他说我什么不好，因为爸爸平时很少表扬我，今天在报喜会上爸爸讲了我这么多优点，使我没有想到。爸爸嘴上不说什么，其实心里一直在关心着我，关注着我，我感受到爸爸对我的爱。"一席肺腑之言，博得了一阵掌声。报喜会接近尾声了，孩子们用自己特别的方式表达自己对老师、对父母的感谢与敬爱，他们有的深深地鞠上一躬，有的紧紧与妈妈拥抱，有的在爸爸的脸上送去轻轻的一个吻，最后孩子们一曲《让世界充满爱》把报喜会推向了高潮，每个人的眼中湿润了，心与心更加贴近了。

"报喜会"与以往的家长会不同，它的形式灵活多样，最大的区别就是学生、家长共同在一起交流。它可以是"奖励式"的，比如可以为表现突出、各方面优秀的学生召开"报喜会"；也可以为有突出进步的学生召开，或者两者结合在一起；还可以是"专题式"的，如本学期我班女生召开了"做一个美丽的女孩"主题报喜会，男生召开了"做一个有责任感的男子汉"主题报喜会，都取得了不错的效果。不管哪种形式，一次参加的人数不宜过多，以不超过二十人为好。另外，它的外在形式很重要，需要老师精心准备。大致的过程有这样几步：

1）宣布召开"报喜会"，公布条件（竞赛期）。

2）选定人选（可与学生共同评议产生人选），为了给学生惊喜也可不公布。

3）写请柬，头一天发到学生手中。

4）布置教室：环形的桌椅、鲜花、黑板、糖果、清茶——营造喜庆、温馨的氛围。

5）会议程序：

①学生自己谈自己的特点或突出的地方，也可有一些展示。

②小伙伴之间互相夸一夸。

③家长谈谈自己孩子在家里好的表现，特别是老师和同学鲜为人知的一面。

④老师总结。

⑤学生用自己喜欢的方式向家长表达感恩之情。

6）合影留念。

学校一直在实践"以爱育爱"的教育理念，努力营造一种爱的氛围，"报喜会"无疑是一座架起亲子之间、师生之间、生生之间、学校和家庭之间的爱的桥梁。在报喜会上给孩子提供一个展示自我的舞台，从而将情况通报给家长，同时通过家校协同教育孩子，强化孩子的优点，了解并走进孩子，有意识地鼓励和肯定孩子，对帮助孩子增强进取的积极性和信心、强化学生的良好行为具有非常重要的作用。

【学生习作】

报 喜 会

我和妈妈紧紧地拥抱在了一起，你以为这是在团聚吗？不是，这是我们六（4）班全体女生的报喜会。老师让我们用一句话或一个肢体语言来表达对父母的感激之情，我们二十四对父女、母女都不约而同地拥抱在一起……

那天，每一位家长都穿着盛装，手中拿着精致、深红色的请帖来到班里，每一张请帖都是老师亲笔书写，大家就像过节一样高兴。我不禁有了一种自豪感。这是我第一次参加这样特殊的家校好交流会，教室里的桌椅摆成了一个圆圈，桌上摆着淡淡的清茶，还有香甜的糖果。我们带着期盼而又兴奋的心情，等待着报喜会的开始。

报喜会开始了，老师先让我们自己介绍一下近期自己的进步。这时，平时最爱发言的小之第一个站起来发言。我有些紧张起来，心想：我是等她说完我就发言，还是再等一等？来之前我已经承诺过妈妈了，要有好的表现，我今天一定说到做到。这时，我的血液不停地翻腾着，我心中有一种力量在支持着我。小之一说完，我就毫不犹豫地站了起来，流畅、清晰地介绍了自己的进步。我说："我认为自己在发言上有很大进步。这学期，老师重点抓了女生不爱发言的问题，并专门召开班会讨论原因和改进的办法。经过大家的讨论，分析了三点原因：一是懒，二是怕错，三是怕嘲笑；解决的办法是要勤于思考，认真画批，多在课上锻炼，对嘲笑别人的人要减分。我在老师的鼓励和同学们的帮助下，不再为课上发言而恐惧了，享受到了参与的快乐和成就感。在这里，我要感谢老师和同学们的帮助。"话音刚落，教室里响起了热烈的掌声。接下来，不少同学都谈了自己的进步，许多家长还介绍了她们在家里的优秀表现。

最后，我们和家长、老师合影，那和谐、温馨的场面，好像春天的一缕缕阳光，温暖着每一个人的心灵。那一张张笑脸，又好像盛开的向日葵，在灿烂的阳光下成长。

报喜会虽然只有短短的一个半小时，但给我们留下的却是一生美好的回忆……

报喜会让我难忘

在寒冬的一个星期三的下午，六（4）班的教室里洋溢着一股节日的喜庆气氛，因为我们班即将召开"做一个美丽的女孩报喜会"。只见教室里变了样，桌椅围成了一个大圆圈，中间的两张桌子上，摆放着几束鲜花，每张桌子上放着几块糖果和一杯飘着热气的清茶。同学们的脸上都挂着甜美的笑容，再看看家长们，也都洋溢着幸福的笑容。

报喜会开始了。只听冯老师用她那清亮、温柔的嗓音说："今天的主角是孩子们，下面就让她们一一登场吧。"小之第一个发言，她平时在课上的积极参与就让我羡慕不已。随后又有五六个同学向大家介绍了自己的进步。这时，突然冷场了，妈妈在一旁小声提醒我："快，快站起来！"我有些犹豫，可是想起昨天精心准备的稿子不就是为了这一刻吗？我有些胆怯地站了起来。刚一开口就结结巴巴，引起了同学和家长善意的笑声。教室里的气氛变得缓和起来，我也放松了下来，便一字一句地朗读起我的"报喜稿"。我是从德、智、体三方面总结出我的进步和成绩的。我越念越充满自信，声音也洪亮起来。最后赢得了大家热烈的掌声。

接下来，又有不少同学发言，不少家长也讲了同学在家里的优秀表现。通过这次报喜会，我才知道我们班的女生这么优秀。不论在学习上、品德上、文体上都获得了很多成绩。还有不少同学在课外的学习上如滑冰、跳舞、演奏钢琴等也获得了许多成绩，我真为她们骄傲！家长们也各自谈了自己的孩子在家的表现，有的做家务，有的关心长辈，还有的积极参与公益活动，等等，真是不听不知道，一听真骄傲。虽然平时大家天天见面，但像今天这样真正坐在一起敞开心扉的交流还是第一次。

短暂的报喜会让我感受到了许多，既使自己充满了自信，又看到了别人身上闪光的地方。六（4）班美丽的女生们，让我们一起加油吧！

光说"对不起"行吗

宿　慧*

一天在体育锻炼时，我正带着学生跑步。这时，一个小男生走过来告状："老师，小 A 把我绊倒了。"我忙问他："摔到哪了？有事吗？"他随意摸了摸腿，我一看他没什么事，就知道小孩心里一定不舒服。

我把两个学生叫到我的跟前，问清了情况，原来，跑步时小 A 不小心绊倒了同学。小 A 一脸委屈，忙着为自己辩解："我不是故意的，我是不小心的。老师，我跟他道歉了，我已经说对不起啦！"他极不服气。两个男孩谁也不理谁。

我看了看他俩，认真地说："孩子，老师相信你不是故意的。可是，你说对不起了，他还是没原谅你呀？为什么呢？"这一问，两人都不说话了。小 A 看了看

* 北京第二实验小学一年级教研组主任宿慧，高级教师，西城区学科带头人，被聘为区兼职教研员；曾获得北京市"紫禁杯"优秀班主任奖、区先进教育工作者、区优秀班主任、区优秀党员。

被他绊倒的小 B，我猜想：他一定心里纳闷，我道歉了，你为什么还告状呢？

一件小事让我陷入深深的思考。细细分析，我认为主要的原因有以下几个方面：

（1）家庭原因

现在的孩子多是独生子女，在家里是独苗，所有人都围着他一人转，他就像司令官一样，指挥着家里的每一个人。从这件小事中不难看出，孩子在处理事情时所表现出的那种霸气、骄横及以自我为中心的心理。

（2）不良情绪和自控力的影响

有些小学生情绪体验强烈而迅速，容易发脾气、冲动；同时，他们的自控能力比较差，在人际交往中，不能客观地分析问题，不能主动地调整认识上的偏差，不知道如何控制自己的情绪，所以容易与他人产生人际交往冲突，出现人际交往障碍。小 A 平时在班中爱看课外书，知识比较丰富，有些自以为是，平时容易和同学发生冲突。

（3）交往技能的缺乏

对于低年级小学生而言，刚刚由以游戏活动为主转为以学习活动为主，由与父母交往为主转为与同学交往为主。在这个转变的过程中，由于没有对他们进行必要的交往技能指导，他们不懂得在新的交往群体中如何正确地认识自己，悦纳他人，因而在与同学的人际交往中出现冲突，影响交往的效能。

对于学生的交往、对于事件的处理，作为老师，我们需要引导学生，教给他们处理事情的方法。

1）教师当一名倾听者。在我们成年人看来，这是一件微不足道的小事，孩子之间的小摩擦往往被我们忽略。当学生遇到问题向我们告状时，我们常常会应付了事，各打五十大板，让他们互相道歉。而在儿童眼中，他们之间的摩擦、问题却是天大的事。我认真倾听两个学生的叙述，我把问题抛给学生："我们说对不起了，同学还是没原谅，这是为什么呢？"我连忙蹲下，帮助受伤的小朋友拍了拍身上的土，轻轻揉了揉他的腿，小声地问道："疼吗？"小男孩笑了笑，摇摇头说："不疼。""好！你扶着他在旁边休息一会儿。"小 A 扶着小 B 休息。我看到他俩不一会儿就又开始说说笑笑了。这就是孩子！

2）教师当一名指导者。教师要善于对事不对人。我把这件事告诉了全班同学，召开了班会，让全班同学讨论，遇到这种情况该怎么做呢？在我的引导下，孩子们知道了"扶一扶、拍一拍、揉一揉、问一问"等方式都是道歉。行动比言语更有诚意，弥补比当时道歉更有诚意。

3）学生当一名体验者。在指导学生与人交往时，常常运用转换角色的方法，站在别人的立场思考问题，体会别人的感受；让学生学会欣赏别人，取长补短。在平时的教育活动中结合具体的交往冲突的例子，让学生演一演，说一说，换位思考。

学生在教师的指导下，了解并知道了与人交往的方式方法。班内同学之间更加和谐，当小朋友之间发生不愉快时，他们能够主动道歉，课间告状的同学越来越少。

我深刻地感受到，对学生的教育要潜移默化、润物细无声。特别是对于低年级的学生来说，只靠单一的说教决不会收到最佳的效果。作为教师，学生出了问题，切不可迫不及待地当起"法官"，这是很危险的。孩子的内心世界丰富多彩，不了解其内心世界便无从谈起。对待学生，要像"律师"对待自己的当事人一样，了解其内心需求，维护孩子的自尊。了解孩子的第一要诀是呵护其自尊，维护其权利，成为其信赖和尊敬的朋友。

教育是三分教、七分等。"等一等"是很有用的，人体有一定的自我治愈功能，施加外力只会适得其反。教育需要我们停下来，等一等，给孩子倾诉的机会，和孩子有效地沟通，不用教育就能解决问题。

只有抓住学生的年龄、心理特点，用形象、生动的事例去感染他们，让学生在亲身的参与中，自己去感悟其中的道理，才会体会得深刻，达到最终教育的目的。

善意的谎言

李爱丽*

下午大课间活动刚刚结束，孩子们就纷纷跑来告诉我小郑和小钟发生矛盾了。以前小郑经常欺负小钟，在老师的教育下刚刚好转，这次怎么又犯了呢？后来，围观的同学纷纷证明小郑不是成心欺负人，只是想帮小钟但方法不当。我找到他俩问明情况，原来小郑看到小钟给集体摇大跳绳摇得累了，想替他摇一会儿，但小郑嘴笨说不清楚，直接抢绳。小钟死活不让，小郑一着急就推了

---

* 北京第二实验小学三年级语文教研组李爱丽，中学高级教师，区学科带头人；获北京市紫禁杯优秀班主任特等奖、西城区德育先进个人、霍懋征奖、北京市中青年教师基本功大赛一等奖。

小钟一把，在抢绳的过程中又打了小钟一下。我看了看小钟的伤势，肩头有一小点微红，并无大碍。于是，我跟小郑讲这样做让小钟受了痛苦，人家还不理解他的好意了，真是好心办坏事。如果跟人家好好说明白，那多好呀。因为你俩的矛盾，以后咱们出来玩的时间都受影响，小郑后悔得连连点头。然后我对小钟说："这一次，他是真的想帮你，就是方法不对，看在他出发点是好的基础上就原谅他吧。"小钟理解地同意了。小郑连忙向小钟道歉，两个人还央求我不要让他们的事影响到大家。两个孩子高高兴兴地走了，我也通过电话将整个事件及处理经过告诉了小钟的妈妈，得到了她的理解。谁知道，第二天早晨，小钟的妈妈气冲冲地到学校来找我，说看到小钟的伤，又想到小郑以前经常欺负小钟，所以感到非常气愤。要求要么给小钟调班，要么给小郑调班。听到这些，我心里一沉，说："您的要求我没有能力解决，您得找学校了。"于是让两个孩子带着她去找冯校长了。

冯校长认真倾听了小钟妈妈的慷慨陈词，又找我了解清楚了整个情况，并与小郑进行了谈话，小郑承认自己经常欺负小钟的事实，冯校长留他在校长室写反思，然后对小钟妈妈谈到，调班对谁都没有好处。同是毕业班的孩子，别的班都是相处六年的好伙伴，还有一个学期就毕业了，你突然加入，班级陌生，同学陌生，老师陌生，适应得了吗？我谈到，小钟好不容易现在与大家相处融洽起来了，朋友也渐渐多了，再换一个环境还得重新开始。多不值得啊。然后相约第二天给小钟妈妈一个满意的答复。在小钟妈妈走后，冯校长和我进行了周密的分析和商议。我们认为以前小郑经常欺负小钟，每次小郑的父亲得知后都暴打小郑一顿，造成小郑更恨小钟，这也造成小钟的家长对小郑的意见越来越大，怎样才能化解两个孩子之间的矛盾呢？我们陷入了深思。

第二天，我们一起与小钟妈妈谈话。小钟妈妈说："我回去想了一下，我们在这个班待得好好的，老师和同学我们都舍不得，我们凭什么调班啊？应该给他调走，或者让他爸爸给我们写一封保证书，写清楚如果再出现这样的事就必须自己调班！"我们向小钟妈妈讲了围观同学的看法，谈到这次小郑真的不是故意伤害小钟，在情理上这样要求不合适。同时也谈到了小钟在成长过程中家庭照管方式也确实存在问题，小钟爸爸在外地工作，长期由妈妈、爷爷、奶奶带，12年来没有磕碰，比较娇气，班里男生很看不惯，所以经常欺负他。这些得到了小钟妈妈的认可后，我们又经过推心置腹的交谈，我们请小钟妈妈相信我们，今后这样的事一定不会再出现了。最后，小钟妈妈满意地走了。

小钟妈妈的问题解决了，但想到小郑在那天早晨听到小钟妈妈与我的谈话，在校长室与冯校长进行了一上午的谈话，并写了反思，中午回班已经不想吃饭了的反应，我想，他从家长和冯校长的参与中感觉到问题的严重了，做了给处分和调班的心理准备，但他是否能够真正认识到自己的问题，并保证今后再不出现此类问题呢？小钟的小心眼不改变，今后还会与别的同学发生同样的问题。于是，我们决定撒一个善意的谎言。我与小钟约定，一会儿与他俩谈话，不管我说什么让他吃惊的话都一定要认可，一定要顺着我的话说，他点头同意了。在连廊上，我当着两个孩子说："小郑，你知道欺负别人的后果了吗？"小郑低下了头。"学校本来要给你处分的，可小钟站出来说那样背着处分你都毕不了业，别给了。"小郑吃惊地抬起头，小钟愣了一下然后想起了我的嘱咐，点了点头。"后来决定给你调班，小钟又站出来说别的班都是相处六年的好伙伴，还有一个学期就毕业了，你突然加入，班级陌生，同学陌生，老师陌生，你怎么适应得了呢？还是别调班了。由于小钟的说情，学校既不给你处分也不给你调班，面对你曾伤害的恩人，你该怎样做呀？你们俩谈谈吧。"我把那个明着吃惊和那个暗暗吃惊的人同时留在了连廊，十五分钟后看他们谈得差不多了，我走了过去，问他们谈了什么？小钟说小郑一直在问他："你为什么要这么做啊？"小钟按照我刚才说的说了一遍，还说："我相信，不用处分不用调班，你也能改！"小郑此时真诚地说："我以后再也不欺负他了。"我说："想想你是怎么对待别人的，别人又是怎样对待你的？面对你曾伤害的恩人，不但不能再欺负他，别人欺负他你还得保护他呢！不但不能欺负他，任何人都不能欺负呀！"小郑连连点头。送走了小郑，我又单独与小钟谈道："这样说话的过程中，你感受到了什么？"他说："我觉得小郑是真的觉得对不住我了，他的眼神都不一样了。同时，我觉得让他觉得对不住我，感谢我比让他恨我好。""这就是宽容的力量！"我由衷地说。就这样，一场调班风波用一个善意的谎言画上了圆满的句号。后来，我们还给男生开过一个如何善待他人的小会，引导孩子们换位思考，此后，男生（包括小郑）不再欺负他了，经过老师的引导，他还爱上了打乒乓球，朋友也渐渐多起来。小钟妈妈再也没提出过换班的事。

这件事的处理，带给我们很多思考：

1）当遇到自己的力量解决不了的问题时，借助外力可以使自己的力量更加强大，对学生和家长的威慑力是自己力所不及的，更多的智慧和技巧加入，教育的效果更好。

2）在解决问题之前，一定要从多个角度了解出现问题的原因和背景。

3）压服不是解决根本问题的办法，要认真分析造成问题的根本原因，寻求解决问题的根本方法，只有从根本上解决了问题，才能防止问题再次出现，也才能从根本上解决孩子思想和性格上的问题。

4）谎言用对了地方，用对了时机，将发挥比真话更大的作用。

5）一个突发事件反映的是平时累积的问题，要真正解决还要在日后每一天进行正确的引导和提醒。就是在这样的思考和实践中，我们的教育艺术在逐步提升。

亲吻和小条

李娟娟*

有一天放学时，小妍的妈妈找到我，说她有点不安，因为前一阵子，女儿回家总说同班同学小硕亲她，昨天还收到了一张小纸条，上面写着："你长得真漂亮，我喜欢你，你喜欢我吗？"这还真让女孩的妈妈有点手足无措。

事情是这样的：前一阵子，女儿回家和妈妈说过，班上有个叫小硕的男孩子在课间玩耍时亲她了，起先觉得孩子小，闹着玩，没当回事。昨天女儿放学回家，支支吾吾了半天，从铅笔盒里拿出一张纸条，然后害羞地跑进了房间。妈妈打开纸条一看，上面是一行歪歪斜斜的字："你长得真漂亮，我喜欢你，你喜欢我吗？"其中"漂亮"和"喜欢"两个词还用了拼音。妈妈觉得这有点不像话，小小年纪居然还写起"情书"来了。小妍长得很清秀，一直很讨人喜欢，可碰上这种情况，她和丈夫都有点着急，就怕影响了女儿的心态。希望老师能够介入，一方面帮帮女儿，另一方面也希望小硕不再亲小妍，不再给她写小纸条，以免影响孩子。

了解了情况，首先我告诉小妍妈妈这没什么，这么小的孩子不懂男女间的感情，不用过于惊慌，也不用想太多。如果家长过于紧张，反倒会给孩子制造压力。其次我让妈妈告诉女儿，不只小男生喜欢她，还有很多同学喜欢她，老师和家人也很喜欢她。最后我和家长约好，过几天会在孩子的作业中夹张小纸条，上面写着"小妍是个聪明漂亮的小姑娘，我喜欢你！"为了把这件事情做足，我还专门组织全班的孩子们进行了一次"赞美条"的活动。让他们夸夸自己的朋友并将朋友的优点写下来，然后悄悄地放在笔袋下。小妍有许多朋友，理所当然地收到了许多小纸条。这

---

* 北京第二实验小学三年级语文教研组李娟娟，一级教师，获北京市"紫禁杯"优秀班主任一等奖，被评为北京市西城区教育系统优秀青年教师、优秀班主任、先进工作者、教育系统青年岗位能手、西城区德育带头人。

样，小妍觉得收到小硕的纸条、娟老师的纸条及朋友的纸条再正常不过了。

对于小硕，我也进行了相应的处理，也和他的妈妈进行了沟通。其实，对于一年级的男孩女孩来讲，他们只是模仿父母的亲昵举动或者是电视里面看到的镜头而已，也相当于"过家家"的游戏。越是两小无猜，越说明他们内心的纯洁无瑕。所以不必用成人的眼光来看待孩童的举动。家长对此不用有过激的反应，淡化处理就好。不要在孩子面前表现出担心、惊慌来，更不要指责，千万不能让孩子感觉到这是"可耻、下流"的动作和行为。不过，家长可以将此作为对孩子进行性启蒙教育的一个契机，告诉他这是在亲人间表达爱的方式，只可以在家庭成员间发生，而且还有地点场所的制约，要在私密的空间里，不能在公开场合。教室是小朋友学习和活动的场所，不适合这种太亲昵的表达举动。小硕的妈妈很是配合，回家和小硕很轻松地聊了一次，把我和家长沟通的内容很巧妙地告诉了小硕。

这件事情就这样解决了，小硕再也没有亲小妍，再也没有给小妍写小纸条了。

反思：

1）凡事因势利导，顺水推舟，借助老师、同伴的力量解决问题。

2）家校协同，共同教育。

3）万不可给孩子上标签，更不能上纲上线。

4）性教育不是等孩子大了才开始，而是循序渐进地从小渗透。

尊重孩子，信任孩子

毛莉丽*

小 A 的个人卫生不好，物品码放也是乱七八糟，他的行为经常会与众不同，让人瞠目。对他来说根本不存在课上课下的概念，想说话时不论什么时候就说，突然离开座位更是家常便饭。他生性好动，除了在做自己喜欢的事情时会很专注，其他情况下很少能看见他有静下来的时候，一天到晚不是在楼道里跑就是在教室里闹，隔三差五就会和同学发生不该发生的故事。

* 北京第二实验小学六年级语文教研组毛莉丽，中学高级教师，曾多次被评为北京市骨干教师和西城区学科带头人；获北京市教学改革实验先进个人。

　　和他相处一段时间后，我发现他对老师的帮助和教育总是采取"装傻充愣"式的抵触，教育效果基本为零。他已经是五年级的孩子，如果真的让他带着这些不良的行为和习惯走出学校的大门，那样他会在未来的生活中遇到多大的困难啊！作为他的班主任，我有责任要帮助他。但是解决问题要找准问题的节点（也就是局部的膨胀抑或是一个交汇点），这样才能一通百通。小A的问题的关键节点在哪里呢？

　　这天早上，正在办公室判作业的我突然收到了小A妈妈的短信："老师好，孩子以前由老人接送，本学期开始坐校车，经常遭到车上孩子的欺负，现在发展到有孩子带头群起向他勒索钱，他很受困扰。我问过校车司机，带头的孩子一贯喜欢挑事，司机联系家长解决效果也不好。能否请您给孩子讲讲怎么面对这种问题，解除他的情绪负担。另外，我对于孩子合伙索要钱这个事情有点担心，不知道是不是该跟领头孩子的班级反映一下。打扰了。小A妈妈。"

　　看着这条短信，我陷入了沉思：家长提到的"校车"，其实是家长们自己组织、租赁的接送孩子的班车，所以发生在班车上的事情是属于校外事件，作为老师本可以不参与解决。而且这件事还涉及外班的同学，解决起来也会有难度。但是如果不解决，孩子面临的困难就会不断地困扰他，影响他的情绪，影响他看待事物、解决事物的能力。班主任的教育责任实际上是不分校内与校外的。

　　于是，我马上给孩子的妈妈打去电话，了解了事件的整个经过。然后又在课间找到小A，继续根据问题询问他我还没弄清晰的部分。小A知道我要帮助他解决校车上的事件后，我能感觉到他心中的欣喜，他从没那么认真地和我说过话。从和他的谈话中，我感受到孩子虽然淘气，但是反映问题还是很诚实的，他既说了自己的问题："起因是自己朝同车的同学打喷嚏，溅了人家一身唾沫……然后那个同学就不依不饶，非让他赔衣服，"也说了他的困惑："他还要我赔全车人的衣服，可是我根本没溅到那些同学身上啊……"自此后，每天坐班车见面都是是非不断，让他很心烦。

　　我说："那现在静下心来想，这件事你错在哪呢？"

　　"不该朝着人打喷嚏，不文明。"

　　"对呀！以后做事前能否考虑一下会不会给他人带来麻烦？如果会影响他人的行为，我建议你不要做。"

　　他使劲地点着头，那副真诚的样子看着让我感到兴奋。心想：也许这件事会成为小A问题解决的关键节点吧。

　　了解清楚情况后，我找到当事者所在班的班主任，详细地转述了整个事件，然后我们共同把当事人找来，由他的班主任老师和他讲清事情的道理，和遇到这样的不文明行为，作为同校的同学正确处理问题的方法。那个孩子其实非常懂道理，只是因为小 A 经常性的无礼做法，所以这次才决定用这个方法整整他的。听完老师的话后，那个孩子决定原谅小 A。听到当事人原谅小 A，我马上问小 A："你打算怎么做呢？""我也做得很不对，以后一定改正。感谢你原谅了我。"听到他会这么说，作为他的班主任感到很欣慰，因为这对于他来说是个非常大的行为突破。这个变化来自于他真实地参与到整个问题的解决过程中，他看到了老师解决问题的方法，也听到了外班同学对他的评价。我想老师的榜样示范，同伴间的客观评价也许就是无声的教育吧。

放学了小 A 又要去坐班车了。我走到他身边关切地问："还有担忧吗？我再给你个建议，你最好和司机叔叔说坐在司机叔叔的旁边。这样打喷嚏也不会喷到别人身上了。"小 A 听后开心地笑着说："好嘞！"（其实，我早就把这个安排告诉他的妈妈，让妈妈和司机协调好了。）

过了大约一周，我又接到了小 A 妈妈的一条短信：老师好，校车问题的解决给小 A 帮助挺大，最近开朗多了，会主动谈学校的事情也会主动关心人了。他爸出差，他主动说自己是男子汉不用妈妈陪他睡了，体谅妈妈，怕妈妈休息不好。我观察了一下，孩子的状况好多了，孩子也挺开朗的，没什么不好的影响，就是孩子的爸爸老给黑脸他看，希望他能想开点，鼓励孩子恃强。您的处理让孩子感受到了公正积极和保护，太有帮助了，谢谢！

小 A 自此事件后确实对我的态度有了很大的改变，非常乐于听我讲话，并积极地践行到行动上。而且还在同学中自豪地说："'她'（老师）最相信我！"

信任是一种有生命的感觉，也是一种高尚的情感，更是一种连接人与人之间的纽带……孩子的心是玻璃心，作为老师要精心地去呵护。好动、无礼也许是每一个男孩子成长过程中必然会遇到的，如果老师合理地用科学的方法因势利导，尊重孩子，信任孩子，多给孩子关心、鼓励、引导、帮助，他们就会奉献给你惊喜，让你收获快乐……

成功？失败？

郭 霄

故 事 梗 概

了解小 A 的人都爱拿"书画"和他套近乎。一天课间，我和一位老师在楼道里聊天，小 A 看见了，来到了我们跟前。那位老师看见了他，就和小 A 聊了起来："哎呦，你可真了不起，昨天我在楼道里见到了你的书法作品——博。"说完，这位老师竖起大拇指，面带微笑地看着小 A。只见小 A 的嘴角微微向上翘了一下，嘿嘿笑了两声说："你还知道哪儿有吗？"那位老师想了想说："好像三楼还有一张你的，写的是心平气和，也非常好呀！"可小 A 似乎并不领情，接着又发难道："还有一张，你知道吗？"这下那位老师可被问傻眼了："还有，那就不太清楚了，在哪儿？""黄楼三层，《陋室铭》，你没见过？"颇有些嘲笑的意思。我看不过去，刚要开口，可那位老师接着问道："为什么写《陋室铭》呢？"这一问倒好，小 A 耸耸肩，漫不经心地说："学校搬进新校区，我就要送个《陋室铭》！"什么，学校进新校区，你却偏偏送个《陋室铭》，要知道小 A 和学校的写字老师一直合不来，肯定是故意的，这不是拿学校的事开玩笑吗！我顿时气不打一处来，这种有辱"校格"的行为，岂容它出现？这时，一股与小 A 斗个你死我活的决心与勇气油然而生。我说道："你说什么，学校费尽心血，建造了新校区，是要让你们享受优质的教育，你却送个《陋室铭》，你什么意思？"我这一问不要紧，他却大声反驳道："我的正义感都被你们抹杀了，你就会欺负我！"嘿，不但不认错，还火上浇油。这小 A 我最了解，他可知道当老师的最害怕听什么，他还就说什么。身为男老师，哪能被这唬住？我立时说道："学校老师是认为你写字好，才会把你的作品展示出来，你却写个《陋室铭》，你想过影响吗？"一听到我这么说，他可哭了。这小 A 有个特点——不哭则已，一哭惊人，那可是什么事都做得出来。这要换作其他老师，也就慌了。我可了解他，这"一哭、二闹、三上吊"在我这儿，行不通！我接着说："你还别哭，哭解决不了问题！错就是错，一定要改！"我凝视着他，可这时我发现小 A 哭得不同往日，不见的是愤怒，取而代之的，倒多少有些真诚与委屈，只听他抽泣着说："我希望二小有神仙，我希望二小有真龙！"一听到这话，我的脑海中一片空白，我怎么就没想到这一层呢？"山不在高，有仙则名；水不在深，有龙则灵。"我为什么不能多听听孩子的话呢？还谈什么"智慧型班主任"，我不就是班主任队伍里的一个"白丁"嘛！我一屁股坐在旁边的椅子上，抬起头，把小 A 拉到身边，对他说："对不起，是我错怪你了，在这一点上，你的境界比我高呀！"听了我的话，小 A 破涕为笑，冲我说了句："跟你学的！"

这次教育经历，小 A 最终转怒为喜，但我究竟是成功了，还是失败了呢？

我 的 思 考

（一）谈失败

1．失败之处

多年来与小 A 的接触，我们十分清楚地认识到，对于一个小学生而言，小 A 的成熟绝对是相当超前的，用一位相邻班级老师的话说——在咱们年级，能跟成年人聊天的，也就是他。多次事实证明，也让我们对他有了一定的偏见——一个能够处心积虑地进行淘气的学生。所以在处理他的问题时，我曲解了他，我将他的做法错误地判断成是对写字老师的"报复"，于是对于小 A 的心理造成了一定的伤害，他才会大喊出"我的正义感都被你们抹杀了，你就会欺负我！"这样的话。

2．失败原因

作为班主任，在处理像小 A 这样的个别学生问题时，老师们往往容易沉不住气，没有耐心倾听学生的想法，为什么？恶性思维在作祟。一个常犯错误的学生，我们常常会为他戴上一个大大的象征错误的"帽子"，他们的一切举动在我们看来都是恶意的，当然我们根本不会有心情倾听这些学生的想法，而走进这些学生的内心更是难上加难。这次的经历绝对是经验主义的错误，从而使我一个中文专业毕业的老师只见到了《陋室铭》的表面，却忽视了其内在的精神，如果从这个角度来看，这真是一个失败却发人深省的案例。

（二）谈成功

1．成功之处

说句实在话，由于小时候经常因为一点小事，就被父亲毒打，小 A 的脾气在学校可是出了名的暴躁。因为数学课自己的发言不被认可，就能推翻许多同学的桌子；因为老师不为他说话，就敢直接跟老师针锋相对，推门就走。但这次的经历，小 A 居然出乎意料的冷静，不但没有发怒，反而最后"破涕为笑"，表面看原因就是因为我说了"对不起，是我错怪你了，在这一点上，你的境界比我高呀！"这句话，但究其内在，我个人觉得还有更加深刻的意义。

2．成功原因

在当下的老师们看来，"向学生认错"已经不是什么新鲜事了，唯一区别，只是在于如果我们是向好学生认错，就相对容易些；但如果是向问题学生认错，就相对困难一些。但结合自己多年教育特需生的经验，我个人认为，"特需生"往往容易造就"特需师"。我就曾经差点成为一个"特需师"，跟特需生打交道，老师的心理防线其实是十分脆弱的——害怕特需生惹事，从而造成他人认为自己管理不了他；害怕自己没有其他老师做得好，从而他人评价自己没能力。所以我们每次处理特需生问题，一定要胜利，根本不允许失败。因此，与特需生交往得越深，我越是清醒地发现：只有超越胜败，以"零心态"面对特需生，才能真正和善地、耐心地、智慧地陪伴在特需生身边，只有"陪伴"，你才可能真正了解他，只有"了解"，你才可能改变他！

我 的 收 获

我们在遇到这样的问题时，首先应该平和，放低姿态，因为越是平时常常犯错的孩子，越是智能较高的学生，往往越喜欢将真实的自己隐藏得很深很深，我们只有耐心倾听，细心发掘，才存在解决问题的可能，甚至有时还可能有意外的惊喜！教师的自我修养极为重要，关键是要学会在工作中"养心"。教师心态的转变是重中之重，我们真的应该舍弃"胜败之心"，从而真正获得"生命价值与事业价值的统一"！

你知道吗？我看人很准……

陶思路*

　　大部分人都认为，老师在对待全班学生的时候，一般都是抓两头放中间，即重点关注所谓的"优等生"和一些调皮捣蛋的"特需生"，而对于班级里位于中部的学生关心不够。不可否认，每个班级中都有一些内向或外向的孩子，他们在班级中并不突出，也不惹事，默默无闻地学习、生活，老师的确容易将他们忽视掉。

　　对于一个四年级的普通学生，究竟该如何帮助其提升能力，是我一直在思考的。经过反复实践，我发现要调动其内在驱动力。

　　月儿是一个性格比较外向的女孩，纪律有些散漫但不出圈，班级各项活动中都能看到她跟随的身影。她的成绩平平，各科都不出众，不争强也不好胜，对自己显然也没有什么特殊的要求，属于典型的中等水平。在一次语文考试中，她又取得了一贯平庸的成绩，不高也不低，还是那么不引人注目。下发试卷后，她从我身前走过，忽然我有了个想法。

　　"你知道吗？我看人很准……"她被我的话吸引了，眼睛一亮，一脸疑惑。我接着不紧不慢地说："你知道的，我是刚刚带过毕业班的班主任，虽然你现在才四年级，但是逃不过我的眼睛，我觉得你是学习语文的人才，若你肯努力，你能够名列前茅，你有这个实力。"她伸长了脖子直勾勾地看着我，然后指了指自己："我？""嗯，是啊！"我很坚定。她觉得不可思议地眨了眨眼睛，然后若有所思地点了点头，就走了。

　　她的身上逐渐出现了变化，一周过去了，两周过去了，到了期末，紧张的全面复习开始了……又是一次单元考试，她居然比平常成绩提高了一大截！我走到她身后，轻轻地说了一句："和你说过了，我看人很准的。"她转过身，会心地笑了。这是我见过的来自学生的最美的笑容，教育真是一种享受。

　　周末时，我给她的家长发了短信："月儿是个很有潜力的要强的孩子，几周前

*　北京第二实验小学六年级语文教研组陶思路，一级教师；积极参与男班主任特色的课题研究，是北京市西城区心理教研组成员，撰写的班主任及心理论文、案例、班队会活动方案等多次获奖。

爱的智慧：北京第二实验小学爱的教育故事

我俩单独谈过一次，我很确定地告诉她，我看人很准，她是学语文的人才，她有这个实力。当时的她状态比较浮躁，她觉得不可思议地眨了眨眼睛，然后若有所思地点了点头，就走了。之后她对于自己学习方面的要求明显提高了，您可以看看她的自主复习本，保质保量，绝对高标准！我在班里的表扬也让同学很惊讶她的高标准严要求。这次单元测试她进步了很多，我又和她聊了几句。孩子有自信了，学习有干劲了，咱也就省心了！辛苦您也表扬她一下，鼓励她保持住，并将我的赞美再次传达给小家伙，贵在坚持，我相信她，期末她一定会更棒的！周末愉快！"

家长很快回复了短信："非常感谢陶老师，您的教育方法真是太棒了，您是我见过的最好的老师。最近明显感觉她更踏实了，每天坚持自主复习、自觉听写。我把您的期望、表扬和鼓励分享给她了，月儿嘴角露出了幸福的微笑，家人感谢您！"

心理动力是精神分析学的一个概念，指人类一切精神活动的内在驱动力。内在驱动力该如何激发？这种驱动力究竟有多大？我该如何利用这种驱动力调动学生自主学习的欲望？这个教育故事很好地解答了这些问题。孩子进步了，开心地笑了；家长被感动了，认可了老师的工作；而老师呢？享受到了满溢的职业幸福感。

"我 就 撕"

张文胜*

本学期开学第二周的美术课，喻老师要求学生在美术材料袋里选一张自己喜欢的图片剪下来，粘贴在一张事先准备好的白纸上。我班的饶饶同学把剪下来的一只大白鹅粘贴好后又在旁边画了一条小河和一些水草，画面非常漂亮。当饶饶自豪地向周围同学展示他的作品时，其他同学都啧啧称赞，可坐在他旁边的佳佳同学却一把抢过来给撕了。饶饶急了，生气地质问："你为什么撕我的画？"佳佳大声说："我就撕！"为此，饶饶大哭起来。第二天红红又哭着来告状，说佳佳把

---

* 北京第二实验小学三年级语文教研组张文胜，一级教师，区级骨干，曾被评为西城区教改先进个人，先进教育工作者，北京奥运会、残奥会先进个人，西城区优秀班主任。

她的红星本撕了，还不认错，理直气壮地说："我就撕，撕了活该！"我看着从中间撕成两半的红星本真是心痛，这可是红红的最爱啊，难怪红红哭得这么伤心。事后我了解到，这两件事发生之前没有任何先兆，这两位受害者并未与佳佳有过任何争执或过节，这都是在她们不知原因的情况下突然发生的。我不禁有些纳闷：佳佳为什么要这样做？为什么在两天之内连续发生这种事呢？

事后佳佳非常紧张，总是躲着我。为了缓解佳佳的紧张情绪，课下，我拉着佳佳的手，轻声细语地与她聊天，我说："你的优点很多，比如作业书写干净工整，做事动作快，特别是跑步比男生都快！"她吃惊地望着我说："真的吗？可妈妈不这样认为，她总说我这不好，那不好！"我摸摸她的头："每个人都有优点和缺点，妈妈这样说是为了让你改掉缺点，成为最优秀的人。"她看了看我，笑了笑，紧张的心情顿时放松下来。我蹲下身握着她的手说："告诉你个小秘密，我今天做错了一件事，不小心把水杯碰洒了，弄湿了几本本子。你说我应该怎么做啊？"我用求助的目光望着她，她眨巴眨巴眼睛，想了想说："把那几本本子放在太阳底下晒晒就行了。""哎，这倒是个好办法，可晒干以后有些篇字迹还是很模糊的。"说着我叹了一口气，像是自言自语："有些事情一旦做错了就难以弥补，真让人遗憾啊！"佳佳听了我的话也若有所思，停了片刻，我摇摇她的手问："想什么呢？"她说："老师，我也做错了几件事。我撕了饶饶的画，又撕了红红的红星本。""哎呀，那饶饶和红红该多伤心啊！"说着我看了看佳佳，"佳佳，如果你精心制作的一件物品被他人撕毁，你经过几个星期的努力赢得的红星本被他人撕了，你的心情会怎样？"我让她将心比心地站在别人的角度想想她的做法给别人带来的心理伤害。佳佳低下了头，带着哭腔说："老师我错了，我以后再也不这样做了。我这就去向她们认错。"说着她抬腿就走，可走了几步又回来了，她不好意思地问我："老师，您说被撕的画和红星本怎么办啊？""是啊，有些错不是赔礼道歉就能解决的，撕坏的东西没法复原，你就是再修补也不能恢复成原样啊，你说是吗？"小佳重重地点了点头，显然她已非常后悔，清楚了这样做的严重后果及给他人带来的伤害，认识到了问题的严重性。我话锋一转又不失时机地安慰她说："只要你诚心道歉，我相信同学一定会接受并原谅你的！"佳佳认真地听着，不时点头。通过这两件事，佳佳认识到了自己的错误，明白了要尊重他人珍惜他人劳动成果的道理，主动承认了错误并及时向同学道歉，取得了同学的谅解。

事后，经过与佳佳姥姥的沟通，我了解到：佳佳的姥姥、姥爷都是甘于寂寞勤勤恳恳做学问的老知识分子；孩子的父母都很优秀且事业有成，孩子的爸爸工作忙，很少在家；佳佳的日常生活和学习几乎都由妈妈负责，妈妈对孩子要求很严，近于苛刻。孩子的姥姥说，有一天早晨，佳佳用妈妈的毛巾洗脸，被妈妈看见了，妈妈责备孩子为什么用她的毛巾洗脸？佳佳张嘴就说："没有！"妈妈顿时火冒三丈，大发雷霆，责令孩子停课反省。佳佳的妈妈心气高、性子急，对孩子的期望值特别高，要求孩子只能最好，不许落后，否则就是责备训斥，从而使得佳佳从小养成了极强的好胜心，她不承认失败并拒绝错误。佳佳颇为自负，在内心深处，她容不得别人比她强。当佳佳看见别人的作品比她的好，红星本上的星星比她的多时，就仿佛受了刺激无法忍受，在她的潜意识里就产生了破坏心理，想通过损毁别人劳动成果的方式超过别人，以达到父母要求的"最好"。当孩子做不到"最好"，想不到更好的解决问题的办法，就采取了这种直接的破坏方式。这是家长完全没有想到的。其实，这正是他们只重教育结果不注重教育过程的结果。

当家长详细了解了事情的经过及我的处理过程时，非常感动，同时也诚恳地检讨了自己的教育方法，意识到了自己教育孩子的失误之处及产生的严重后果。

经过一段时间的调整，佳佳急躁的行为有所纠正。遇事时她能多一些思考，也能尽量采取正当的方法化解同学之间的矛盾。

"爱是理解的别名"

孔泽明*

去年冬季，我们年级举办跳绳比赛。首先举行男生集体长绳比赛。从九月份开学以来，我们班利用早锻炼时间已经练习了两个多月了，尤其是男生，很积极。

今天的比赛，大家都憋足了劲儿。裁判员的第一声哨响后，摇绳的两位同学把长绳摇了起来，节奏越来越均匀。大家全神贯注地等待着第二声哨响。"滴——"第二声哨音响起，排在第一的小林立刻钻进绳圈，一猫腰跳了去。长绳在空中画出一条条优美的弧线，同学们一个又一个接连着跳进去又跳出来，像是一只只灵巧的小鹿。不知为什么才跳了几圈小林就连不上了，不是起跳早了，就是接不上前面的同学，眼看着坏了好几个。同学们有些着急了，我忙嘱咐：别着急，沉住

---

* 北京第二实验小学五年级语文教研组孔泽明，一级教师，区学科带头人，北京性健康教育研究会会员，市性健康教育项目先进个人；多篇论文、案例、教学设计在全国、市区获奖。

气，注意动作。这回小林顺利地跳过去了，我松了一口气。没过多一会儿，跳过去的一边骚动起来，小林出了队伍，又冲进队伍，揪住了小军。我立刻冲上前去，把两人拉出了队伍。这两个六年级的男生都是怒目圆睁，脸红脖子粗，两只胳膊架在一起，像两只还要战斗的小公鸡。两个男孩的个子都超过了我，劲儿也很大，我拉住他们双手能明显地感觉到对抗的力量。

在紧张的比赛过程中，在众目睽睽之下，发生这样的事，我的心中也很生气。但是我明白：他们现在的情绪激动，处理不好就如同火上浇油，我不能急躁要冷静。我努力使自己平静下来，怎么办？这时，我脑中快速闪现出一幅幅画面：为了练习跳长绳，每天早晨七点十分两个孩子就来到操场，上蹿下跳，练得可起劲儿。一次，小林被绳带倒了，手搓了一下，连说没事继续练习，其实他的手搓出了血印。别看小林个子最高，可钻绳圈时头一低，腰一弯可灵活了。两人平时总在一起玩，有说有笑的。

这时候如果询问缘由，他们必会互相指责，对立情绪会更强烈。我想这个时候，这两个孩子更需要的是理解。可是我不了解当时发生了什么，又怎么去理解他们呢？忽然，我想到前一段时间接触了萨提亚的冰山理论：

它是一个隐喻，向我们揭示了一个人的"自我"就像一座冰山一样，我们能看到的只是表面很少的一部分——行为，而更大一部分的内在世界却藏在更深层次，不为人所见。我们需要做的工作往往是透过表面行为，去探索内在冰山，从中寻找出解决之道。

萨提亚冰山理论的图解

从这个冰山我想到：内心的渴望是人类所共有的，每个人都希望自己被接纳、被认同，希望自己是有价值的。这两个孩子的行为应对方式背后是不是隐藏着他们的期待呢？

平时这两个孩子就很热情，各种活动都积极参加。今天比赛前还练了几次，小林由于跳得比较好，还排在了前边呢！我明白了，他们都非常希望集体取得好成绩！

于是，我心平气和地对两个孩子说："我知道你们都是为集体好，希望为咱们班取得好成绩出一份力！对吗？"

这句话一下子说到了两个孩子的心坎儿上。两个大男孩立刻像泄了气的皮球——他们连连点头，互相松开了手，小林蹲下哭了起来，小军也流下了眼泪！

看到此情此景，我想他们的情绪都宣泄了出来，可以冷静下来，自我分析，自己解决问题了。苏霍姆林斯基说过，"只有能够激发学生进行自我教育的教育，才是真正的教育。"于是我语重心长地说："可是，你们刚才的行为真的对集体好吗？真的实现你们心中的愿望了吗？你们冷静下来，好好想想吧！"我回到赛场上，继续关注比赛情况，给他们一段自我思考的时间。

大约过了十五分钟，我看他们两个坐在篮球架下，在比较平和地交流。我想差不多了，就把下一阶段的比赛安排一下，然后回到两个男孩身边。他们已经平静了。我问："现在能说说怎么回事了吗？"小林首先主动承认了错误："是我不好，是我先推的小军。我自己本身没有跳好，还听不得别人说，先动手推人，很不对，影响了集体。"并向小军道歉。小军也反思道："我的态度也不好。他跳不好已经很着急了，我那么一说，他肯定会更着急了。"原来，小林连着跳坏了好几个，同学都有点着急了，小军按捺不住了，就说："你怎么老坏呀！不行你就下去吧。"小林心里也着急，可是越着急，越跳不好，心里憋着一股火，听小军这么一说，就推了小军一把。小军被推出了队伍，也急了，向小林冲去。

看到两个孩子互相道了歉，我首先肯定了他们现在处理事情的方式是对的。接着，我对小林说："你今天确实跳得不好，坏了好几个。"小林委屈地说："我也很想跳好，可我越着急越跳不好！""你想想这是为什么？"小林想了想："我光着急了，都不知道怎么跳了！""这就是你的问题，你太爱着急，心里的节奏快了，可动作没跟上，能不出错吗？你看，小军刚说你一句你又急了，险些酿成大祸。以后一定要吸取教训。"小林连连点头。我又转向小军："我知道你也是想把他换下来，咱们能多跳几个。但是，你看今天你这话一出，效果如何？我们在赛场上应该讲的是什么？是团结，是互相鼓励。"

　　回到班里，这两位同学向大家讲述了自己的认识，并道了歉。我又组织全班学生围绕这件事进行了我们举办比赛的目的是什么、比赛最重要的是什么、比赛中有同伴出现失误怎么办等问题的讨论。

　　学生对比赛和各种活动的认识和态度发生了转变，更多的是注重过程，注重在此过程中的提升和成长，更投入也更平和。之后我们又组织了接力比赛、篮球比赛等各种活动，没有再发生类似事件。

　　这次突发事件能很快地平息，还取得了良好的教育效果，源于抓住了孩子的内心想法，孩子感受到被理解、被认同、被尊重，他们就会成生自我反思的动力，产生自我改变的动力，乐于接受老师的帮助。印度诗人泰戈尔说过一句话："爱是理解的别名。"只笼统地说"爱学生"是不够的，对学生来说，更重要的是需要理解，没有理解，就谈不上真正的爱。

意外的收获，有爱的成长

刘 铮*

　　我和小杨相识在 2010 年 9 月，至今已经五年，刚入学的他幼稚内向，聪明好学，但缺少自律，有时遇事还不能很好地控制情绪，幸好还能听得进老师的教育帮助。随着年龄增长，也随着家庭发生的改变，小妹妹的出生，爸爸、妈妈教育意见的不统一，爷爷、奶奶的娇惯，造成了小杨逆反心理的增长，不愿与同学交往，甚至不会交往，也不肯听从老师的教导。遇事更加执拗偏激，总认为别人跟他过不去。再激烈些就会逃避，回家后哇哇哭个不停，继而把自己再次封闭起来。尽管如此，小杨始终都会把学习放在首位，虽然不发言不参与，但他不会的知识用心听，并出色地完成各项作业。我想：在目前的小学阶段，针对小杨，交往的改善重于学习。这几年来，我一直在为小杨创造一个个与同伴交往的机会，让他能以此走进同伴，使得同伴关系有所改善。

　　随着学生升入五年级，家长似乎特别看重学习成绩，因为考虑会与小学毕业

＊ 北京第二实验小学六年级数学教研组刘铮，高级教师，曾经荣获北京市西城区数学学科带头人、区级"优秀教师"、区"教学改革"先进教师等荣誉称号；教学论文获全国、省、市级一等奖。

时的推优相关联，因此像学校"学科免修"这样的举措家长此时就不准许学生参加。那么，如何提升学有余力学生的学习兴趣，拓展学生的学习思维是老师们此时思考的问题。于是，老师们创意了"单元免修"的办法。可以通过对学生本单元的单元前测成绩进行"单元学习免修"的认定，即通过后可不做常规作业，可以选择有挑战性的特色作业。我把这个"政策"在班里进行宣布，我发现小杨专注地听着，还不时窃喜地笑，看来他对我说的感兴趣，似乎有点想参与的意思。课下，我特意找到他，拍了拍肩膀，调侃道："怎么样？免吗？""不知道，不知道行不行？""不试试，你怎么知道行不行？我感觉你行。"第二天单元前测，我留心观察他，他准备好所有的学具，对题目进行画批，在题目旁边写小竖式，一直到写完才抬起头，我看到他是如此的专注。我心想：小杨拼了！小杨内心很想得到这个免修的机会。收上试卷我迫不及待地找到他的试卷开始批阅，真棒！他只错了一个口算，完全符合单元免修。我真的很高兴。

在班中我隆重宣布了"单元免修生"的名单，当读到小杨的名字时同学们给予他热烈的掌声，有的甚至还冲他微笑。我看到小杨的眼睛格外明亮，那一天，他的心情似乎也格外好。

接下来，我让免修的孩子自主选择作业。课下：①看相关励志书籍《乔布斯传》；②做某方面小课题的小研究，如希腊字母中的数学符号。课上：用自己的思维资助班中一位学习数学有困难的同学。小杨看后摇摇头，生气地说："最后一项我不选。"他理直气壮地说："我都免修了，课下挑战性的我做，课上我什么都不做。"我说："作为一名学生要完成作业，只不过你可以做得更有个性，也可选择，因为你学得好呀，老师奖励你这个权利。但必做的不做是不行的，作业成绩也没有。"他瞥了我一眼不作声。接下来，我说："这是咱们班的公益事业，你做了会在班中得到更多老师和同学的认可，这是件好事。那把你的聪明和智慧传播给班中的一位同学，你选谁？"他低声说："不知道。"我说："那听听小伙伴的心声怎么样？"我立刻在班中宣传："小杨通过刻苦努力人家获得了单元免修，真棒！他很愿意用自己的学识资助一位同学，谁愿意接收小杨的智慧？"这时，一个洪亮的声音，我一看是小童："老师，让小杨帮我吧，我数学特别差。我说："好啊，赶快拜见师傅。"小童立刻深鞠一躬："谢谢你能帮助我。"小杨的脸瞬时红了，轻声说："行。"我悬着的心落下来。我真怕小杨有个性地说：我凭什么要帮你？还好，他没说。我相当满意。课下，我约见了小杨和小童，达成了共识，并规定课上他俩要坐在一起。

第二天上课，小杨不理小童，倒是好学的小童主动追着问个不停，小杨则是问一句答一句。我告诉小杨："有问必答做得不错，咱们可以再主动一点。也可以适当地问：你听懂了吗？题目会做吗？需要我帮助吗？"再接着，小杨每次都会问这三个问题，进而和小童熟悉起来，不仅课上说个不停，课下黏在一起，居然还一起犯错误。小杨居然帮小童写作业，俩人还在楼道里追个不停……这时我适时地进入，没有严厉地批评孩子，而是提醒他们要遵守规则。因为我知道，小杨已经打开心扉开始接受同伴了，这比什么都重要。再接着，我告诉小杨："帮助同学，不仅要有语言，更重要的还要有行为，而且是有效果的行为。"他很迷惑，我就教他如何帮助小童提高单元考试成绩。我建议他：根据小童作业出现的错误及目前学习状况先进行诊断分析，然后出份小卷，请小童来做，订正后再给他讲。第二天，小杨就拿来一份精心出好的小卷，并在课间监督小童来做，做后全情投入地批改，俨然一个名副其实的小老师。我看在眼里，喜在心里。单元考试中，小童的成绩提高了十几分，小杨异常高兴。我也让小童给小杨写了一张感谢卡。小杨拿到后看了又看爱不释手。

在短短的十五天中，我真的发现小杨与同学交往的能力有所提升。从开始被动接受任务、一脸茫然不知所措，到按老师的建议不断地模仿去做，再到学会方法主动地去做，这一过程中让小杨有了帮助同伴成功的体验，他感受到对别人付出帮助后自己开心快乐的心情，也找到了别人能够和他成为好朋友的途径。这份感悟也是在小杨的亲身经历中才有所得的。

做"单元免修"活动前，我其实只是单纯考虑到这个举措会提升一些孩子的学习兴趣，尤其是学有余力孩子的学习热情，用这份热情可以激发学生的学习动力，并实现学生的学习梦想。实践中我意外地收获，这个举措还为我们悄悄开启了另一扇窗。像小杨这样学习好但不懂规则、不会交往，甚至没有朋友的孩子，如果以此作为契机他会有飞速的成长，而这份成长对于他来讲实在难能可贵。也正因如此，让他有了成功的体验，感受到前所未有的快乐和喜悦。

通过这件事，我有了一些粗浅的感悟。①坚持不懈地给予对暂时有个性的孩子一份爱，是解决所有问题的基础。如果他不接纳你，任何好的做法也不会收到效果。另外，我们要对这样的孩子有信心，坚信他（她）是一棵美好的种子，迟早要开花结果，只是开的早晚不同。②创造每一个机会去陪伴孩子共同尝试。一把钥匙不能同时开几把锁，只有我们寻找到了适合的锁才能对症下药才会有效果。作为教育者，不怕麻烦，不怕失败，要敢于实践。③敢于和孩子说"不"。我们都知道，严格要求也是"爱"，对于有个性的孩子看到他的一点点进步我们会欣喜若狂，为保持这份自信我们会不断地鼓励，让他获得成功。但鼓励、批评与严格的要求并存。针对小杨，我由起初的鼓励夸奖，接着对他提出希望与要求，做不到时批评与指导相结合，让他知道如何去做。当他退缩时我坚持说"不"，不给其退路，甚至让他怀疑老师是否还喜欢他，"逼"其继续去做，其实当他跨过困难，就获得了真正的成长。④陪伴孩子及时地回顾与反思。我一直很心疼这样的孩子，因为他们不会交往不会讲话，甚至连朋友都没有。当他无意中找到朋友时如获至宝，却又不知如何继续交往。因此他在做每一步时我会及时告诉他，这样做的好处在哪，不好的地方在哪，怎样改善就更好了。手把手地教方法，这样他尝试后有方法，就会信服，就会继续这样做，就会逐渐养成为人处世的习惯。因此，适时地为他指点迷津和恰当地送他一个鼓舞人心的拥抱和一句话语十分有必要。⑤任何一个举措在做前可能我们无法全部预知它的效果，也不会准确地把握它会带来什么，只有亲自实践真正做一做才能知道它存在的价值。因此作为一名教育者，要敏于实践。针对这样的孩子，我们要始终怀有一份美好，鼓励他、帮助他、祝福他，引领他在成长的路上不断成长！

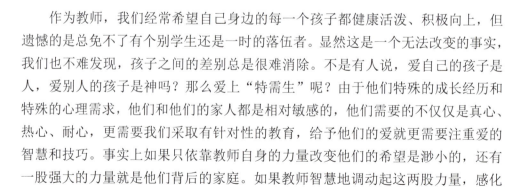

走"进"他†

王瑞颖*

作为教师，我们经常希望自己身边的每一个孩子都健康活泼、积极向上，但遗憾的是总免不了有个别学生还是一时的落伍者。显然这是一个无法改变的事实，我们也不难发现，孩子之间的差别总是很难消除。不是有人说，爱自己的孩子是人，爱别人的孩子是神吗？那么爱上"特需生"呢？由于他们特殊的成长经历和特殊的心理需求，他们和他们的家人都是相对敏感的，他们需要的不仅仅是真心、热心、耐心，更需要我们采取有针对性的教育，给予他们的爱就更需要注重爱的智慧和技巧。事实上如果只依靠教师自身的力量改变他们的希望是渺小的，还有一股强大的力量就是他们背后的家庭。如果教师智慧地调动起这两股力量，感化

---

† 本篇故事曾荣获北京市第四届"智慧教师"教育教学研究成果二等奖、西城区小学班主任"我的教育故事"一等奖。

* 北京第二实验小学长安校区语文教研组王瑞颖，一级教师，区德育骨干，曾荣获区优秀教育工作者、区德艺双新等荣誉称号。

他们，使他们改掉恶习，走上正轨，应该是事半功倍的。

小强的家庭关系很复杂，由于家庭的特殊情况小强非常依恋妈妈，但妈妈又是个做事非常极端、极度焦虑的人，每天不停地在唠叨小强的不是，小强的很多问题都来自于他的妈妈。只有妈妈改变自己，才会促进小强的改变。

一次百词前的模拟测试，小强好几个字不会写，他想翻书，又想看同学的，可是又怕被老师、同学发现，他现在很在意别人对他的评价，他正朝着好孩子的目标去努力。我看出了他的纠结，就小声对他说："没关系，明天是正式考试，今天不计成绩，回家再复习复习。"可他还是在那里跟自己较劲，最终扔下笔跑出了教室，我追出去问："怎么了？"他趴在墙上说："回家妈妈又该说我了。"原来她更在乎妈妈的评价。知道了他的症结，我拿出手机拨通了小强妈妈的电话说："今天我们听写，小强有些字不会写，您昨天没给他复习吧？所以不能都怪小强，今天回家好好复习。"我的电话还没挂小强就已经自己走回班准备继续听写了。我把这件事告知了芦校长，不知这样做是否合适，芦校长说："你的做法安抚了小强，很奏效，但没有考虑到妈妈。妈妈是个极度焦虑的人她会认为你在责怪她不负责。"我恍然大悟，我当时那番话就是为了说给小强听的，没有考虑妈妈的感受。芦校长提示我对于这种自身就很焦虑的家长他们每天不知道自己的孩子会发生什么事情，不知道别人会怎么看待自己，对待他们要像对待六七岁的孩子一样不时地鼓励称赞他们，让他们不再恐惧，他们的积极情绪就会影响到孩子。接下来我"夸妈妈"的行动就开始了，第二天我就给妈妈打了电话，告诉她昨天给小强复习得真好，他只错了一个字，您用的什么方法我也向其他家长推荐一下。听得出来妈妈很高兴，没有再为那一个错字纠结。所有教小强的老师统一行动，见到他妈妈都要夸一夸孩子的进步，夸夸妈妈的方法用得好。我每天在小强的光荣本上记录他当天的闪光事迹，妈妈看过后也会在本子上记录小强在家的好的表现。妈妈开始自信了，对自己、对孩子都充满了信心，连穿的衣服都变漂亮了。妈妈的改变像一只无形的大手推动着孩子前行。

看着小强这学期翻天覆地的改变，回过头来思考我做了什么？好像我没做什么?这学期我还没找他到办公室来讲过道理，没请他家长正式来校三方对峙地谈话。我好像也做了点事，为他制定了阶段目标，把他编到小组中给自己的组争分，记录他的闪光点，随时给妈妈发个表扬的短信。这些事没费我太多时间。李校长和老师们一直在谈要读懂学生，走进学生，学生的任何一种行为背后都会有原因，我们只有系统地了解原因，才是真正的读懂学生。特需生是这样，其实对所有的孩子都是这样。对于"特需生"的爱，教师要有一颗智慧的头脑，帮助孩子获得良好的自我感觉。走向自觉自律，正是培养"在路上"的孩子们的良好行为的基础，相信每个孩子都会用良好的表现来回报我们的。

在自然界，太阳给予我们温暖和光明，我们离不开太阳，在我们的心里，也应有个太阳，去温暖和照亮每一个学生的内心世界，那个太阳就是爱。总之不管"特需生"身上有多少问题，只要他是我们的学生，我们就要用智慧的爱去教育，去解决他们的"问题"，让他们书写出人生理想的答案。因为没有爱就没有教育，爱是教育者的一大法宝，就让我们智慧地利用这一法宝吧！

崔老师就是个大骗子

崔延瑜*

"混蛋，崔老师就是个大骗子。"乍一听到这句话时，你一定很震惊、很气愤。这是学生吗？怎么这样没礼貌。的确，谁听到这样的话都会有这样的感受。这的确不像话，出言不逊，不成体统。老师的尊严哪里去了？尊师重教哪里去了？这就是前不久在我的课上发生的真实的一幕。

豪哥是五年级下学期从十班转到我们班上的。转班的主要原因之一就是打遍全班无敌手，他不会控制自己的情绪，也不太会与人交往。为了挽救孩子，因此学校几经研究确定转到1班。

豪哥的个子虽然瘦小，但能量极大，身体的灵活度极高，一般人还真没他反应快。听话时很安静，爱看书，知识面较广，热衷篮球，豪哥曾创下4天因打篮球，把5个同学7根手指骨折的历史记录。卖起萌来很可爱，一旦小宇宙爆发，那就是灾难。

周二第四节课豪哥来上体育课时情绪就很不稳定，撅着嘴，横着肩，说起话来闷声粗气的。我的第一反应就是豪哥有事，为了能尽量避免他与其他同学发生冲突，我就和往常约定的一样先让他准备器材，然后再给他篮球去玩。为了能让他情绪稳定下来，我特意请豪哥去地下场馆领四个轮胎。这样我就可以让其他同

---

* 北京第二实验小学六年级体育教研组崔延瑜，西城区优秀青年教师，西城区教育系统骨干教师；曾参与国家级课题并获奖，论文、案例曾多次荣获全国、市、区奖项。

学按部就班地做准备活动，然后跑圈。同时也是通过做事让豪哥的情绪安静下来，转移其注意力，不要在课上再与同学发生争执，保证课堂秩序。

想的很好，可事与愿违，当天豪哥刚从地下场馆拿上来两个轮胎，就不干了，气愤地跟我说："凭什么让我一个人拿这么多轮胎呀？不公平，我不干了。"我平静地说："豪哥，这可是咱们的协议，我们两个人都要遵守的。你先帮崔老师做事，然后崔老师允许你打篮球，对吧？""可今天我不想干了，不行吗？""不行，要遵守规则。你可是男孩儿，说话要讲诚信的，要不以后崔老师怎么信任你啊！"看着他从额头渗出的汗我又说："豪哥是不是累了？要是累了就休息一分钟，你要是不拿好器材，一会儿同学们怎么练习呢？""还有多长时间下课？"哈哈原来是惦记着打球。"还有25分钟，你要是动作快，拿完器材还有二十分钟打球的时间呢！"一听这话他立刻起身奔向了地下场馆，不过他上来时就不像刚才上来时把轮胎摆好，而是让轮胎乱轱辘，结果轮胎在操场上轱辘来轱辘去，这时同学们也跑完圈回来了，看到这种情形，有些同学就上去帮忙。豪哥不干了，又嚷嚷又叫唤，于是我吹哨集合进行组织以免发生危险。而豪哥这时完全沉浸在轱辘轮胎上了，全然不顾同学们在上课。当同学们都已经安静下来，我就全力以赴地叫豪哥回来，并把轮胎摆放好，为了能叫他快些回来，我还特意说："豪哥，快把轮胎放好你就可以打球了。"豪哥这时反应极快，把轮胎一丢转手从地上拿起篮球就上篮。经过这一折腾，时间所剩无几，同学们在我的组织下开始利用轮胎练习力量，豪哥自己玩了一会儿也过来凑热闹，大家都不加他，就在这时下课铃响了，豪哥一下就急了，"怎么下课了，我还没玩两分钟呢，崔老师是骗子，哪有二十分钟。骗子、骗子、大骗子，混蛋，崔老师是个大骗子。"一听到这话好几个男生就追着豪哥要理论，豪哥也不示弱，一边跑一边大声地喊"骗子、大骗子。"别的班的同学不知是什么情况都在一旁张望。为了控制豪哥的情绪，我让1班的同学赶紧上楼，与豪哥分开以免发生冲突。这时豪哥见没人理他了，一个人跑到连廊下抱着球生气去了？当我走过去时，他看着我站起来说："崔老师是个大骗子，还没玩球呢就下课了，骗人。"看着豪哥因没打成球发脾气我突然间觉得好笑，"豪哥，你说崔老师是骗子，崔老师怎么骗你了？你说说。""你说有20多分钟玩球的时间，可才玩了一会儿就下课了，害得我都没玩够时间。""是崔老师不让你玩吗？还是你自己不玩的。你第二次拿轮胎时玩轱辘轮胎不需要时间吗？崔老师当时可是提醒你了，你不听啊！所以时间就没了。""那……那……""那你就得向崔老师道歉，崔老师不是骗子，更不是混蛋。""其实我没骂你，我就是……""你就是一生气口无遮拦了，对吗？你想过后果吗？后果就是要向崔老师道歉。因为同学们都听到你的话了，影响太坏了，这要是让年级主任知道了，让教导处的王主任知道了事可就大了。""好吧！我向你道歉，对不起。""这可不行，你要当着全班同学的面向崔老师道歉，更重要的是还要向全班同学道歉，因为你我们后面的练习没做完，同学们的损失怎么办？""怎么办？你说呢？"好，这小子服软了，情绪也缓和了许多。"豪哥，你要是老师，你希望同学叫你骗子吗？""不希望。""你希望学生们骂你混蛋吗？"豪哥摇摇头。"你希望你们班的同学一上课就捣乱让大家都不能好好上课吗？""不希望。""可豪哥今天都做了，这可怎么办呀？豪哥这样聪明，肯定有办法。""下节课，我给全班同学道歉不就行了。""要是大家不原谅你呢？怎么办？""啊，你说怎么办？""道歉要真诚，更重要的是要让同学们感受到你的真诚。说话要清楚，要让每个人都听得见，听得清，还要有深深的鞠躬。"豪哥听完后点点头懒洋洋地说："好吧！""豪哥，这个态度可不真诚。"豪哥此时心情也好了，笑眯眯地说："好吧！"一边说还一边给我深深地鞠了一躬。然后又卖萌地拉着我的胳膊说："崔老师，我可以再打会儿篮球吗？""嗯！""求求你了，崔老师。""好吧，豪哥今天虽然破坏了上课纪律，但下课后还能控制自己的情绪，还是有进步的，那崔老师就陪你打会儿，进 5 个球就结束，行吗？""嗯。"最后豪哥按要求进了 5 个球，然后高高兴兴地回楼吃饭去了。下午我还特意与班主任老师进行了沟通，班主任老师说："豪哥一下午都很高兴。也没有与其他同学发生冲突，上午主要是因为在早读之前让交作业他没交，后来老师说没交作业的下课后不许玩，要利用课间补作业，豪哥两个课间都在补作业。"

第二天一上课，我就请豪哥向大家道歉，豪哥很认真地向大家道歉，希望大家能原谅他，再给他一次机会改正。并且当着全班同学的面也给我道了歉。在以后的这段日子里豪哥一直表现较好，再也没有发生过类似的情况。

经过这件事我在想：惩戒教育落实在平凡小事中，惩戒的方式可以温柔地"罚"，也可以商量地"罚"，要因人而异，但"罚"要讲究艺术性，要让学生明白为什么"罚"。"罚"也要阳光，要让学生心甘情愿地接受"罚"。作为老师，决不能简单地对学生进行"罚"，而是作为一个教育的手段。教育很多时候不是我们要告诉孩子什么道理，而是要创造条件让他真正地悟出道理，而要促使他能悟道，有时就是要设计一些能够让他刻骨铭心的"路程"。让学生明白一个道理，就是要对自己的每一个言行负责。做事要考虑周全，万不可意气用事。作为一名一线教师，我知道所有的错误是在小事中矫正不良品行，这才能体现出对孩子的爱。这爱像一把钥匙，能打开学生心头的大门；这爱洒满学生心灵的阳光，能驱散每一片阴云，照亮每一个角落，融化每一块寒冰。相信豪哥经过这件事后会有所感悟，会有新的面貌。

　　我突然想起了以前看书时看到的一段话，它是这样写的："用感恩的心去感激伤害你的人，因为他磨炼了你的意志；用感恩的心去感激欺骗你的人，因为他增进了你的见识；用感恩的心去感激鞭打你的人，因为他清除了你的业障；用感恩的心去感激遗弃你的人，因为他强化了你的能力；用感恩的心去感激斥责你的人，因为他助长了你的智慧。"这里我要感谢我教过的形形色色的学生们，是你们教会了我如何一把钥匙开一把锁的能力；是你们教会了我如何在情急之下掌控课堂的要领；更是你们教会了我如何去爱你们、去站在你们的角度理解你们古灵精怪的想法、去包容你们这样那样的行为。不论你是乖巧的，还是调皮任性的，在与你们共处时，我学会了爱的行为，提高了爱的能力与艺术。我要谢谢你们，我的孩子们。

让"爱"做主[†]

徐　萌[*]

　　现在的孩子大多是独生子女，以自我为中心，脾气暴躁，不会关心他人，只会索取爱，不会付出自己的爱。而这样就会影响整个班级的风气和爱的氛围。

　　小宇是一个不爱讲话的孩子，在学校很踏实，学习成绩很好。通过和家长的接触了解到小宇在家很任性，没有礼貌，从来不主动叫人，经常不听父母的话。其实班里有不少是这样的孩子。怎么才能让他们改变这样的行为呢？我决定开展"每天一句知心话"的活动。就是让孩子每天要对爸爸、妈妈、同学和老师或者家里的亲人，还有认识的人说一句温暖人心的话，包含着无限爱意的话（这句话可以说同一句话，也可以说不同的话），并且能记录下来。最开始每周有两次机会给学生，让学生把自己对别人说的知心话读给大家听。慢慢地延长为一周一次进行交流，互相学习，同时每月要评选文明小标兵。在这项活动开展以后，小宇有了变化。据小宇的妈妈说，"开始时小宇很不愿意说，但他又想当文明小标兵，还是

[†] 此文获西城区班主任"我的教育故事"三等奖。

[*] 北京第二实验小学一年级语文教研组徐萌，小学高级教师，获得全国青少年"春蕾杯"园丁奖，2014年被评为西城区德育骨干教师。

很勉强地说了。慢慢地小宇能够比较主动地对家人说出一些很知心的话，比如：'妈妈您热不热，我给您拿扇子。''爸爸您别看书了，早点休息吧！'特别让我感动的是有一次生病在家，小宇主动给我倒水还说：'妈妈您别着急，多喝水，按时吃药，就会好得快。我生病的时候您照顾我，现在您生病了我也要照顾好您。'我当时感动得都哭了。"说到这时，小宇的妈妈仍然有些激动，眼圈都红了。我也被小宇这样的表现所感动。一句知心的话语能带给人无限的爱意和感动。

小莹是一个很听话的孩子，做事井井有条。但是她不爱帮助别人，同学的橡皮没有了向她借，她说自己还要用所以不借。她也不愿意为班集体做好事，在他们组做值日的时候从没有看到他主动为同学们服务，只是很认真地管好自己，做自己的事。孩子的自私成为培养交往能力的障碍。为了让这个班集体更加团结向上，我就让孩子们每周做一件事。每天在家为父母或别人，在学校为班集体或同学做一件好事。这一周内做的都是同一件事。这件事要一天比一天做得好，既要持久地做下去，还要保证质量。第二周可以继续更深入地做同一件事，也可以在上一周做好一件事的前提下，做另一件事。有一次在放学后我想找几个同学做值日，很惊喜地看到了小莹主动举手和她那期望的眼神。我想她能这么主动地举手真是难得，别打消她的积极性，于是我就把机会给了小莹。我在放学的时候，几个学生就热火朝天地干了起来，我看到小莹拿起笤帚准备扫地，心想平时没有看见她扫地，能扫干净吗？同时又安慰自己，小莹扫不干净再让会扫的同学扫一遍。等我放学回来几个学生已经在前面休息了，只有小莹还在扫地，我说："你怎么还没有扫完？"小莹说："我扫了一行，看见还有别的地方没有扫干净，我想扫干净。"说完小莹就接着扫起来。我看了看小莹扫完的地方，真干净，没有一点脏东西。我问小莹："以前没看见过你扫地，你扫得怎么这么好？"小莹说："以前我不会扫地，后来我的每周一件事就是天天扫地，就越扫越好了。在家我可以帮助妈妈扫地，在学校我可以帮助班集体扫地。"我说："你真是一个爱劳动的好孩子。"小莹高兴地笑了。

学生能够正确评价自己爱的情感和爱的行为，体会到付出爱之后的快乐与愉悦。在班集体中经常会看到有同学主动帮助同学，帮助老师的景象。

寓人格教育于丰富多彩的活动之中是体现爱的教育的指南。教师要在多种多样的活动中培养学生的爱心，让学生学会付出爱，让班级充满爱。作为教师，要根据低年级学生的年龄特点，通过语言、行为的参与来提高活动的实效性，真正让"爱"做主。

假如给我三天黑暗

洪 岩*

　　开学初我接到卫生室的通知，看到学生们新发视力的人数又增多了 6 人。于是我认真保障学生做眼保健操的时间，还经常利用板报对学生们宣传保护视力的重要性，并且与家长们沟通一些对眼睛有好处的食谱。对学生以及家长们进行教育后，学生对眼保健操的重视度增强了，对眼睛重要性的认识提高了。但好景不长，这种"好"属于老师在的假好。

　　有一天做眼保健操时，我晚到了一会儿。从四（11）班传来喧哗声。我走进教室一看，学生们有的一边做操一边说话，有的拿布擦着黑板，还有的索性捧起课外书来看……我看着他们的一举一动，心想："做眼操很重要"是老师认为的，并没有获得学生的真正认可。老师不在，学生们早把认真做好眼保健操、专时专用的要求忽视得一干二净。

　　从这一现象来看，这些学生错在一没有专时专用；二对自己的眼睛没有责任心，眼保健操是给老师做的；三对眼睛的重要性认识只停留在老师在就"知道"。

　　通过现象看本质，根本原因是学生没有认识到做眼保健操是为了自己，没有意识到长期坚持做眼保健操对自己有莫大的好处，更没有感悟到做个明眼人的幸福。另外是太依赖于老师的监督。学生做事应该有自觉主动的态度，而不是要靠老师监督才做。

　　由此看来，学生这次没做眼保健操，如果老师不及时进行引导和分析、指出其危害性，那么下次老师不在时还是会不做。因为学生们太不爱惜自己的身体了！那点缀世界的五彩缤纷和千姿百态的事物在他们看来是那么平常。事情往往就是这样，一件东西一旦失去，才会留恋它。只有那些丧失视力的人才更加珍惜光明。

　　看来要想让学生对自己的眼睛负责，首先要让学生知道如何使用自己的眼睛，认识到能用一双明亮的眼睛看清他们面前一闪而过的东西，这给他们的生活带来

---

*　北京第二实验小学五年级语文组洪岩，一级教师，区级骨干教师，西城区优秀教师；撰写的论文曾多次获国家、
　　市、区一等奖。

了无限的便捷与乐趣。而一旦失去了光明，让眼睛受到了伤害，那么这些良辰美景就会与自己擦肩而过了。

我及时引发同学们思考：假如你只有三天的光明，你将如何使用你的眼睛？想到三天以后，太阳再也不会在你眼前升起，你又将如何度过那宝贵的三天。并推荐学生阅读《假如给我三天光明》这本书。学生们不仅把短文中触动思想的句子画了出来，还在旁边注上了自己的体会，写出了自己的读后感。

读书活动之后我与家长们利用周末的时间带领 11 班的同学来到位于北京市西城区鼓楼西大街 79 号的红丹丹教育文化交流中心。我和家长、学生们一起做了"假如给我盲人般的黑暗"的体验活动。

我们一进红丹丹教育文化交流中心的大门口，就戴上了蒙住眼睛的布条，跟着那里的工作人员像盲人一样走路、上下楼梯。平时健步如飞的学生们变成了现在小心翼翼的寸寸碎步；家长们互相扶着，每一步都不敢跨得很大；在下楼梯的时候，动作都变得更缓慢，即使有志愿者的帮助，依然紧紧扶着一侧的楼梯。

接着引导员把我们从院子里扶到了屋里，让大家听电视。平日好看的电视变成黑暗时空，看不见画面，学生们只能通过听力来判断电影片段的内容情节。在听电视的过程中，有的同学大声说："只能通过音乐来推断情节发展，完全看不到演员的表演。真的太可惜了！"有的同学说："戴上眼罩之后听电视，真没有意思呀！"还有的同学情急之下摘下眼罩说："眼前一片黑，还是光亮的世界好！"

通过读书活动，学生们从书中懂得了光明的可贵；戴上眼罩体验盲人的走路，让学生们感悟到了生活中时时处处离不开眼睛；戴上眼罩听电视的体验，让学生们感知到有光的世界是多么五彩缤纷，感受到拥有这些并不是那么理所当然，感悟到失去眼睛后生活将一切黑暗。

这次活动后，学生们在做眼保健操时间段内对自己的眼睛负起了责任，不仅穴位找得准，而且专时专用，不会把做眼保健操的时间用来聊天说话，再也不是为了老师在做眼保健操了。之后的日子里同学们经常到"红丹丹"活动站争当为盲人读一本好书的志愿者。

实践不仅让学生们知道了拥有健康的眼睛是多么宝贵，而且知道了如何正确使用自己的眼睛，如何通过自己的努力让盲人透过那张黑纸"看"到整个光明的世界。通过这一系列活动的开展，让我践行了"参与中求体验，实践中懂真知"的教育理念，让我体会到实践比说教更重要，更能让学生深刻地理解做人做事的正确方法。

爱 在 路 上

曹 岚*

　　我是北京第二实验小学的一名普通教师，自从我迈入学校大门的那一刻起，学校以爱育爱的教育理念就一直引领着我不断地理解爱，追求对学生智慧的爱。对于一名教师而言，爱是什么呢?我理解，爱是无私的奉献，爱是浸润和滋养，爱也是支持和陪伴。没有爱就没有教育，倘若离开了爱，教育必定是苍白的。然而作为一名教师，想要做好教育工作仅有爱的情感和愿望还远远不够，正如苏霍姆林斯基所说："教育的全部奥秘和技巧就在于如何爱护儿童。"

　　我是一个快乐的孩子王，每天和孩子们在一起，看我七十二变。清晨我似老朋友一般以温暖的笑容迎接孩子们的到来：课间我变身游戏队长，像孩子似的跳房子、丢沙包、玩游戏；一会儿又当起细心的妈妈，"今天你怎么了，不舒服吗？"拍拍肩、抱一抱，此时的爱是无声的表达。操场上我和学生一起跑步、做操，一招一式全情投入。课堂上一笔一画，细细讲来，一词一句，慢慢品味。陪伴孩子们一起学习，发现、分享孩子身上的点滴成长是我最大的快乐。我们班的孩子最喜欢我每天送给他们的讲故事时光，我绘声绘色地讲着，孩子们静静地听着，他们有时哈哈大笑，有时忍不住着急，有时伤心地落泪。每每沉浸在这美好的故事世界中，我也好像回到了童年一样。孩子们爱听我讲故事，爱和我聊天，爱看我画画，爱和我一起欢呼拥抱，他们爱上了我，我更深爱着他们。

　　当然，不是每一个孩子都能轻而易举地接收我的爱。我也碰到过很特别的孩子，那是一个额头上有一块疤痕的男孩，入学第一天，当他走到我面前的时候，对我热情洋溢的问候没有丝毫的回应，我伸手想轻轻地抚摸一下他的头，他闪躲开了。当我问到他头上的疤痕时，他看也不看我一眼，只冷冷地甩给我两个字"烫的"。接下来他的举动更是让我大跌眼镜。在教室上课，他会突然站起来，然后狠狠地一挥手，把桌子上的书全都扔到了地上，接着又把桌子也推倒了，然后索性

* 北京第二实验小学三年级语文教研组曹岚，小学一级教师，北京市西城区骨干教师；曾荣获北京市西城区"我心中的好老师"荣誉称号、北京市西城区优秀班主任大赛一等奖、"西城杯""金秋杯"教学比赛一等奖。

离开座位，在教室里前前后后地走着。我顾不得一贯的优雅姿态，快步走上前去，表情认真地请他回到座位上，他竟调皮似的，跑到我身后，跳起来揪我的头发。那一刻，我没了办法。心里难过的同时，我更加深刻地体会到了，爱需要智慧。于是，我静下心来，准备好好地了解他。在每天的观察中我发现他经常全神贯注地看着我和孩子们玩游戏，有时还跟着笑，如果我伸手邀请他参加，他会立刻转身跑掉。课上他经常会偷偷地画最喜欢的恐龙，书本上画得到处都是。排队时他不能和别人拉手，就算是让他站进了队伍里，走着走着他也会悄悄地溜到队尾，自己独自走。同时，从妈妈的口中我也知道了他在家中的状态，他从小由农村的奶奶独自带大，因为受过伤，伤疤明显，每当大人们谈论此事的时候，他也感觉到自己似乎有和别人不同的地方。通过对他的观察和了解，我感觉到孩子很缺乏安全感，不愿意相信别人。虽然他的问题很多，但我从来不在同学们面前对他"另眼相看"。很快我找到了我们共同的话题，那就是画画。他画的恐龙姿态各异，表情逼真，惟妙惟肖。美术课上大家都画海洋世界，他却固执、专心地画恐龙世界，当我夸奖他的画时，他惊讶地看着我，那意思好像是说"你也懂这个？"我立刻在黑板上秀出了我的素描技巧，画了一个男孩子都喜欢的变形金刚。孩子们都兴奋了，他也激动地站起来说："我这个比你的厉害，这是镰刀龙，他的脚趾就能把你的铠甲划破。""那你教我画恐龙好吗？"我们的交往终于开始了。后来，他画好的画总会让我看看。作为给好朋友的礼物，我送了他绘画本。渐渐地他书本上的小怪兽少了，绘画本上的作品多了，美术老师也说这孩子有画画的天赋。我还特别了解到妈妈在家里常和他玩什么游戏，在学校里我就和他一起玩他熟悉的游戏，逐渐地他也能和同学们玩了。他就像一只蹒跚学步的小鹿，虽然每一步走得都跟跟跄跄，需要我们在一旁帮助和陪伴。但是他一天天长大，相信他总会能自己奔跑、跳跃。我特别感恩能和他一起学习和生活，是他激发出了我更多的教育智慧。这种幸运也使得班集体的每一个成员都懂得包容和尊重，每个人都有发现爱的心灵和传递爱的行为。其实每个孩子都是一本"书"，只有用心地阅读，才能发现真谛。

为了增长教育智慧，走进学生的心里，我读了不少书籍：《宝贝，宝贝》《在与众不同的教室里》《52号教室的秘密》《怎样说孩子才会听》，等等，我还潜心研究表象心理学，在低年级尝试心智训练课的教学，帮助孩子在步入校园学习生活时养成良好的学习习惯，提升学生的生活、交往能力。在了解学生的基础上，我发挥自身兴趣爱好广泛的特点，唱歌、跳舞、弹琴、画画、讲故事都是我擅长的事。因为这些我成了更多孩子的好朋友，我们课上是师生，课下是朋友。无论是严格的要求，还是细心的呵护，都是我对学生的爱。

孩子的成长需要爱，我愿把自己的心血、才智、柔情都凝聚在对每个孩子的爱中。用我的爱感染学生健康、丰富的情感，滋养他们的身心健康发展。我们在努力追求更智慧、更艺术的爱，使它能触动学生的灵魂，震撼学生的心灵，创造出教育的奇迹。我们的故事刚刚开始，对学生的爱还在路上，这是一条没有终点的射线……

和"狮子王"一同成长

景 波*

动画电影《狮子王》相信很多人都看过，主角狮子王辛巴勇敢、骁勇善战，是名副其实的森林之王。不过在班级中真出现这样一位好战的"英雄"，对班主任的班级管理工作可是不小的挑战。我就遇上过这样的"宝贝"。

初见"狮子王"

要说起我们班的小 A 同学，教过他的老师一定都印象深刻。他不仅脾气暴躁，而且情绪极易激动，容易和老师爆发冲突。自我担任这个班的班主任后，就有热心的老师向我介绍了他的特殊情况。这不，从我踏进这个新执教的班级第一堂课开始，就不能不对他刮目相看。

伴着上课铃声的响起，我大步迈上讲台，向所有学生声情并茂地介绍了自己。一般这个时候，所有的学生都会乖乖地坐在自己的椅子上，想给这个新来的班主任留下一个好印象。我环视了一下教室，果然，班中的孩子们坐得都很直。突然，一个坐在第一排的男孩子引起了我的注意。这个学生个子很高，总是在位置上东张西望，向这个同学笑笑，又对着后面的同学说上一两句话。他一见我看他，立刻绷直了身子，可我一转过头去，他又还原了本色，继续探头探脑。在课上，我一连两次提醒他注意听讲，居然没有明显效果。这不，还不到一节课，就原形毕

---

* 北京第二实验小学五年级教研组蔡景波，一级教师，西城区教育系统骨干教师，西城区优秀教育工作者；研修案例获区级一等奖；多次承担区级、校级研究课，并受到好评。

露了。虽然经我提醒之后，他的行为会有所改善，但总能感觉是心不由衷。看来，我这个新班主任是遇到对手了呀！

问 题 凸 显

开学两周后，小 A 同学的问题接二连三地被反馈到我这里来。数学课不认真上，体育课不听老师的要求，科任课上插嘴，小动作过多……不仅如此，课下，他多次和同学发生矛盾、冲突，冲着同学大喊大叫，还挥舞拳头，难怪有些学生私底下称这位"宝贝"为"狮子王"。在他情绪激动时，确实有些张牙舞爪，恨不得把谁一口吞下去。而且有一次，他竟当着全班同学的面，对一个女生喊出了脏话。一想起这一连串的事情，真是让人整个头都涨了一圈。当我气冲冲地找到小 A，他却满肚子的委屈："他们欺负我，他们冤枉我，他们攻击我……"说着，他自己也哭了起来。不过现在看来，直接进行批评教育这条路对他是行不通的，也不会有好的教育效果。我觉得还是暂时冷处理，伺机而动，再把握教育良机。于是，我向其他同学了解情况之后，转身离去了。

出 现 转 机

回到办公室，我把小 A 的情况做了一个分析，觉得还是没有头绪。等我再次回到班，小 A 正坐在自己的座位上发呆。我把他叫了过来，然后带他进入了旁边的阳光房。我稍稍平复了自己的心境，用非常缓和的语气说："今天咱们俩好好谈谈，我觉得你肯定有心里话想跟老师说。"说着，我轻轻拍了拍他的肩膀。他先是低着头，听了我的话头埋得更深了。"老师，刚才是我错了，我不该……"他说话的声音非常小，但我却听得一清二楚。真让人意想不到，这是他第一次开口认错！我甚至有些激动。看来这孩子虽说有些难以管理，但情况还有转机，一定会有解决方法的，我心里暗暗地想。这一次，我对他进行了表扬，"你能勇于承担责任，直面问题，老师很高兴。这才是男子汉……"小 A 听了我的话，抬起头看着我，眼中充满了感激。不过我又发现了他一个特点——出现问题的时候不适宜在第一时间批评教育他，不能硬碰硬，要解决问题另选时间引导效果也许会更好。

这不，又是一堂语文课，这节课上，小 A 听讲格外认真，课堂发言次数超过三次，而且因为他的学习热情高涨，其他同学的情绪也被带动起来，整节课师生间学习、交流非常融洽，我也突然发现他在学习上是有优势的，只不过平时太过浮躁、懈怠罢了。

可是，还不能高兴得太早，他的问题总是出现反复，还不时有人隔三差五地找我来告状，看来孩子就是孩子，要养成一个良好的习惯不容易。

又是一节语文课，小 A 并没有发言，而是一直在低头写着什么。我走到他跟前，满满一页纸上，记录的全是课堂的笔记。我随手一翻，记录了将近六页纸，而且很多都是课堂的重点，这一下我对他又刮目相看了。我当即在全班同学面前大力表扬了他，高兴得他嘴咧得老高。

约 见 家 长

约见家长来学校，是很多老师的杀手锏。不过这次，我绝不是想向家长告孩子的状。告状实质是把责任更多推给了家长，说明了老师管理不善，束手无策，才需要家长出面解决问题。而这一次，我要让家长明白：老师有信心，也有足够巧妙的方法，让孩子发生改变。

其实，与小 A 家长交流远不止一两次了，但这次约见很正式，因为是引导孩子提升的关键期。我和家长谈得非常深入。首先向家长报喜，最近孩子的进步非常大，听讲质量明显改善，和同学相处的问题也正在好转⋯⋯家长听了这些很是高兴，双方在愉快的氛围中，谈到了很多具体的情况。接下来，家长也向我介绍了孩子的特长——钢琴，而且在这方面他已多次获得奖项。另外家长也坦言，孩子的问题与家庭的影响有关系，家庭有时矛盾、冲突很激烈，使得孩子情绪特别容易激动和火爆。最后家长愿意随时与老师保持沟通，加强彼此间的配合。

总而言之，这次与家长的交流我确实很有收获，不仅从家庭方面进一步了解了孩子的情况，为制定下一步的教育策略做了准备，而且取得了家长充分的信任和支持。

促 膝 长 谈

经过了两个多月的相处，我和小 A 之间已经能很轻松地交流了。我觉得如能与孩子建立这样的感情基础，很多过激的问题就不会轻易出现了。我又对小 A 目前的情况进行了细致分析，其他方面改善得都很好，就是他的情绪控制还是不理想，爱发火，爱生气，自控能力差。我该怎么办呢？

于是，我又专门和他进行了一次谈话。首先，我用列举事例的方法，充分肯定了他近期的进步。告诉他老师、家长看到他的进步是多么的开心。可就是在自控力方面，他还让人放心不下⋯⋯我记得小 A 当时很干脆，一口答应一定会改变。我当即答应，一定会帮助他。

情 况 转 变

几天后，在课间休息时，我一进班就有同学指着教室后面说："'狮子王'又发脾气了！"我往教室后面一看，只见小 A 满脸通红，攥着拳头正冲两个男生发火。我见了赶快往后走，生怕又出现一场暴力事件。谁想，小 A 突然握紧双拳，用力跺了两下脚，脚跺在地上发出"咚咚"的声音，然后转身大步走出了教室。我见了终于松了一口气，总算没有爆发"世界大战"。

上课铃响了，我等同学们坐好以后，开始上课。这时门外有人敲门，我把门打开，只见小 A 快步走到我身边，低声对我说："刚才有同学惹我，我没理他们，去操场待了一会儿……"还没听他说完，我很高兴，连忙说："你做得太好了，能在关键时刻控制好自己的情绪说明你长大了，恭喜你……"

下课后，我给小 A 的家长打了电话，听到刚才发生的事情，家长也非常高兴，一个劲儿地向我表示感谢。

此后，由于彼此的信任，我让小 A 承担了班中的几个服务岗位。帮着班级抬饭箱，提醒同学保持教室卫生，他非常愿意去做，并且做得很好，而且不会轻易违反老师的要求了……

共 同 成 长

是金子总有发光的一天。我想，每一个人都有自己的天性，如果在班级管理中总是用一把尺子去衡量每个孩子，对他们的发展、评价其实都是非常不公平的。班主任的管理艺术也许就在于能够海纳百川，有容乃大，换言之就是能够包容孩子的天性，关注他们的差异。通过我和小 A 较长时间的接触，通过和他心与心的交流，我发现了他身上其实有很多的闪光点。越是走近他，越是了解他，我反而觉得当初的某些判断过于武断了。曾经许多老师眼中的"狮子王"如今也可以成为我们眼中的"小可爱"了。从他身上我也看到了自己未来要探索的教育之路，面对学生不可一概而论，更不能一锤定音，而是要量身打造，量体裁衣。

我的可爱的孩子们，老师愿陪伴着你们共同成长……

麦穗加工成了大米

马　丽*

让人哭笑不得的小"笑话"

"我们平时吃的大米是什么加工而来的？"这个简单的问题，在一节科学课上却闹了个大笑话。学生小张说："这谁不知道，大米就是麦穗加工而成的啊"，听了小张的发言，同学们一片反驳声，更多的小手举了起来，"怎么会是麦穗呢？应该是种的水稻加工出来的呀"，"你们说的都不对，我们吃的大米就是去了壳的谷子"……同学们的发言真的是让我哭笑不得，接着我又问了一个问题"面粉又是什么加工出来的呢"，这下大家更晕了。和农作物有关的小问题，却成了孩子们要解决的"大问题"。

随着城市化进程的不断推进，城市越变越大，农田则越来越远，孩子们接触生长着的农作物及参与农业劳作的机会越来越少，很少有学生能够走进农田，亲身观察农作物生长和加工的过程，难怪孩子们不知道大米、面粉从何而来。在与孩子们的交流中还发现，很多孩子不知道西红柿、黄瓜、豆角这些我们平时吃的蔬菜是怎么结出来的？土豆长在什么地方？玉米会不会开花？学生们对农作物的认识比较匮乏，虽然这些内容课堂上也曾讲授过，但纸上谈兵，记忆都不太深刻，孩子们缺少的是走进农田亲自实践的机会。而与此正相反，我们总能看到这样一番景象：孩子奔波于各种补习班，学了外语学作文、学了乐器学舞蹈……让他们做一道成年人都不一定能回答上来的奥数题，轻而易举，而本应该学习和掌握的最基本的常识性知识恰恰被忽略了，这也是生活在城市中的孩子们的"通病"。

---

* 北京第二实验小学科学教研组马丽，一级教师，校级学科带头人，北京市西城区优秀教师，获北京市评优课一等奖，"西城杯"评优活动一等奖等，承担多个市区级课题研究工作。

给故事的小主人公们寻求"良方"

（一）"做中学"

杜威有句名言："一个儿童要学习的最难的课程就是实践课，假如他学不好这门课程，再多的书本知识也补偿不了。"他的实用主义教学思想之一就是"做中学"。他反对"书本中心""教师中心"，主张"在做事里面求学问"，学校课程的中心应是儿童本身以生活化为主的社会活动，用儿童的亲身经验获得知识。他从儿童的生活出发，提出学生从教师口中被动听来的知识不是真正的知识，教学就应以表现个性和培养个性，以自由活动和从经验中学为主，做才是根本。如果没有做，儿童的学习就没有依托，必然会抑制他们的创造才能，阻碍他们的自然发展。儿童生来就蕴藏着充满生机的冲动，有一种要做事的天然欲望，对活动具有强烈的好奇心，善教者要能把他们在学校里知识的获得与生活过程中的活动紧密联系起来。

（二）教学做合一

陶行知先生提出的"教学做合一"的教学理论，含义是：教的方法根据学的方法；学的方法根据做的方法。事怎样做便怎样学，怎样学便怎样教，教与学都以"做"为中心。在做上教的是先生，在做上学的是学生。在这个定义下，先生与学生失去了通常的严格的区别，在做上相教相学成了人生普通的现象。"教学做合一"用陶行知先生的话说，是生活现象之说明，即教育现象之说明，教学做只是一种生活之三方面，不是三个各不相谋的过程。他还以种田为例，指出种田这件事，要在田里做的，便须在田里学，在田里教。在陶行知先生看来，"教学做合一"是生活法，也是教育法，他特别强调要亲自在"做"的活动中获得知识。

陶行知先生还曾写过这样一副对联："四体不勤，五谷不分，孰为夫子？小疑必问，大事必闻，才算学生"。上联出自《论语》，作者借原话批评那些只顾教书而脱离社会生产活动的老师，下联是提倡学生勤学好问，关心国家大事。对于教师而言，自己本身就该紧密联系生活生产，只有这样才能带动学生走进生活，而对于学生而言要勤学好闻，关心国家大事才是真正的学。

"救治"措施

"以参与求体验"是北京第二实验小学"双主体育人"办学思路的重要实施途径之一，体验丰富，成长才会健全。体验源于参与，只有在参与中，学生才能体验成功与挫折、合作与挑战、付出与收获、快乐与痛苦、爱与被爱；只有在体验中，才能完善个性，健康发展。基于这个理念，学校领导特意在校园内开辟了一块田地，专门用来种植农作物，并且由老师带领学生一同种植、一同护理，弥补了学生对农业知识，以及参与农业劳作方面的缺失。在寸土寸金的西单地区，有这样一块田地实属难得，它很快成为老师和学生们可以参与、体验的场所。

让课堂中出现的故事不再是笑话

在得知这块地将成为可以带着学生一起种植的小农田时，我特别兴奋，因为盼望已久的种植体验活动终于可以开展了。当时正值十月份，天气逐渐转凉，很多农作物已不再适宜种植，要是等到第二年春天再种，中间这几个月就要白白浪费掉，不免觉得可惜。不如带着孩子们种些冬小麦吧，时间比较适宜，正好也帮助学生"解决"在课堂中闹的笑话。在向农科院的老师们请教之后，我便带着学生开始翻土、播种，就这样冬小麦成了小农田中第一批农作物。因为是第一次尝试，孩子们非常兴奋，也特别上心，每天都会到田里来看看，一星期左右，小麦发芽了，孩子们高兴地奔走相告，可以感受得到，他们在这期间收获的，不仅是观察到了小麦的生长过程，更是体会了劳作的快乐。

第二年春天，我们扩展了种植种类，便又从各班召集了不少小农田管理员，这也增大了学生们参与体验的范围，小农田里也热闹了起来，土豆、小葱、西红柿、辣椒、茄子、黄瓜、南瓜、苦瓜、萝卜、韭菜等近20种农作物呈现出了一片繁荣的景象。所有参与的孩子们，都会在下午放学后准时来到小农田观察、管理，为了能让全校学生了解农作物生长的情况，每周一的中午广播，我组织孩子们轮流去介绍这一周农作物的变化。科学老师们也会结合教学内容，带领学生到农田里来上课。这里不仅是农作物生长的田地，也是学生"做中学"体验的田地。

在孩子们的辛勤耕耘下，小农田收获了沉甸甸的果实，不仅有笑弯了腰的麦穗，还有香脆的黄瓜，酸甜的西红柿，绿油油的韭菜……对于这些成果孩子们可没有独享，他们把果实分享给了老师、同学、家长，我还带着孩子们提着装满各种蔬菜的篮子来到周边的社区，送给那里的孤寡老人。在这个过程中孩子们知道了不仅要感恩老师，感恩家长，还要尽自己的力量回馈社会。

小农田大收获

（一）麦穗变不了大米

在护理小农田的过程中，我常常鼓励孩子们用自己的双手亲自去触摸植物的生长，用自己的双眼去观察植物在生长过程中微小的变化，探究科学的规律，体味、感受自然的力量与美丽。什么植物生长后可以制成大米、白面？哪棵植物是小麦，哪棵是韭菜？土豆长在什么地方？这样的问题再问孩子们，他们都可以对答如流，再也不会有人说，麦穗加工成了大米。

孩子们刚参加小农田活动时，有满腔热情却不知道怎么动手，到后来不需要老师指导就能熟练地操作，大家渐渐学会了干农活；从一开始对种下的农作物一知半解，到现在的如数家珍；从一开始拿起铲子不知怎样挖坑，到现在对种植的驾轻就熟，孩子们对于农作物的认识及种植能力在管理小农田的过程中潜移默化地增长着。学校的小农田为学生们提供了一个很好的"理论与实践相结合"的场所。

（二）"心"的收获

在农作物生长期间，学生们要参与田间劳作的每一个环节，包括锄草开沟、翻地整地、播种浇水、施肥补养，等等。在课余时间，孩子们每天也都会来到小农田观察作物的状态，甚至回家查找资料，咨询家长，孩子们非常用心地管理着这些农作物，如果有时来不了，孩子们也会找一位小志愿者代替他看看有什么需要帮忙的，孩子们的责任心非常强。通过小农田的种植活动，培养和发展了他们探索大自然的兴趣和能力，帮助学生在劳动实践中树立正确的劳动观念，养成良好的劳动习惯，增强了学生的劳动热情；使孩子们体会到了耕种、护理的辛苦，从而培养孩子们珍惜粮食，拒绝浪费，尊重农民的良好心理和习惯；激励学生树立自信心，磨炼意志和毅力，培养了学生的协作精神；将收获的果实送与老师、同学、家长及周边社区的老人们，使孩子们知道了感恩，也感受到了与人分享的快乐。这块小农田帮助学生体验着劳动的付出与艰辛，也体验着收获的成功与喜悦。

小农田还是一块德育教育基地，现在护理小组的主要成员小翁同学，最早是因为自己犯了个小错误，被"罚"到小农田干活的，一开始他非常不情愿，不愿意和同学们一起劳动。看到这种情况，我想可能是孩子的心理没有转变过来，简单地认为这是一个惩罚措施，要不第一次来浇水、锄草的孩子都是挺兴奋的。我便坐下来和他聊了聊，把他认为的惩罚变成了来帮忙，不过也希望他这样的错误不要再犯了，听我这么一说，小翁一下高兴了起来，趁机我也号召其他同学感谢小翁的帮忙。之后的劳作中，小翁一会儿浇水，一会儿捡石头，头上满是汗水，嘴里却没有一个热字，没有一个累字。在这个过程中我从没问过是什么原因他被派到小农田里来帮忙的，我想对于这个小错误孩子一定不会再犯了，这就足够了。更没想到的是，小翁这一次的参与，使他真正爱上了这里，一学期下来只要没有其他事情，每天他都会准时到，有重活累活总是抢着干，成为了农田护理员中的骨干。

每年的六月，在小农田中总能看到一片金黄，那是孩子们悉心栽培的冬小麦成熟了！沉甸甸的麦穗笑弯了腰，孩子们总会邀请李校长一起来收割，和校长一起分享收获的快乐。李校长拿着镰刀为孩子们示范，并让孩子们体会自己的付出和现在的收获，感受劳动的快乐；同时还让孩子们观察成熟的麦穗都是低着头弯了下去的，体会做人的道理，人越是有真才实学，就越谦虚。金黄的麦穗不仅在校园中形成了一道亮丽的风景线，在孩子们心中也是一道亮丽的风景线。

爱心陪伴　静待花开

贡文生*

一年级新生的"开笔礼"要在本校举行，我拉着小颜的手走在队伍的前面，他的手没有丝毫的力气，我只有紧紧地握住他的手。一边走一边用力前后晃着小颜的胳膊，小颜开心地哈哈大笑。开学第二天是个下雨天，放学时突然发现小颜不在队伍里。我急忙跑回中院，看到小颜无助地站在雨中，不知所措，我大声对小颜说："放学了，快跟我走。"我拉着小颜朝着队伍跑去，小颜再次开怀大笑，却没说过一句话。

小颜的表现引起我浓厚的兴趣，于是我经常课下找机会与他交谈，然而他的回答永远是"是""会""听懂了"之类的简单之语，从没有超过五个字；当问到如"周末去哪了？"这类问题时，孩子就不再回答了。

在与老师们沟通孩子的情况时，得到的回答基本都是：课上一直沉浸在自己的世界了，不会听讲，不能与他人沟通交流，不会拿笔写字；生活中不敢独自上下台阶，甚至自己不能打开水瓶喝水，不会用勺子、筷子吃饭，更别说收拾书包了。这是生活在怎样一个家庭的孩子啊，于是我对他的家庭产生了兴趣。

* 北京第二实验小学三年级数学教研组贡文生，一级教师，校级骨干，曾获校长奖励基金，优秀副班主任。

　　小颜的妈妈属于高级知识分子，也是当年她所生活城市的高考状元，他的爸爸也属于学霸。两岁半之前是妈妈独自带孩子，家里的地上有块地毯，孩子只能在地毯上玩，不能出圈；同时妈妈比较爱干净，孩子不能乱摸乱动，否则要不停地擦手。孩子对妈妈的抵触情绪很大，从不在一张餐桌上吃饭。妈妈说孩子各方面都没有问题，已带孩子去医院检查过，但后来说出，因大夫无法和孩子沟通，那个检查无法完成。由于孩子无法融入集体生活，妈妈也很焦急，却不知如何操作。

　　小颜的表现，我从教二十多年来第一次遇到。根据孩子的种种表现及上网查阅到的资料，我觉得有孤独症的倾向，但妈妈不肯承认。我又咨询了心理老师，心理老师也说因为孩子缺失了关键期的交往和教育，现在的头脑几乎是一片空白，什么都需要重新建立。教育的当务之急是帮他从头开始，重新来过。

　　一下课，小颜就在操场上跑来跑去，从不和其他同学一起游戏。我把孩子叫过来，和孩子玩推手游戏。然而孩子的手一点力气都没有，也不会推他人的手。于是我带孩子玩，教他怎样手掌对手掌、怎样用力推，当我假装被他推开时，他开心地笑了。时间久了，小颜越来越信任我，他会从很远的地方跑过来看我一眼再跑开，也会让我用手机给他拍一个大大的特写。他会跟着我从地面跳上台阶，再从台阶上慢慢地跳下来……

　　每天上课对小颜来讲是件比较困难的事，虽然他认识不少字，但对字义不能理解，面对师生、生生间的互动，更是不知所云。因此，他常常沉浸在自己的世界里，真可谓"两耳不闻窗外事"。为了改变孩子的现状，上课前我和孩子交流，问他是否愿意帮大家读题，他点点头。课上做练习时，我请小颜为大家读题。听完小颜流利的读题后，全班同学报以热烈的掌声。慢慢地，为大家读题成为一种习惯。同时，我会请小颜重复同学的发言，把他的关注点逐步拉回课堂。终于有一天，当我讲到一个关于数学知识的小笑话时，他也和其他同学一样，哈哈大笑起来，我内心的激动可想而知。

　　尽管小颜的父母不肯承认孩子有任何问题，但当邀请他们来校陪孩子随堂听课的一周后，看到孩子的种种表现，他们也开始正视这个问题。这时我们和家长商定，从最简单的生活能力入手，在家里训练孩子自己吃饭、喝水、穿脱衣服等；在数学学习方面，从新建立数的概念，我特意准备了一些学具：如小棒、立方体让孩子在家里也能数一数、拼一拼、搭一搭，从而认识具体的数量、图形等。在尊重孩子和家长的前提下，通过不断地沟通，沟通形式有电话、微信、面谈等，在某些问题上达成共识，同时在训练方法上及时进行调整和指导。改变孩子，贵在坚持。这就要求孩子能坚持，更重要的是老师和家长的坚持。就这样，我们相互鼓励着、坚持着，也看到了孩子实实在在的进步。

小颜真的就是一张白纸，脸上写的永远是"与我无关"，他不在意别人说什么，不在意自己会不会，不在意有没有朋友，每天我行我素。第一次带他到办公室补课，他对我桌上的穿线盒表示了极大的兴趣，用手抠了半天，我说什么他都不予理睬，结果第一次补课就无功而返了。不断地总结经验，慢慢找到孩子的兴趣点，小颜也开始能坐下来做题了。突然有一天，小颜问我："下午还补课吗？"我问他："你愿意吗？""愿意。"看到孩子脸上洋溢的笑容，我也开心地笑了。慢慢地，小颜在意别人的表扬了，在意老师的表情了，每当他不做练习，看到我的不高兴，马上低下头做做题状；也开始能够读懂有的题目要求，独立做一些题了。

经过一年的矫正，小颜无论从生活还是学习上，都有了长足的进步。能够和老师、同学进行一定的交流；收拾书包、吃饭、喝水能独立完成，并且学会了擦黑板，为班集体服务。更为可喜的是，小颜已经可以和大家进行语言沟通了。学习上，能独立计算乘除法及百以内的加减法，口算已经可以达标了。在解决问题方面，有些题可以看图说出图意并列出算式（尽管只是一年级的要求）。更让老师们兴奋的是，每天都能看到孩子脸上洋溢着灿烂的笑容，早晨哼着小曲走进大门，并且主动向老师问好。

教师的爱是学生健康成长中必不可少的条件，教师对学生的爱可以弥补教育的过失与不足。作为独立个体的孩子，教师不仅要关注他认知的发展，更要注重他个性与社会性的发展，相互支撑，才能成就孩子的完美"人"生。真正的爱学生，就是应该尊重孩子的个性差异，不以统一的标准要求学生，正如小颜妈妈所说的："相比较成绩优异的孩子，我们这样基础薄弱的孩子就更应该感谢老师的爱护与付出，谢谢老师发掘孩子的优点、保护孩子的心灵，谢谢老师静等花开的耐心、呵护守护培育花开的奉献。"

教育需要爱，更需要教育者会爱，不仅要有爱的能力，还要懂爱的艺术，学会等待，学会忍耐。有爱相伴，孩子的成长就是快乐的；有爱相伴，老师的工作也是快乐的；有爱相伴，整个人生、整个世界都是充满阳光和快乐的。智慧地面对每一个生命，就会收获生命的绿色。

校会后的抗议

赵艳春*

周一的校会上，冯校长讲了最近各年级同学们的纪律情况，表扬了好的行为，批评了不遵守学校规章制度的行为。冯校长特别提出，在课间十分钟时，由于休息时间短，同学们还要准备下节课的用具，在三层、四层楼的班级，学生们课间时就不要到操场上活动了。特别是高年级同学不要在课间下楼打篮球。活动过于剧烈，会影响下节课的学习状态，而且打上课铃再跑回班，既违规又会迟到。冯校长讲完，要求各班再把校会的内容强调一下，务必落实。

关上闭路电视，我按照冯校长的要求，在班级内再次强调了学校的要求。我特别讲了，最近六年级男生中间掀起了篮球热，男孩子们都喜欢在课间和中午去打篮球。虽然大家兴趣很高，但还是要遵守学校规章制度，中午午休时再去操场上活动，打篮球，课间就不要去了。违反学校规定的同学，我们要进行批评教育，严肃处理。希望大家自觉遵守。

在我讲话的过程中，班里一直很平静。直到快讲完了，我突然发现班里一个男生的异常表现。他脸上明显带着不满的表情，用力地挪动椅子，嘴里还嘟嘟囔囔，引起了大家的注意。

我停下来，问他："小鲍，你怎么了？嘴里嘟嘟囔囔说什么呢？"而他丝毫没有觉得自己不该随便在下面议论，反而梗着脖子非常生气地说："凭什么不让我们打篮球？"他的话音未落，同学们间开始一阵骚动。有的小声议论，有的觉得好笑，忍不住笑出声来。

我重申了冯校长的要求："刚才说得很清楚了。不是不让你们打篮球，是课间十分钟时，我们教室在三楼，不能下楼剧烈活动，以免影响大家下节课的学习。"

他听了，挑衅地反问："那我不影响下节课的学习，是不是就可以下楼打篮球了？"

* 北京第二实验小学六年级语文教研组赵艳春，北京师范大学文学院教育硕士，一级教师，学校骨干；所撰写的论文、案例等多次获得国家级、市级、区级奖项。

"不可以。我们要遵守学校的纪律，纪律面前人人平等，不能有人搞特殊。"我平静地回答。

"凭什么？凭什么？凭什么课间不能打篮球！我有权利！你别装傻！……"他一点都听不进去，激动的情绪似乎要带动其他同学，想得到支持。

此时此刻，看着愤怒的小鲍和窃窃私语的同学们。我在心里对自己说："一定要冷静！六年级的孩子都大了，有是非观念，大家都在看着，老师会怎么化解这场矛盾。绝不能硬碰硬，否则小鲍不会服气，其他同学也会受到不良影响。要以情动人，以理服人。"

想到这，我把这个话题先抛给大家，请同学们谈谈自己的看法。其实这样做是有些冒险的，喜欢打篮球的同学不少，如果大家都向着小鲍，可能会不好收场。但是，我还是相信几年来对大家的教育，学生们还是有是非观念的，当个人利益与集体利益发生冲突时，大多数学生还是会选择服从集体利益的。所以我决定先由同学们就课间不能下楼打篮球这件事，就小鲍处理问题的方式方法，发表自己的见解。

有的同学说："虽然我们很喜欢打篮球，但是学校的要求是为了我们的学习好，还是应该服从，中午再打也可以呀！"

有的同学说："我觉得你有意见可以提，但是这样的态度太不好了！赵老师教我们三年了，为我们大家付出了多少，我们都看得最清楚了，你怎么能这样不尊敬老师呢？"

底下议论的声音也渐渐大了起来，甚至有的同学直接对着小鲍喊："别和老师和学校作对，没好结果的！我就尝试过，我就是个例子，看看吧！"这话音引起了大家的哄笑。

大家议论了一阵，我看到小鲍脸上的表情不自然起来，我想：他本以为大家会站在他一边，没想到是这样的结果！但是事情到了这，他心里还一定没转过这个弯子，此时我要发挥作用了。

我在静静地听了一阵后，请大家安静下来。我问同学们："你们想听听老师的想法吗？我愿意平等地和大家交流。"同学们静了下来，眼睛都看着我。

我开始用平静的语气轻轻地讲了起来："孩子们，当我看到小鲍今天的举动之后，我的第一个反应，可以用一个词来形容，就是——'意外'。因为在我心目中，小鲍一直是一个非常出色的男孩子。热爱集体，学习优秀。大家都记得，四年级时，在北京召开中非论坛，来我校选鲜花少年，赵老师就大力推荐小鲍参加，最后他不负众望，成功地完成了任务。这学期，学校为百年校庆征集学生作文，小鲍上交的就是以这次鲜花经历为题材的一篇文章。在各班名额有限的情况下，赵老师还是决定上交他这篇文章。为什么？因为老师对他非常信任、了解，知道他是一个品学兼优的好学生。这是小鲍一直以来给老师留下的印象。今天过激的言行出现在他的身上，我感到有些意外。这是我要说的第一个词'意外'。"

说到这，我停顿了一下，我看到大家全都安静下来，目光集中在我这里，听得很认真。小鲍也似乎平静下来，脸上露出些许愧疚的神情。

"我要讲的第二个词，就是——'理解'。"看到有些疑惑的目光，我没有停下来，继续讲下去，"临近毕业，同学们面临着许多压力，升学的压力很大，课余时间，要到处找重点学校，各处赶考，又要准备毕业考试，非常辛苦。老师理解你们，也心疼你们，这种压力，总要释放出来，憋着对自己身体不好。所以小鲍你今天的表现，虽然大家很不满意，但是，赵老师可以理解，我不怪你。我相信你从内心里还是尊敬赵老师的，对吗？"小鲍没有回答，但满脸通红，低头不语。其他同学也都点头表示赞同。看着他们，我心想：是啊，孩子们的压力太大了，毕竟还是十几岁的孩子呀！老师的理解能化解他心中的愤怒和不满，但还不是最有效的方法，重要的是教会他们自我调节。

"最后，我要送给小鲍，也送给大家一个词——'调节'。什么意思呢？我们每个人从小到大，会经历许多事，有成功，也有失败，会经受许多压力，考试压力，升学压力，就业压力，人际交往压力，竞争压力，等等。面对许多自己控制不了的事情，面对压力甚至不公的待遇，要学会调适自己的心理状态，学会适应这个社会，适者生存。大家此时都面临着升学的压力，要学会正确地释放这种压力，课余时间，听听歌，聊聊天，看看书，适当运动，既强身健体，又缓解压力。过于激烈的运动，会使身体更加疲劳，压力得不到释放。谁调试得好，谁就能顺利度过这段日子，迎来胜利。"

话说到这，我环顾大家，看着孩子们的眼睛，我感到我的话起作用了，孩子们望着我，眼神宁静而清澈。班里一片寂静。我把目光投向小鲍，此时，他的头埋得很深。"小鲍，我说完了，你还有什么想说的？你现在可以说。"大家都转过头，望着他。

突然，小鲍猛地站了起来，大声地说："我现在只想说三个字：'对不起'！"几秒钟后，班里一下子爆发出雷鸣般的掌声，大家微笑着看着小鲍，用力地鼓着掌。有男生喊道："小鲍，这才是纯爷们呢！"大家善意地哄笑起来。掌声夹杂着笑声，班里的气氛暖融融的。

看到这样的情景，我也很感动。"孩子们，今天的这节课，相信大家都很有收获。我们学会了面对问题，如何以平和的心态正确处理；知道了面对压力，要适度进行心理调节，化解压力；也感受到了我们师生之间深厚情谊的力量。赵老师会一直和大家站在一起，帮助你们度过这段艰难的日子，相信每一个同学都会升入自己理想的中学，开始崭新的生活。"

掌声响起，经久不息。刚才一触即发的矛盾以这样的方式结束，我感受到了情感的力量，内心感到是那样的欣慰、平静和幸福！

祝贺你长大了

那　敏*

小红是个活泼开朗的四年级的小姑娘，平时都会早早到学校和同学们一起早读。那天早上，她来得很晚，一进班我就感觉到她的神色有些许的不自然。两节课过后，她跑到我身边小声跟我说："老师，我要回家，我有个重要东西忘了带，我一定要回家取一下。"虽然她家离学校非常近，但学校是不允许学生在上课期间独自回家的。我拒绝了她的请求，同时我对她说："你有什么重要的东西需要拿？也许我能帮你找一找。"她犹豫了几秒钟，马上凑到我耳边用更小的声音说："老师，我来月经了，我忘了带卫生巾，一会儿裤子会湿的。"说完赶紧低下了头。听了她的话我有点惊讶，小红刚上四年级就来月经了，看来她属于发育比较早的了，但是这个阶段女孩子的这种性发育也不罕见。于是我也悄悄跟她耳语："我有，我马上去拿来给你，好吗？"我们在洗手间悄悄交接了这样"重要的东西"，随后她又悄悄告诉我千万别让她妈妈知道我已经知道这件事情了。看来小红的妈妈对于孩子这么早就来月经也还没有完全接纳。数学课的铃响了，几个女同学找到我，着急地跟我说："小红躲在厕所里不出来了，因为小强跟大家说她来月经了，她说很丢人，正躲在厕所里呢！"小强是个小男孩，他怎么知道这些的？不禁令人惊讶。更重要的是他的做法已经让小红陷入了困境。这个复杂的局面一定

* 北京第二实验小学六年级语文教研组那敏，一级教师，学校骨干；一直参加西城区心理教研及国家课题的教研活动；所撰写的论文、案例等曾获得多项国家级、市级、区级奖项。

要妥善地解决。

我赶紧来到洗手间，先请别的同学都回去上课，再试着叫小红出来，没想到她居然不肯出来，我只好说："你不想出来，那就待一会儿，我就在这儿等你。"这句话换来的是沉默。就在这沉默且略显尴尬的几分钟里，我脑子里迅速分析了一下造成这个局面的原因。

从小红的角度而言，第一次来月经怎么办？相信每个女性在第一次来月经时都会不知所措。对于平白无故的下身出血不仅害怕，而且也觉得尴尬。出于害羞的心理，都是能不说则不说。相信这个年龄的小红还不能完全了解来月经到底是怎么回事，但是身边的女孩子似乎都没有她这种情况的，当她意识到自己和别人不太一样的时候，那种莫名的紧张一定会或多或少地影响她的生活，当然也包括她在学校的表现。从她早上故意晚来，以及那种紧张、躲避的眼神中就更能验证她的这种不安了。加上一个男孩子当着别的同学揭穿了她的秘密，仿佛一个火把一下子点燃了她的害羞、胆怯、焦虑，以至于她宁可躲在厕所里不出来见人。此时的她绝对需要一个及时的心理疏导。

从妈妈的角度来说，妈妈很明白月经初潮后，少女就成为了"女人"，这是女性进入青春期的标志。但是自己的女儿才四年级就有了初潮，这对于一个妈妈来说应该也不是那么容易面对的事情。从小红的话中我能感受到，她妈妈很介意让别人知道这件事情，由此更能看出小红的妈妈对于女儿的性发育还不能理智地面对。而妈妈的这种紧张感一定也会作用在小红身上。

从小强的角度来说，他大声地去说出了别人的秘密，引得小红如此害羞，当时在场听到的同学都会认为他太坏了，不顾及别人的感受。但小强平时是个内向的孩子，爱看书，知识丰富，心地善良，从不多管闲事儿。他的这个做法也许不是恶意的，可能需要从交往的角度来给予他一定的关注。

一番思量后，我就轻声地对他说："小红，女孩子来月经小肚子会有寒气的，咱们去办公室先喝一杯热水，否则你待会肚子有可能会不舒服的。"听了我的话她小声地说："是吗？可是他们都知道我来月经了，会笑话我的。"我说："怎么会呢？现在老师们都去吃饭了，办公室里只有咱们两个，你放心吧。"小红悄悄打开了门，我们一起回了办公室。看着她喝了一点热水，我问她："喝了点儿热水是不是挺舒服的？"她连连点头。接着我跟她讲："今天我听说你来月经了，我非常替你高兴，每个女孩子到了青春期都会来月经。这说明你的身体逐渐成熟了，你已经是个大姑娘了，这真是一件值得庆祝的事情。也许你第一次来月经还有点不好意思对吗？其实老师小时候第一次来的时候也这样，适应了就好了。过不久你也许会发现你身边的很多女同学都会陆续来月经的。这是像长个子一样正常的事情。"听了我的话她眼前一亮，用疑惑的眼神看着我，我还给她一个更为肯定的眼神。随后我嘱咐她月经期间要保证睡眠，可能会感觉到疲劳乏力，这些都是正常的现象。听了我的一番话，小红显然放松了许多。我和她像朋友说私房话一样，在办公室里待了一会儿。下课了，看着她离开办公室时轻松的背影，我由衷地为她感到高兴。

中午吃饭前，我找到小强。他像做了什么亏心事一样，很紧张地凑到我跟前。我拍着他的小肩膀，乐呵呵地对他说："你怎么知道女孩子会来月经的？"他说："我是从书上看到的。"我接着问："你怎么知道小红来月经了呢？"他说："今天我看见她和她的几个好朋友在洗手间门口小声说话，她好像手里还攥着一个白色的东西。我很好奇。我当时猜她是来月经了，我看那几个女生居然不知道，我就告诉他们了。我也没想到小红一下子跑到厕所里不出来了。"不出我所料，这孩子真是从书里知道的，看来是想向身边同学炫耀一下他懂得多，反而弄巧成拙了。我笑了笑对他说："你的确是知丰富啊。来月经证明女孩子长大了，不是一件坏事情，而且你们男孩子也会在这个阶段陆续出现身体的小小变化。虽然和女孩子不一样，但都证明你们长大了。不过，女孩子第一次来都会有点害羞，你那么大声跟人家说出她认为害羞的事情，你觉得她心里会是怎样的感受呢？"他好像恍然大悟一般，说："知道了，那我不跟别人说了，我跟她说对不起。"我连连夸他懂事。我还告诉他，女孩子这个时候都会很辛苦的，她们特别需要得到身边家人和朋友的帮助，这样她们心理上就会好受一些。所以我建议他中午吃饭时，可以帮小红端一碗汤。中午吃饭时，小强果然悄悄地给小红端了一碗汤，小红冲他笑了笑，小强反而一伸舌头，俨然一副不好意思的样子。相信小红一定能从他的行动中感受到他的歉意。同时，心态稍微放松了一些的小红，此时得到同学的帮助应该也是一种小小的欣慰，相信这也是一种成长的力量吧。

放学前，我给小红的妈妈打了电话。建议家长放松心态，以快乐、祝福的心态去面对孩子的身体发育。同时，也希望妈妈能将自己的经验告诉孩子，这样也可以拉近和孩子的距离。最重要的是能缓解孩子的紧张感。

当天晚上，小红妈妈给我打来电话，说已经跟孩子做了沟通，她妈妈也从和孩子沟通的过程中领悟到，作为家长应该在孩子发育过程中，正视孩子的身体变化，更要关注孩子在成长中的情绪变化。第二天，小红进班时状态好多了。明显比前一天要快乐得多。

这个故事是在比较突然的情况下发生的。可以想象，一个十岁的小姑娘对自己的正常的生理现象因为不了解而产生的那种焦虑会感到多么困扰。通过一步步的处理，我能感觉到小红对这份困扰的释怀。但是凭着教育的敏感，我觉得这件事情还可以再延续一下。我想：今后班里会有更多的女孩子陆续出现来月经的情况，再加上因为小强的不小心，很多女孩子都知道了此事。这件事在女孩子心中肯定会产生一定的影响。也许就会有人像小红一样感到担忧、紧张、害怕。我决定给女生开个小型会议。我在大课间把女生召集在一起，告诉她们什么叫月经。没想到个别女孩子竟然早就知道了。看来孩子们比我们想象的要知道得多呀。当然也有一部分女孩子并不了解。在此基础上，我告诉她们：如果第一次来月经了不要紧张，要及时告知自己的妈妈，因为妈妈们经验丰富，知道来月经了要注意保暖等关于月经的基本知识。最重要的是，来月经对于女孩子来说是值得祝贺、值得高兴的事情，不必害羞、紧张，因为这是成长的标志。孩子们听了都很兴奋。相信有了这番心理准备之后，她们来月经时，应该会比小红更从容。

现在回忆起这件事，我不禁沉思：对于老师来说，要对学生发生的问题有一定的敏感性，在捕捉到事件的时候，要有一定的分析和判断。有了准确的判断之后，才可能有相应的策略，才能更好地处理孩子的问题。就此案例来说，如果仅把小红不上课看成是纪律问题，把小强的行为看成是单纯的欺负同学，那么处理之后的效果肯定就容易片面。

孩子随着年龄的增加心理问题会越来越多。尤其在青春期内，孩子们的生理发育引发出的心理问题更需要及时的疏导。而孩子们出于对自己的不重视、没时间等原因往往会搁置这些问题，老师或者家长不知道的情况下，这些心理上的小问题就有可能集聚成大烦恼。作为老师应该多积累相应的心理知识，多开通相关的渠道，更有的放矢地帮助孩子解决这些烦恼。

老师处理某些孩子的某个事件时，不但要给当事者做好辅导，还应该有更高一点的站位。比如，对事件本身进行处理之后，还要思考一下可否以此作为一个支点，对更多同学做一些预防性的辅导。这样就可以以点带面，让更多的学生受益。

"老师，你不是人"背后的含义[†]

张　娜[*]

　　9月1日，我迎来了一届新生。接下来的日子，与众不同的他便进入了我的视线，从此，"北北"这名字也成了我每日话语中出现频率最多的词语。他是一个活泼好动的男孩，思想单纯，非常喜欢表达自己的想法，对事物充满了无限的遐想。但自理能力极弱，在集体生活中不会与人交往。说出的话都伤害到了别人，自己还很漠然。就是这一点，让我成为了北北典型事例的代言人。

　　课上，外语老师想让孩子们展示新学的歌曲，给我个惊喜。离下课还有两分钟，我习惯性地向教室走去，正巧在门口听到了他们的对话。我便在外面等候，心里有所准备。铃响了，我悄悄推门走进教室。刚一进门，孩子们很兴奋，个个瞪着眼睛，相互微笑。其实我知道他们要干什么，但故意装着一副全然不知的样子站在前面。此时，我下意识地用眼看向北北，想从他的状态中了解一下这节课他的表现。顿时，我们目光交织在一起，只见他眼睛里放着光，正用手指着我，大声喊："张老师，你不是人！"说完，他高兴得拍手、跺脚，哈哈大笑。全班听了，都傻了。他却没有察觉这瞬间的变化。我一听，先是一愣，想想这话出自北北之口，再看他那兴奋的状态，肯定不是字面意思，莫非他觉得我不是人，是神？我没有生气反而笑了，北北见我笑了，他笑得更开心了。

　　为了打开僵局，我依旧保持微笑。我对大家说："北北说张老师不是人，是……"我看向北北："神！"见他正中下怀，我接着说："他一定觉得张老师特神奇，怎么刚想给我惊喜，我就出现了。"北北听了连连点头，手舞足蹈，嘴里还说着："对了，太神了！"我故作神秘地说："我就是有这么大的本事，不管你们在不在我眼前，我都知道你们在做什么，想做什么。现在你们是不是要给我唱歌啊！"大家听了都笑了，面面相觑，还不约而同把目光投向北北。从他们天真的笑脸中，我知道他们相信我是如此神奇；从他们懵懂的眼神中，我知道他们觉得北北没有伤害我，这原本刺耳的话好像变得有夸奖的味道了。我告诉大家："下次可不要这样夸

---

†　本文获得北京市西城区教育学会2014年案例二等奖、北京市第四届"智慧教师"教育教学研究成果三等奖、"2015年西城区特殊教育征文"二等奖，曾在《光明日报》刊登。

*　北京第二实验小学三年级语文教研组张娜，一级教师，学校骨干教师。

我了。"此时，我笑得更开了，笑中除了有我这次小胜的喜悦，还有对我懂他的肯定。在歌声中，我们结束了这次突发事件。

为了教会北北正确地与人交往，学会尊重、学会表达。事后，我们进行了单独沟通。我询问他说这句话的原因。他回答："外语老师刚说到您，您就进来了。这太神了！"我告诉他："即便这样，也不能这样表达啊！"你不是人"是一句不文明的语言，会让人产生不舒服的感受，我也如此。老师了解你，知道这不是你的本意，所以我包容了你。如果你这样说同学，别人就不愿意和你做朋友了。"他摆着手说："对不起。以后我不这么说了。""对呀，己所不欲勿施于人！表达时要换位思考、言情一致，要学会控制自己，尤其是在上课。兴奋时，用力攥攥拳。既表达了自己的情感，也顾及了他人的听讲，一举两得。同时，有的想法可以藏在心里，有时神秘一点会更吸引人。今天老师维护了你在同学心中的形象，这是老师对你的爱，你知道怎样正确表达对他人的爱吗？"北北说了很多：尊重别人，不说不文明的语言，按老师的要求做……我点点头，为这个 6 岁的孩子能正视自己的缺点感到欣慰。我指出让他先从说话顾及他人感受做起，这样的爱，老师、同学、家人都能感受到它的伟大。最终我们拉钩达成一致。

这次突发事件，我凭着自己的主观判断，让自己和北北下了台，看似成功。但静下心来再次体会"你不是人"这句话的含义，又有了重新的思考。

1）从字面来看：这句话本是贬义，但在这特定的情境中，"人"只是凡人，并非是有着"悟空""如来"般法力的神——老师。

2）从情感来看：这句话表达了一个6岁孩子对老师的崇拜，是他积极情绪的表达。

3）从背后来看：这句话延伸出这个孩子不会合理地表达，存在与人交往的问题，此方面的家庭教育有缺失。

李烈校长提出要走进孩子。如果再出现这样的事件，我会当时与北北沟通这句话的意思，避免主观判断的错误。事后，请他采访周围的同学、家人听到这句话的感受，再询问同学、家人，应该怎样正确地表达。让北北真正从情感上产生共鸣，学会言情一致的表达方法，掌握交往技能。从中指导北北的家人也意识到学会教育的技巧，家校合一，从而达到教育效应的最大化。

确定特需生不是真正的目的，改变他们，让他们能健康地发展是每一位教育者的共同愿望。我们要像传授学习方法一样，教给他们表达情绪和感受的方式、与人交往的方法；要像培养学习能力一样，指导他们的交往行为，训练他们做事的程序。凡事预则立，如果这些特需生能在我们的教育下，行为前了解到"后果"，那么这就是他们自律的开始，也是我们的欣慰之处。

让宽容、理解长驻学生心间

张 彦*

　　下午放学排队时，我亲眼看见小予的手套掉到地上后小哲使劲地踩，一脸"终于解气了"的样子。我及时制止了小哲的行为，并且对他进行了批评。可他却理直气壮地说："他骂我！""他骂你是他不对，那你就应该踩他的手套吗？""反正他不能骂我。"小哲还在矫情。听了小哲的话我不禁皱起了眉头，现在的男孩儿都怎么了？一点点小事就斤斤计较，做不到大气、宽容，不会与同学相处。

　　看到此情此景，我把小哲叫到跟前，经过再三询问我了解到：小予和小哲两个人都是班里的"小小饲养员"，他们负责饲养金鱼和小乌龟。但是在饲养乌龟的过程中两个人的意见不统一，一个主张少放水，因为卖乌龟的人说了，水多活不了；一个主张多放水，因为网上说了，乌龟就怕水少。两个人各执己见，谁也不让步。最后闹得都不愉快，小哲"罢工"了，说自己不再当"小小饲养员"，小予逢人便说小哲根本不会养乌龟。当小哲得知小予在他背后说他坏话时气得踩了小予的手套。

　　其实真的是一件小事，但是两个孩子却互相较上了劲，谁都不够宽容、谁也不够大气。我决定找两个孩子好好谈一谈，希望在解决这件事的过程中让孩子有更多转变、更多收获。

　　我先找来小予，夸当小哲踩他的手套时他没有还手，特别大气，他听了很高兴。接着，我问他是否知道小哲为什么踩自己的手套？他听了以后难为情地低下了头，说："我在他背后说他坏话了。"我说："听说前几天你们两人养小乌龟时意见不统一？你看，你们两个人都是热心的孩子，都希望乌龟住在一个舒适的环境里，可是当意见不统一时，你们不但没有想办法解决，还互相指责，这可是好事变坏事了呀！这样做你们快乐吗？"小予听了没有吭声。我继续说道："如果现在对调一下，是小哲在别人面前说你，你高兴吗？""不高兴。"小予小声回答道。"对呀！己所不欲勿施于人，那你也不应该这样说他，对吗？"小予惭愧地低下了头，

---

* 北京第二实验小学三年级语文教师张彦，小学一级教师、校级骨干教师、校级优秀班主任。

他小声说道："我去和他道歉。"

接着，该找小哲解决问题了。小哲这个孩子自尊心强，特别在意他人对自己的评价，但是做事比较冲动、固执。我抓住这一特点对他说："你知道刚才有同学和我说什么吗？""说什么了？""说你怎么平白无故欺负小予啊！""不是！是他先说我坏话的！刚才他还因为这件事和我道歉呢！不信您可以问他。""你看，其实这件事最开始是挺好解决的，但是不但没解决，还让别的同学误会你了，让大家以为你是一个欺负人的孩子呢，多冤枉啊！"小哲听了我的话后皱着眉头，觉得自己特别委屈。这时，我接着说道："以后再遇到问题一定要冷静，得想办法解决，而不是意气用事。作为男子汉应该心胸宽广，不能因为一点小事就和同学发生矛盾，大家都喜欢大气的孩子。"听了我的话，小哲认识到自己的行为不对，主动向小予道了歉。

两个学生之间的心结虽然已经解开了，但是还需要让他们学会处理同伴之间出现的观点不统一、意见不一致的问题，我决定拿"小小饲养员"一事做文章。

我把他们两个都找来，询问了乌龟的饲养情况，当他们说到意见不统一的时候我给出了一些建议：好好想一想，可以通过哪些方法来证实这种乌龟到底适合什么样的生存环境，两个饲养员怎样才能把小乌龟养好。第二天两个孩子各自告诉我一些方法，如：查阅相关书籍、询问科学老师、去花鸟鱼虫市场问一问、按照两人说的方法一对一天地试着养一养……听了他们的方法我高兴地笑了，看来孩子们已经找到了解决的方法，他们知道要把饲养乌龟当成一个研究、实验的过程，真好！

后来，小予和小哲通过多种途径了解了不同乌龟的喜好，他们还经常得意地给其他同学们讲解他们所了解的知识。在饲养过程中两人经常互相商量着照料的方法，当然也有意见不统一的时候，有时甚至会请我帮忙裁定。但我惊喜地发现，他们再也没有过争吵和不愉快，而且在此过程中懂得了宽容、理解和协商，看着他们快乐的模样、合作的身影我由衷地为他们高兴。与此同时，他们两人在其他方面的处事态度也开始有了一些变化，能够尝试去理解别人、包容别人，遇到问题时能够冷静地去思考、处理了。

当前学生大都是独生子女，他们不会与人相处，与同伴交往时斤斤计较，不能听取他人意见、不愿吃亏，独、专、横。作为教师，在处理此类问题时，要摸准学生的"脉"，抓住他们"在意"的事情做文章，并且让他们拥有同理心，学会换位思考，学会理解别人、包容别人，做一个阳光、大气的人。

倾听心声，我读懂他

苏　岳[*]

　　期末，我临时随班外出参观，下意识抓起了最后面一个孩子的手，没想到他在我抓住手的一瞬间，用力甩开了我。我立刻再去坚定地抓他的手，他没能挣脱，不情愿地和我拉着手往前走。一路上我主动和他搭讪，但他一言不发，甚至都没正眼看我一次。

　　后来，我接任了这个班的班主任和孩子们渐渐熟识，唯有他像一个坚不可摧的碉堡，透不进一点空气。几乎每位任课老师都反映他上课不听讲，作业完不成。

　　小白是个特别敏感、胆小的孩子。上课经常会在桌子上写写画画，或是揉搓一些坏了的文具。老师提醒时，他的第一个表情是惊恐，然后双手会攥在一起用力地搓。每天我都会有意识地拽着他说话，可他从不正视我，几乎一言不发。一天，我向他询问家里的情况，他突然盯着我说了很长的一句话："苏老师，我告诉您一个秘密。我们家有一个陌生人，他就住在阁楼里。"这是我第一次与他的目光交汇，听了他莫名其妙的话，我觉得这话里一定有玄机。

　　寻了一次机会，我把奶奶请进了学校。奶奶听到他在学校很有进步，哭着讲述起家里的情况。小白的爸爸从小是在单亲家庭长大，对家庭感情比较淡漠，很少与小白谈笑，更不习惯用肢体接触安抚孩子。小白父母离异后，妈妈寒暑假才会接孩子相处几天。至于孩子口中的"陌生人"，奶奶也想不明白。我怕老人情绪太激动，便相约等老人身体好些再去家中拜访。

　　有了那一次的目光交汇，我想只要给他足够的尊重和鼓励，一定会有第二次、第三次，会有更多次。张文质先生在《慢教育》一书中说："教育是一个慢活、细活，是生命潜移默化的过程，所谓润物细无声。"

　　之后无论去哪，我都手拉手地带上他，他的小手从僵硬一点一点地变得柔软。我向任课老师们介绍了他的学习和生活困难，争得老师们的谅解，特别告诉每位老

＊　北京第二实验小学长安校区三年级教研组苏岳，小学一级教师，班主任工作骨干教师；多次获得北京市星星火炬奖章，曾获得北京市西城区我心中好老师、北京市西城区班主任基本功大赛一等奖、北京市西城区优秀班主任、北京市班主任基本功大赛二等奖。

师他最需要鼓励和夸奖，请老师们协助帮他塑造自信与自尊。我在班级里表扬他的进步，改变同学们对他的偏见，让一个他信任的温婉的小姑娘做他的学习伙伴。

又过了一周多的时间，一大早他就往我手里塞了一张他画的地图，并在一旁补充道："看着它就能到我家！"我明白了，他听到了我和奶奶的约定，他期盼我能去他家。不管他是否准备好，我一下子把他抱在怀里。他瘦瘦的小身子有些紧张，但这次他没有挣脱。

那天我如约走进他的家门，奶奶向我说起小白这学期的进步，最突出的变化就是进家就主动写作业，让大人省了好多心。小白爬上了简陋的小阁楼，抱着一只玩具小熊猫坐在楼梯上。这个画面让我感到有些不太对劲。这时一直坐得远远的小白爸爸声音低沉地说："我和他妈妈离婚了！"我赶紧借故支走了孩子。"她对小白挺好，该管就管，老给买东西。也挺忙的，今天她中班不在家。"听得出奶奶对新儿媳十分满意。后来的谈话中，小白一直抱着那只熊猫，临要离开时，我凑在他耳边问："能让我见见那个陌生人吗？"他指着熊猫说："这是上次去动物园爸爸妈妈给我买的。"最疼爱孙子的奶奶一下子明白了，"苏老师，原先他们三口很少一起出去玩，就那一次，那只熊猫他去哪都抱着。"听了奶奶的话，我和小白目光交汇的瞬间眼睛湿润了，我怕眼泪会流出来迅速把目光移开了。这次的家访太有意义了，它让我寻到了这孩子的伤心处。

他爸爸经常出差，我就把电话硬塞到小白手里，一句一句教他向爸爸问好。几次之后，我拜托小白的阿姨让小白在家里和爸爸通电话。通情达理的奶奶答应和我一起做小白妈妈、爸爸的工作，让母子有机会多见面。新年的主题家长会上，我特意把小白爸爸约来，让他说说小白的变化。他虽一如既往地严肃，但说到小白的进步时，我捕捉到了他那浅浅微笑背后的舒展。

渐渐地，我们听到了越来越多对小白的夸奖，小白上课听讲的状况大有改进，还会主动申请做精彩两分钟呢！同学们也越来越多地看到小白的变化，他不再是平日里影响集体、追跑伤人的坏小子。他自己准备了一个荣誉本，一个学期下来，里面花花绿绿贴得满满的，这是他最珍爱的本子。我们俩之间的目光交汇也越来越默契，只要一个眼神我就会迅速成为他最坚实的依靠和最有力的支持者。

陶老说过："真教育是心心相印的活动。唯独从心里发出来，才能打到心灵的深处。"遇上你是我们的缘。孩子，为了那四目相对瞬间流淌的信任，我希望陪你一起品尝"爱"中丰富的"味道"。

"只能赢，不能输"
——走进小强的心理世界

赵　敏*

小强的哭诉

　　"赵老师，小强上兴趣班时哭，老师让我带他找您。"孩子们上兴趣班的时候，我正在办公室批改作业，一位小姑娘带着小强走了进来。"好，谢谢你！你回去上课吧。"送走了小姑娘，我请小强坐在了我的身边。"和老师说说，为什么哭？"看着面前的小强，我脑海里浮现出之前的一幕幕画面，有一次上课间操时，他哭了，说有点想妈妈；有一次，上课他举手好几次，有一次没有请他发言，他很不高兴地拍拍桌子，眼中含着泪花。之前的每一次，我都要抚慰他那有点脆弱的心灵。这一次，到底又是为何？

　　"每次下棋都输，天天输，我不想再学了。"小强哭着说。我明白了，今天是国际象棋兴趣班。"小强，首先老师要说，不是每天输，一周一次课，也就上了四五次课，哪有每天输的道理。老师问问你，你和谁一起下棋，你觉得他为什么会赢？""他学过，他懂得多，所以我下不过他。""是这样啊。那你肯定挺难受的。你先平静一下，老师接着和你聊聊。"我给小强拿来了纸巾，等他哭得差不多了，我接着说，"小强，我们下棋是为了学到新的技能，目的不是为了和别人比。如果你觉得对手太厉害了，老下不过，可以跟老师说说，看能不能换一个和你水平差不多的对手。因为，对于他来说，跟你下也学不到什么。如果，换不了对手了，你就每次好好学，输了不能再哭了，对手厉害的话，你的水平提高得还更快呢。你觉得行不行？""你爸爸妈妈、姥姥姥爷会下国际象棋吗？""不会。""赵老师跟你出个好主意，你回家可以和爸爸妈妈、爷爷奶奶下棋，如果他们不会，你既可以赢他们，又可以教会他们，你觉得怎么样。""行。"听了我的话，小强的情绪稍微平静下来了。

---

*　北京第二实验小学一年级语文教研组赵敏，中学一级，在北京市中职教师教学能力竞赛中获二等奖，曾两次被评为北京市西城区优秀教师，多次在北京市中小学论文评比中获奖。

"小强，平时在家时，周末和其他小朋友玩游戏时，你也是每一次都要赢吗？"
"是的，我一定要赢，赢了我就高兴，输了我就难受。""那你难受时心里想什么呢？"
"我想用手打别人，用东西砸别人。""那你打了没有？""没有，我不敢，我就是
握紧拳头。""老师知道了，你输了的时候，比不过别人的时候，你心里很难过，
有打别人的想法，但是你又不敢这么去做，对吧？""是的。""小强，老师要告诉
你，千万不能去打别人。老师问你，还有什么时候，你会想打别人？""当小朋友
说了我特别不爱听的话时，我也想打别人。""好的，小强，我听出来了，你特别
要强。可是，我们不可能事事都做得最好。将来你长大了，也许长得没有别人帅，
学历没有别人高，工作没有别人好。你怎么办？""我不高兴，我想拿东西摔他。"
"小强，老师不希望你有这样的想法，老师希望你要对自己满意，整天高高兴兴的。
那你告诉老师，什么时候你最高兴？""我弹琴弹得好的时候。""你怎么知道你弹
得好？""妈妈表扬我，奖励我，说我弹得好，我就特别高兴。""爸爸呢，爸爸表
扬你的时候多不多？""爸爸很厉害，会吼我，打我手心。""那你心里有什么想法？"
"我想过离家出走。""你把想说的都告诉老师了吗？""嗯。""小强，老师感觉到
你现在很难过。不过，老师希望你对爸爸的想法都是气话，爸爸妈妈都是那么的
爱我们，他们的方式可能严厉了一些，可是他们是世界上最爱我们的人，对吧？"
"嗯。"小强点了点头。

　　谈话到这里，我感受到小强内心的巨大的难受，这种难受是日积月累的堆积。
我从孩子的点滴谈话中，感受到他的家庭教育的问题。爸爸有可能过于严厉，对
孩子的要求和期望较高。有可能在家里，孩子总会听到类似的谁与谁比较的话语。
孩子关注的是经过比较之后的输赢，弹琴时来自家人的肯定，而没有真正意义上
自己内心的快乐感受，独处完善自我的感受，总是处于一种和别人的对比之中，
这样的孩子长大之后该怎么办呢？

　　"小强，谢谢你能告诉老师这么多，说明你信任老师。而且，老师能够感受到
你渴望和别人沟通，渴望别人能够帮助你，对吧？老师希望你更加坚强，更加快
乐。"其实，在我的内心中，充满了担忧，怎样让这样的孩子快乐起来，我也是黔
驴技穷。但是，我必须告诉孩子怎样是正确的做法，并且尽可能去帮助他。

　　晚上下班后，我赶快打电话给小强的妈妈，约定她和小强爸爸下周安排时间
来校面谈。我要将孩子的感受告诉他们，让家长好好反思一下，调整教养的方式，
一起来关注和帮助孩子。对于孩子来说，每一个成长阶段都是关键期，都是不可
逆的，我想帮助小强，让他变得阳光快乐起来。

约谈小强父母

第二周的周四晚上，小强的父母如约而至。我把小强之前的陈述讲给了他的父母。从他们的神色中，我观察到了一些忧虑和惆怅，他们基本肯定了小强说的都是事实，也表示了对于孩子教育方面的忧虑。

我说："是不是爸爸对孩子管得过于严厉了？还是对孩子的期望比较高？听孩子说，爸爸有的时候会吼孩子，也会打孩子的手掌心，是吗？"小强的爸爸说："是的。有这样的情况，一般是孩子特别不听话的时候会动手。对于孩子，我们是比较希望他能够优秀一些。""那您觉得是不是在管教孩子方面，缺少一些耐心呢？是不是凡事和孩子多讲讲道理，说清楚了会好一些。"小强的妈妈补充说，他们工作很忙，基本上由姥姥姥爷和爷爷奶奶来照顾小强，而老人都特别宠爱孩子，可以说是无原则地疼爱，所以孩子回到父母身边时，会很不适应父母较为严格的管教，在孩子心里，也会把父母的这种管教过于夸大化，所以就会产生父母不爱他，他想离家出走之类的过激的想法。

而对于小强总是通过与别人比较之后才能得到快乐的想法，我和他的爸爸妈妈也进行了沟通，他们承认了平时不经意之间会拿小强和别的孩子比，也没有意识到这样做会给孩子带来如此严重的困扰。

经过很长时间的谈话和分析之后，我和小强的父母达成了一致的看法。其一，要改变对孩子讲话的态度，变严厉的训诫为和风细雨的倾听和交谈；其二，改变与别的孩子做比较的教育方式，不要给孩子施加太大的压力，看到孩子本身的优势和进步，鼓励和肯定孩子；其三，回家之后也和老人进行沟通，在教育孩子的问题上，希望得到老人的理解和支持，让老人也改变一些错误的做法。

送走小强的父母之后，已然很晚了，可是我的心里变得轻松多了。父母是孩子最好的老师，希望和小强父母的交谈，可以为小强的家庭教育提供一些助力。

后来，我了解到小强妈妈和国际象棋班的老师取得了沟通，给小强更换了一个合适的对手，小强继续上着兴趣班。在课上我也继续观察小强，之前那种没有请他发言时气哼哼的样子少多了，他变得平和多了。课下我和他聊天，聊到爸爸对他的态度，他说爸爸不再那么严厉了，会更多地陪他聊天，给他讲故事，我从孩子脸上看到了丝丝轻松的笑意。我想，对于小强的关注我还要继续下去，希望他会变得越来越快乐……

在处理小强这件事情之后，我思考了很多：

1）要耐心地倾听孩子的心声。每一件事情的表象之后，一定还隐藏着内在的问题。如果，我仅仅是了解了小强哭泣的原因，简单地告诉他别哭了，催促他快回去上课，我就不可能了解到他内心里埋藏着这么多的想法。我耐心地倾听他的诉说，倾听他的声音，也许这一次我并不能帮助他解决问题，但是，他能够说出来自己的想法，他的内心就会平静一些。

2）孩子的世界真的并不简单。站着看孩子，孩子是那么小，似乎都是简简单单的。蹲下来看孩子，用平等的姿态和孩子对话，站在孩子的角度和他们沟通，看着他们的眼睛，他们的表情，会发现恬静或不安，会发现舒适或紧张，会发现专注或散神……在和孩子相处的每一天，如果我们都能够蹲下身来，专注地看着孩子，关注他们的内心，就会发现孩子的世界并不简单。我们要读懂他们的内心，才能引领和帮助孩子。

3）和家长及时沟通，合力教育孩子。孩子们来自于不同的家庭，每一个家庭的教养方式都会不同，有的是权威型的，有的是民主型的，有的是二者结合的。而上小学之前，家长陪伴孩子的状态也是不一样的，做得好的家长会陪伴孩子一起成长，有的家长也许因为工作繁忙，长期缺席，疏于陪伴。而依靠保姆或老人教养的孩子，很多方面存在着缺失。可以说，孩子是家长和家庭教育的一面镜子。因而，孩子在学校的表现可以说是家庭亲子关系的一个反映，只有与家长取得良好的沟通，携手同行，才能达到更好的教育效果。

4）孩子的成长是一个长期的过程。一粒种子要开出美丽的花朵，结出丰硕的果实，要经历漫长和复杂的过程。孩子们的成长更是每一秒每一分每一刻每一天的累积和变化。作为老师，要用欣赏的眼光发现每一个孩子的优点，要用包容的心胸对待每一个孩子的错误，要用百倍的耐心等待每一个孩子的成长。要相信，每一个孩子都是独一无二的，每一个孩子都是最可爱的。

让心境开出"花"来
——最美的爱，在于唤醒

徐东敏

每个学生的生命犹如一朵花，老师的责任在于百倍地呵护它、不断地滋润它、真诚地锤炼它。有幸成长在北京第二实验小学，这里是一片爱意浓浓的大花园，作为一名园丁，"爱"是使命。因为"爱"是神奇的，它能启迪学生的心灵，而最美的爱，在于唤醒。

今年新接一个班。新生入学第一天，队伍中一个白净净的、有些胖乎乎的、扎着个马尾辫、站姿挺拔的小姑娘吸引了我的目光：她的眼神中充满了聪慧，浑身散发出阳光，显得尤为出众。果然，入学来，杜同学受到了各科老师的瞩目。

杜同学喜爱上学，对学校的一切新鲜事物充满好奇，求知欲望强烈，充满活力；是老师的得力助手，有着与生俱来的协助老师做事的能力；特别是逻辑思维强于同龄的孩子，是课堂的主角，每次老师们上公开课，杜同学参与课堂的积极性和吸纳探索的状态及不失纯真的可爱，总能得到听课老师的夸赞。同学们更是喜欢亲近她，她也和大家相处得很融洽，属于"人见人爱"的孩子。

一个学期过去了，无意中，我发现在光环笼罩下的杜同学不知何时悄悄地变了：有时借助着自己的伶牙俐齿无理搅三分，时不时地会和小朋友们有矛盾，变得盛气凌人，而且猜忌。比如，班里的小朋友们在一起玩时，不小心踩了她一脚，她会认为人家是故意的，要踩回两脚以示报复。如果有哪个孩子在某方面超过了她或不顺着她，她就会生气，有时还会在同学间说那个孩子的坏话，好像是以此来发泄心中的不满。而且遇到一点小事就爱生气。

一次课间，我正低头阅试卷，突然听到一声刺耳的斥责声："干吗拿我的优盘？"我循声抬起头，看到杜同学一把夺回自己的优盘，两眼瞪圆怒视着同学。

"样子好凶呀，这个模样实在不美。"我放下试卷边说边走了过去。原来是同学路过桌旁，看到了这个精致的小优盘，拿起来看看罢了。

听了同学的解释，她有些不好意思。我借机告诉她：发怒的样子像个小魔头。另外，遇事不乱发脾气，要先问一问，如果猜忌他人、谴责他人，可是缺乏气量的表现，女孩子心胸狭窄是不受欢迎的。

虽然杜同学有那么多值得骄傲的地方，可她的问题不能视而不见。我每次都会给予善意的提醒或严肃的批评，杜同学呢，聪明伶俐，每次的态度也很好，虚心接受老师的帮助，对同学也是真诚道歉。

曾想找个机会和杜同学好好谈谈她交往上的问题。她处于老师家长的表扬及同学的羡慕之中。这无形中会使孩子产生妄自尊大的心理，认为自己无所不能，觉得自己无论在哪方面都会比其他同学做得更好，还有些气度不够。这些"瑕疵"是不容忽视的，如果不能正确审视，瑕疵会成为缺陷，甚至如洪水猛兽。

但以我的观察，她的"假小子"性格没有撼动她在同学中的号召力，也未影响到她身边伙伴的数量。因此谈话被暂且搁置起来。

一个周五的晚上，十一点过了，正要躺下，短信响起。打开短信的那一刻，心便随着长长的短信而失去了平静。

短信来自于杜同学的妈妈。

虽然只是粗略地浏览了短信内容，但文字透出的激动情绪已经跃然屏幕之上："徐老师，您能理解我此时的心情吗？听女儿说，她正站在操场看同学荡秋千，李××猛跑过来从后面一把推倒我女儿，我女儿的头重重地撞击在地面上，不等女儿起身，李××又一把揪住女儿的脖领，狠狠地说：'你给我起来！你给我起来！'女儿被吓坏了，然后李××一溜烟儿跑掉了。学校应该是个有爱的地方……"

睡意和倦意全无，取而代之的是"受惊"。

信中提的李同学是我们班公认的一个友善真诚还有些腼腆的男孩儿，而且家人很重视对孩子的教育，我们每周的"有序交往表格"反馈回来，都会带给我感动，爷爷给孙儿每一天的评价语言，都源自《弟子规》或《论语》中的经典名句，潜移默化渗透给孩子国学知识，让孩子以经典为友。和孩子的妈妈也有过交流，家庭很重视孩子情绪调控和良好情感的培养。难以置信孩子会有那样的所作所为？

会不会是杜同学言语失真？

我的思绪还是乱。但有一点坚定不移：兼听则明，偏听则暗。多年的班主任工作，让我深知其中的内涵，不能倾听一面之词，更不能主观臆断。否则对孩子，对家长都不公平，也会给自己的工作平添无尽的干扰。同时经验告诉我，电话中解决两个孩子之间的问题，无异于浪费时间，最有效的办法是两个孩子在一起面对面交流，才能有效解决问题。

我回复了家长，表示能感同身受妈妈此时的心情并致谢家长向我反映情况，周一我会调查清楚事情的来龙去脉，给家长交代。

周一上完语文课，我带着杜同学和李同学来到了一间清静的教室。谈话从我对杜同学后脑部的关心开始，随着我的问询，也随着两个孩子你一言我一语的交流，我根据两个孩子的描述进行拼接和梳理，不一会儿，"案件"就水落石出了。事情的原本与短信中的描述大相径庭。

兴趣班的课间，李同学经过秋千旁，恰巧看到秋千荡得高高的，他担心秋千对面的杜同学会被撞到，因为李同学在杜同学的后面，跑过去告诉杜同学来不及了，就赶忙从后面把杜同学往后拽了一把，杜同学摔倒了。看到杜同学摔倒后，就一手从后面托住杜同学的后背，一手从前面扶着杜同学的右臂，边扶起边说："快起来，快起来。"看到杜同学哭了，还按照平时老师交给的方法，问她疼不疼，准备带她去医务室找陈大夫。但杜同学和随后跑来的伙伴一起玩去了，李同学就也走开了。

至真至善不但没有得到感谢，反而遭到空穴来风的埋怨。

嫁祸于人的原因是：因为李同学把自己拽倒了，摔了一跤，让自己丢了形象和脸面，就很埋怨李同学，认定了是因为前几次游戏中李同学不听从自己的安排，李同学把自己当敌人在报复自己。李同学扶起自己的时候用的力气比较大，就感觉李同学肯定很不友好。所以编出那些无稽之谈给家长。

听到杜同学的心里话，作为班主任，我心里不是滋味。

问题的背后固然有生活大环境的影响，独生子女在无意识的宠爱中无形地养成了一种孤高傲慢的脾气；而且与同龄孩子接触机会很少，大多数时间与"物"相处，缺少彼此关心、互相往来的环境，一定程度地导致心理和交往的偏差。

但自己工作的"敏感度"依然不够。优秀并不等于心理的完全健康。心理上的问题容易被成绩优秀这件华丽外衣所掩盖。虽然关注过杜同学的问题，但没有引起自己足够的重视。因此产生的问题不是一朝一夕造成的，当然也不是一朝一夕就能改变。

再反思自己的教育方法。显然暴露出以前的说教太过于单一，苦口婆心地说劝没有带来多大的改观，严厉地批评也只能解一时之忧，隐患依然存在，没有得到根治。

苏霍姆林斯基说过："只有能激发学生自我教育的教育，才是真正的教育。"

是呀，要想收获"自我教育"回报，必须先触摸到学生的心灵。只有深入学生的心里，才能开启学生的心灵之门。

把两个孩子送走后，我陷入思忖。用一个什么样的方法帮助杜同学心中充满阳光，从而"痛改前非"呢？

曾读过的一篇文章跳进脑海。题目叫：心境如花。题目很美，内容也很富有哲理，写的是苏格拉底不受环境影响，总能发现生活中的美好这样一个的故事，很适合推荐给杜同学。

第二天，当我告诉杜同学要带她去认识一位了不起的大哲学家时，她兴奋极了，跟我一蹦一跳地来到办公室。在电脑前，我给她看了苏格拉底的图片，还给她介绍了这位大思想家有多么的了不起。杜同学有着很强的求知欲，满眼的好奇。继而，我把文章中苏格拉底的故事读给杜同学听，她听得津津有味。

故事读完了，我们俩交流感受，我试着引导她明白故事中的一个道理：决定快乐还是不快乐的主要不在于环境，而在于心境。心境好，在不好的环境中也能快乐面对；心境不好，在好的环境中也不能快乐。杜同学似懂非懂地点点头。正要请杜同学谈谈自己的感受时，她突然给我提出了个问题：

"徐老师，这个故事都是在讲这个了不起的人物找快乐的事情，那题目'心境如花'是什么意思呀？"

多么有价值的一个问题。聪明的孩子。

但我并没有直接回答她的问题，而是反问杜同学。

"是呀，每个人的心里都藏着一件神奇的宝贝，而且它会在不经意的时候，带给我们特殊的礼物。你不知道吗？"

杜同学的嘴巴和眼睛挣得大大的，"什么宝贝，我怎么从来没有听说过呢？"

我笑了笑："看来你不知道，那老师告诉你。"

我指了指杜同学胸前，故作神秘地说，"每个人的心中都有一朵花。叫做'爱之花'。这朵'爱之花'就是那个神奇的宝贝，有了这个宝贝，你就会得到惊喜和神奇的礼物呢……"

随着我的话音一落，杜同学的双手放在自己的胸前。高兴地说："老师，我的心里也有'爱之花'吗？"

"有！当然有！不过，特别遗憾，你的爱之花有些要凋零了，要想让你的'爱之花'怒放永远不枯萎。需要你每天去做三件事：赞美一个人，为他人做一件好事，主动说对不起。这三件事就如同花朵的阳光、空气和水一样珍贵，你的'爱之花'就不会凋零了。"

"啊？太神奇了！老师，我要做到这三件事，'爱之花'会送给我什么礼物呢？"杜同学快手舞足蹈起来。

"天机不可泄露，到时你会知道的。"

杜同学听了开心地笑了。

"不过，这可是我们俩之间的小秘密，不能告诉别人呦。拉钩为约吧。"

随着杜同学的笑声，我们拉钩为约了。

我特别给杜同学准备了个精致的小盒子，我请她把自己每一天的"阳光""空气"和"水"写成小条儿投放进去，以作为我对她的监督与帮助。同时详细给她讲解了如何才能成功做到这三件好事。比如，如何去换位思考；如何退让一步；如何接受同学的缺点；如何使用礼貌用语；如何悦纳控制自己不乱发脾气；等等。

杜同学全部欣然接受。

同时，我请妈妈在杜同学的"有序交往"表中，把自己个性的内容固定为了"交往"方面，每天引导孩子说一说，结交了朋友没有？记住他的生日了没有？给同学赞美了没有……

在愉快中，我看到杜同学一点一点地变化：早早到校，帮着小窗官开窗，帮同学拿餐具，黑板前行间里总有杜同学忙碌的身影，给生病同学打电话送去慰问，那是在为集体做好事；同学让自己不高兴时，学会克制自己的脾气了，也不斤斤计较了；同学流鼻血了，她第一个跑过去料理同学……

最让我欣喜的是，杜同学坚持的时间之持久。可以说，她发生了翻天覆地的变化。原来在背后悄悄说杜同学"凶巴巴"或"红太狼"的同学都成了她亲密的好伙伴，她与同学相处非常愉快。哈，看来"凶巴巴"变成了"小淑女"了。

有时看到杜同学小条子上工整的字迹或妈妈写来感人的事迹时，我眼眶潮热。有时回家后回味那些令我感动的画面，我的内心便充溢着幸福和温暖。杜同学不但给我感动，还让我重新审视自己，重新解读自己工作，也让我和孩子一起来成长。

相信杜同学将来会慢慢明白："爱之花"使自己产生向上的力量，使自己内心喜悦、生气勃勃，缔造和谐。

这只是一个个案。其实，在一年级下学期，随着HSD课题的深入研究，我们各班在芦校长带领下制定了"有序伴我行"一表。每个月年级有统一的需养成的好习惯，并细化到具体若干条，需要家长每日和孩子沟通后由孩子和家长分别做出评定或写出"典型事例"，并取得了良好的结果。

同时，班级中的"天使在身边""赞美五分钟"活动一直没有间断。

孩子们在活动中收获了"寸有所长，尺有所短"的道理，能够真正地悦纳自己，悦纳他人。遇到磕磕碰碰，能以"退"与"让"的胸怀妥善处理了，"心理弹性"，交往技能得到了提升。

有人说过这样的一句话："老师不经意的一句话，可能会创造一个奇迹；老师不经意的一个眼神，也许会扼杀一个人才。"老师习以为常的行为，对学生终身的发展也许能产生不可估量的影响，作为一名老师应该经常回顾自己以往的教育历程，反思一下自己，造就了多少个遗憾，伤了多少颗童心，遗忘了多少个不该遗忘的角落！

教育是一门科学，也是一门艺术。作为科学，它要求教育者要善于发现和利用教育规律；而作为艺术，它要求教育者要以人为本，善于春风化雨、润物无声地启迪学生的心灵，激发他们通过学校生活构建起属于自己的完整的精神世界。正如德国教育家第斯多惠在《教师规则》中所说的："我们认为教育的艺术，不在于传授本领，而是在于激励、唤醒、鼓舞。没有兴奋的情绪怎么激励人，没有主动性怎么能唤醒沉睡的人。"事实正是这样，坚信学生一定会成功，学生便会从教师的爱中获得一种信心和力量，心境如花般美。

主题三　爱的氛围

如果你问我，

什么是教育？

我会告诉你：

教育就是爱！

如果你问我，

如何得到爱？

我会告诉你：

爱要靠经营！

这一个个鲜活稚嫩的生命，

是一个个无可复制的个人，

这一个个活泼可爱的学生，

是一个个普通家庭的希望。

当个人成为集体，

当学生组建班级，

当小家中的你、我、他，

汇聚成一个大家庭。

凝聚他们的只有爱！

在集体中营造爱，

让班级中充满爱，

师爱、生爱、爱心涌动！

爱生、爱家、以爱育爱！

当您读完这段序言，

当您翻过这页白纸，

当您开始阅读这一章的故事，

我们相信：

您看到的虽然只是白纸黑字，

但脑中一定会呈现出一幕幕精彩的瞬间，

您读到的只是老师们再平常不过的工作，

但心中一定会涌动着一股股温馨的暖流，

那是爱的瞬间，

那是爱的暖流，

那爱呀！

是由氛围成就！

变知道为做到†

冯　勉

今天，放学前让学生检查个人卫生保洁时，小 M 拿着一大团从卫生间撕来的没用过的卫生纸，准备扔到垃圾桶里。我马上叫住了他，问他这些纸是干什么用的，为什么要扔掉。他若无其事地说是拿来擦桌子用的，用不了了就准备扔掉。我听后感到很气愤，要知道学校在资金紧张的情况下每月要花费许多钱无偿地提供卫生纸，一是为了给大家提供方便，二是从教育学生的角度出发，不仅提供高档次的服务，更重要的是培养学生的公德心，是道德品质的一种培养途径，使校园处处成为教育的资源。可学生们不但不能体会学校对他们的关爱，反而这么浪费，每天卫生间的垃圾箱里都有大段大段被白白扔掉的卫生纸，这不能不说是件令人痛心的事。我想良好习惯和品质的培养不是一蹴而就的，需要一个漫长的过程，学生在自己的行为中暴露问题也许不是件坏事，如果利用好这个教育契机，也许会收到事半功倍的效果。我沉思了一下，对小 M 说："这样吧，明天你去做一个调查，看看咱们学校共有多少个卫生间，每天、每月、每年要用多少卷卫生纸，学校要花费多少钱。然后写一个调查报告交给我。"小 M 一看我没批评他，似乎松了一口气，便欣然接受了我的建议。

第二天一大早，小 M 就主动找到我（要知道平时他总是来得最晚的一个），说他已经到服务中心做了调查和了解，说着拿出一份已经打印好了的调查报告，上面详细地罗列着一系列数字，后面还有两页手写的工工整整的调查后的感受。

看来小 M 已经认识到了自己的错误，并且为自己的行为感到懊悔。但是，我觉得事情解决到这里还不够，还应该以此为契机好好做做文章，把这个教育的资源用足，要让所有的同学都有所触动。于是，在下午的教育十分钟时间，我请小 M 把调查的经过和结果向全班同学做一个汇报。小 M 拿着打印好的调查报告，一边展示给大家，一边讲解自己调查的经过。他说："真是不问不知道，一问吓一跳。学校 30 个卫生间每月要用掉 230 卷卫生纸，每卷纸是 13 元，一个月就是近 3000 元，一年下来学校要花费 4 万多元。这是一笔多么庞大的开支啊！看到这一连串

---

† 此文出版在《我是小学教师》一书中。

的数字，我不禁惊呆了。面对学校对我们的关爱，我们又做了些什么呢？细想想，如果把这些钱节省下来，能帮助多少个失学儿童啊！"

教室里安静极了，从学生们凝神倾听的神态可以看出他们的震惊与思考。小 M 讲完后，我问："是啊，真是不听不知道，一听吓一跳。同学们听了小 M 的汇报，有什么想法吗？"小 H 第一个举手说："我平时只知道卫生间的纸随便用，但从来没有深想一下卫生纸背后的事情，今天才知道学校为我们花这么多钱，以后不能浪费了。"话音刚落，小 B 站起来说："我想我们用的纸是砍伐树木造出来的，而我们这样浪费就是在间接砍伐树木，就是在浪费资源。"……看来学生们已经在思想上有所认识。

我想，还应趁热打铁，光认识了节约的重要性还不够，还得想办法让学生变知道为做到，从自身产生一种自觉的行为，那就需要亲身的体验。于是，我向年级组长汇报了这件事，并与全组老师共同商议，设立六年级"卫生间无纸日"，让学生体验一下没纸时是什么感觉。于是，在一个星期五的早晨，卫生间的纸盒变空了……这一天留了一篇随笔，写一写这一天的经历和感受。周一一早便收到了学生们写的一篇篇形象生动、感受真实的小文。

珍　惜

你认为世界上最令人珍惜的是什么？你一定会说是生命、是时间，而我却从一卷普通的卫生纸体会到了珍惜的真正含义。

下课了，我忽然觉得鼻子不舒服，于是冲到卫生间，习惯性地把手伸到纸箱下抽纸，可摸了半天，纸盒里空空如也，我不禁一愣，往日随用随取的卫生纸怎么没有了？我想，可能是纸用完了，阿姨没来得及换吧。于是我回到班里随便找了张纸，凑合用了。

又是一个课间，我的笔芯漏水了，我又毫不犹豫地奔向卫生间拿纸，谁知一摸，还是什么都没有。这时，一个同学走进来说："别摸了，你忘了，今天是咱们年级的卫生间无纸日，一天都没纸！"我一下呆住了，天呐，一天都没纸，这怎么行？上厕所怎么办？桌子上洒了水怎么办……昨天老师好像通知我们自己带纸来着，我也没当回事。回到班了，我发现带了纸巾的人成了最受欢迎的人，大家都在要纸，我也赶紧要了一张薄薄的面巾纸，先撕了一小块儿，剩下的小心翼翼地叠好，放入口袋里。我先拿起纸条的一端，把纸条包在笔杆上，轻轻转动，一部分笔水沾到了纸上，我又拿起纸条的另一端再一包一转，笔杆上的笔水都擦干净了。看着手中黑黑的纸条，我想：哎，真可怜呐。今天头一次感到不起眼的卫生纸这么可贵。今天"省吃俭用"地把这漏出来的笔水搞定了，要在平时肯定会从卫生间里撕来一大团纸痛痛快快地擦，可现在……哎，当你拥有的时候你不觉得它珍贵，当你失去它时，才会懂得珍惜。

这一天，我在小心翼翼中度过。那张要来的卫生纸最后还剩下一大半，方方正正地躺在我的口袋里。它时时提醒我：当你失去你所拥有的东西时，你才真正地懂得珍惜。

这一天的语文课，我指导学生写"倡议书"，向全校的同学发出倡议，树立节约意识，从自身做起，从节约每一寸纸做起。同时，借助这个教育的资源达到教育与教学相整合的目的，把它作为学生生活素材、习作的素材加以指导。以往，指导学生写倡议书时，在倡议什么、为什么要提出倡议这部分，学生的选材要么是从网上找一些资料，罗列一些数据；要么就是空泛地谈，没有说服力。而这次大家有了真实的体验和参与的过程，节约的重要性就会既贴近学生的生活，又有具体的依据。而倡议书中的具体做法部分，以往学生们写起来都很空泛，而这次因为找到了浪费的原因，所以具体措施也就细致具体了。

倡 议 书

北京第二实验小学全体少先队员：

学校长期为我们供应卫生纸，而同学们浪费纸的现象却十分严重。经过调查，我校 30 个卫生间，每个卫生间每月用 10 卷纸，而每卷纸 13 元，一年就是 4 万多元；而且造纸需要砍伐大量树木，对环境也有很大的破坏。

这个惊人的数字让我们大为震撼。为保护环境，节约资源，我们倡议：

1. 如果需要擦手，可以从家里自己带一条小毛巾，洗完手后用小毛巾擦，可节约很多纸。

2. 可以从家里带一块餐布，垫在桌子上，防止弄脏桌子，便可以不用纸擦了；

3. 要正当地用纸，不能用纸来玩耍；

4. 每次取纸不要取得太多，够用就行。

另外，我们建议学校设立"卫生间无纸日"，让同学们加强节约意识。

学校为我们准备卫生纸，处处为我们着想，我们也应为学校着想，为学校节省经费。让我们节约用纸，从我做起！

六（5）中队全体少先队员

这件事给了我很大的启示，当出现突发事件时，作为教师首先要有一种资源意识。要把学生出现的错误当作是一种教育资源，教师要善于运用好这个资源。换一种方式让学生认识错误，让学生亲身体验，比教师的说教更让学生刻骨铭心。其次，在教育的过程中引导学生通过亲自实践（开展调查）—亲身体验（卫生间无纸日）—真情表达（写随笔、倡议书）—落实行动，真正使学生受到触动，变知道为做到，同时教育与教学相整合，取得一效多能的效果。另外，班主任眼中要有人，这里的人指的是所有的学生。要善于在一件小事上做大文章，把点扩大成面，把对一个学生教育的过程引发到全班，甚至全年级、全校。要把教育的资源用足、用透，发挥最大的效能和影响力。

枣树爷爷生病了

宿 慧

　　王府校区的校园中有三棵大枣树，据说已有几百年的历史，每年它们都静静地站立在王府的中院，陪伴着一批又一批孩子们。它们非常高大，足有三层楼那么高。粗壮的枝像巨人的手臂，茂密的树冠好像一把撑开的巨伞。孩子们都亲切地称它们为"枣树爷爷"。

　　每年的秋收节，每当枣子成熟的时候，王府校区老师和孩子们都期待的活动就是"打枣"。十几个孩子抻开一块大布，生怕枣子落到地上摔坏了，老师拿着一根大约三尺长的竹竿，窜上房顶，爬上树，轻轻地一竿一竿把枣子敲落。孩子们抻着布，开心地叫着、笑着……

　　今年，枣树生病了，长出了很多其他树的叶子。我们把这件事告诉了孩子们—枣树爷爷生病了！一石激起千层浪，孩子们无数的问题产生了，"枣树爷爷生了什么病？""为什么会生病？""可以怎么治？"……课间，孩子们跑到枣树爷爷身边，仰着头，皱着眉，不停地问着，我指着高高的枣树叶子，孩子们惊讶地发现："那些黄叶子像草一样，是什么？""枣树为什么长出了其他的叶子？"……我没有给予答案，而是让学生把它当作课题自己或小组研究。

　　孩子们带着问题开始了研究，有的上网查阅资料，有的请教爸爸妈妈，有的小组还汲取土壤进行化验，还有的每天观察枣树的变化……他们共同研究枣树为什么生病，怎样医治。王府校园出现了一个个"小医生"，一个个治病方案接踵而来。年级利用王府电视台，让孩子们自己讲解，有的学生找到枣树长出其他树叶的原因，了解到小鸟飞来飞去传播了种子；有的学生了解到"枣疯病"的医治；

有的请教了在农科院工作的爸爸亲自来到学校为枣树医治……

在孩子们群策群力下，我们为枣树爷爷打上了吊瓶，输液！一下课，孩子们就跑到枣树爷爷身边，"老师，吊瓶中的液体不流啦！""老师，点滴不能太快！""老师，针要扎到根部！"……枣树的故事也成了孩子们茶余饭后与家长交流的课题。孩子们关心、爱护身边的枣树，关注着生命的成长。

充分利用校园资源，让学生在体验中学习，激发了学习兴趣。"体验"是一种活动过程，每一个学生在经历体验学习的过程中，有自己的感悟、思考，获得认知与情感。

"以爱育爱"是北京第二实验小学的教育目标，是北京第二实验小学学生心中永恒不变的主旋律。不仅让学生体会理解这份"爱"，更要懂得付出爱，传递爱。孩子们在王府校园生活两年，他们每天浇灌亲手种下的冬小麦；玉兰树下，孩子们自制小提示牌；苹果树下，苹果低低垂着，孩子们没有人摘它碰它；他们对"爱"有了更为深刻的理解。

幸福像花儿一样

李爱丽*

即将搬入新校园了，我的心像所有北京第二实验小学师生一样激动、兴奋！在带领孩子们参观新校园的时候，看着宽敞的教室、洁净的窗台以及那一地的阳光，我在欢喜之余又有了一点忧虑……

记得刚刚搬入周转校时，大家也是这样兴奋不已。为了美化教室，学校还发给各班一盆杜鹃和一盆吊兰。杜鹃粉色的花瓣，吊兰葱绿的叶子引得大家纷纷跑来观赏，有的孩子索性又从自己家里带来几盆自己喜欢的花草。一时间，班里的窗台一片葱茏，连整个教室都增添了不少生机呢。

但是好景不长，两个月后美丽的花草就死得干干净净了。这是为什么呢？原来，花草有时一天喝七八次水，因为兴致来了谁见谁浇；有时，两个星期也喝不

---

* 北京第二实验小学三年级语文教研组李爱丽，高级教师，区学科带头人，曾荣获北京市"紫禁杯"优秀班主任奖特等奖、西城区德育先进个人、霍懋征奖、北京市中青年教师基本功大赛一等奖。

上几口水，因为谁都忙着玩儿根本顾不上。窗台上的花草逐渐变黄、枯萎，最后死得一盆不剩。这死去的花草很快就被孩子们抛在脑后了，确实，每个班都有花死，然而这看上去很正常的现象却引起了我的思考——花为什么养不活呢？看来，孩子们只有搬花和赏花的热情，却没有照顾花草的毅力和责任感。如果说死几盆花是小事，那么孩子们做事缺乏责任感和毅力就不是小事了！

就要搬进新校园了，我想：用花草美化教室、校园一定又是必不可少的教育活动。这回，我该怎样做才能重新唤起同学们的养花热情，使他们既学会养花，又学会做人呢？我陷入了深深的思考……

金色的九月，新学期，新校园，一切都显得那么美好。我和孩子们坐在宽敞的教室里，沐浴在阳光中。我微笑着对同学们说："孩子们，说说你们走进新教室的感受吧。"兴奋的孩子们立刻七嘴八舌地说开了。当大家把新教室盛赞了一番之后，我看火候差不多了，就轻声问："大家看，这么好的教室还缺点什么就更美好了呢？"聪明的孩子立刻就想到了花草。我环顾了一下所有的同学，找到了几双担忧的眼神。于是，我笑着说："孩子们，用花草装点我们的教室真是个好主意！不过，这次养花草我们可得精心些啦。两周之内，同学们可以选择一盆花草到班里来养。你要了解这种花草的生活习性、个性特点、象征意义等。这种花或有你的品格，或有你做人的特点，或特别惹你喜爱，它就代表你自己。请你为它写上花语，让花与你共同成长。来往咱们班的科任老师、值周生、家长或外班同学也许没见到你或不认识你，但只要看到你的花和花语，就会深深记住你的名字。也许你的花不是最漂亮的，但却是花开得最长久的，或是生命力最顽强的。所以，养好花，就是让自己健康地成长！我们比一比，看谁的花草生命力最顽强，能一直坚持到期末。"

一番话说得孩子们热血沸腾。第二天一早，窗台上就出现了几盆花。有个孩子贴在花盆上的花语是："我是玻璃翠，最喜欢阳光了！每天只要让我喝饱水、晒足阳光，我就会开出漂亮的小花回报大家。"一周左右的时间，班里的柜顶、窗台上摆满了花。每天早晨、每个周一的上午都是孩子们忙碌的时刻，有浇水的，有搬到窗台晒太阳的。阳光灿烂的日子，午间，向阳的课桌上全是晒太阳的花草。有的花开了又谢，谢了又开；有的花接近枯萎，却又死而复生；有的养得好，主人又搬来两盆；有的花不幸夭折了，主人又悄悄运来了新花……有个男孩说："真好！通过看同学们的花语，我了解了这么多花草的名称和习性，还有同学们的性格，真是一举多得啊！"确实，孩子们在照顾花草的过程中，培养了做事的责任感和毅力；在查找花草资料以及观赏别人花语的过程中，增长了知识，学会了养各种花的方法；在赏花的过程中，培养了自己的审美情趣；课间、午间赏花的孩子多了，出去打闹的人少了。期末有三十多个孩子得到了养花徽章呢。

望着孩子们像鲜花一样灿烂的笑脸，我不禁想到：一个聪明的教师是会在生活中生出一双慧眼的。有了这双慧眼，才能在细节中发现问题。我们与孩子接触的每一个瞬间，都有可能捕捉到极好的教育资源。这些资源有可能在明处，有可能在暗处，甚至有时候问题也是很好的教育资源。这些资源稍纵即逝，我们只有关注细节，勤于反思，善于向问题学习才能巧妙地抓住它们，利用它们，从而达到事半功倍的教育效果。

如今，如果你走进我们班的教室，一定会被那些葱葱郁郁、生机勃勃的花草所吸引。然而在我眼里，比那些花草更美、更有生机的还是那些像花儿一样幸福、快乐的孩子……

爱是教育的基石[†]

李　杰[*]

爱是人生永恒的主题，作为教师最重要的事情或许就是用爱去滋润每个孩子的心田，要在心中时刻涌起一种责任："我是老师，我要带领孩子去寻梦，帮助他们书写出人生最绚丽的篇章。"有了这种意识才能不断激励自己以真诚的爱心去拥抱每一位学生。

写到这里，一个小脑袋不禁闯入了我的脑海：2014 年 9 月 1 日我迎来了新一届的学生，当 40 个活泼可爱的小精灵跳入我的眼帘时，一个男孩的身影让我的眼睛一直追随着他——白净的脸上有一对小小的眼睛，头发蓬乱，穿着一身大好几号的校服，站在队伍里怎么看都和别的孩子不一样。他就是这个班的特殊学生——小 M。

经过一个星期的观察，小 M 最大的特点就是游离于其他同学之外，上课干自己的事情从不听讲；下课总是在地上打滚；不和任何人交往，也可以说他不会和别人

---

† 本文刊登在《北京教育（普教版）》杂志上。

* 北京第二实验小学二年级教研组李杰，中学高级教师，区级骨干，曾荣获北京市"紫禁杯"优秀班主任奖特等奖、《中国课堂》汉语文化主讲教师获中国教育电视奖一等奖、西城区"金秋杯"大赛特等奖。

交往；他对周围所有的事情都好像无动于衷。特别是他的眼睛，你跟他说话他永远都看着别处，而且说话的声音小得别人听不清他在说什么。这真是个极其特殊的学生，是我当班主任 25 年来第一次碰到，怎么办？我想只有爱可以沟通孩子的心灵，创造孩子的一切，也只有尽快挖掘出他身上的闪光点才能刺激到他。于是我开始关注他的一举一动，终于让我找到了一个突破口——小 M 酷爱读书，下课读、上课也偷着看，专注到你叫他，他都全然不知的程度。发现了这个特点，我喜上眉梢……

一天，上课铃响了，同学们都坐得直直的等待着老师上课，唯独小 M 还在津津有味地看着书，全然不顾上课铃已打响。同学们都以为我会批评小 M，我微笑着看着低头看书的小 M，说："孩子们，你们发现咱们班有一位特别爱看书的同学了吗？"我故意把"特别"两个字说得重重的，孩子们都明白我说的是谁，大声地喊出了他的名字，小 M 听到同学们都在喊他的名字，赶紧抬起了头，以最快的速度把书收进了位子里看着我。我接着说："孩子们，每个人身上都有优点也有缺点，就说小 M 吧，他能利用课间十分钟的时间如饥似渴地看书，我们大家是不是应该给这样的同学一些掌声呢？"当热烈的掌声响起时，我看到小 M 不自觉地坐直了身子，一动也不动，眼睛直直地盯着我，白白的小脸上有了淡淡的红晕。这时我看着小 M 说："小 M，你酷爱读书给同学们做出了榜样，你是好样的！老师给你提一个小小的要求，相信你一定能做到，上课铃响了，就不看书了好吗？"小 M 看着我点了点头，我一看他点头了，趁热打铁对全班同学说："好，同学们他能接受老师的建议了，让我们再给小 M 一些掌声好吗？"这第二次掌声让小 M 坐得更直了……为了强化他听到铃声就坐好这一习惯，我又让他负责每节课喊"起立"的任务，当他接到这个任务时高兴地跳了起来，趴在我耳边说："谢谢李老师！"放学后我接到了他妈妈的感谢电话，因为小 M 一回家就和她练习喊"起立！"看着儿子的样子她抑制不住心中的喜悦，因为她很久没看到儿子这么快乐、这么开心了，这一策略不但让小 M 找到了上学的快乐，还赢得了这个特殊家长的信任，可谓一举两得。自这天起，小 M 变了，变得快乐、自信了，变得上课可以听讲了，由于他看的书多，所以在课中研讨时总能听到他独到的见解。他还学会了主动和别人交流，作业从不写到主动认真完成了，这其中还有一个更大的动力吸引着他——竞选中队干部。

竞选那天，小 M 在同学们怀疑的目光下走上了讲台，他要竞选学习委员，说竞选词时他不敢看同学们一眼，一直歪着头看着我支支吾吾地说完，有的同学在底下偷着笑他，他以零票落选了；竞选生活委员时，他竟然勇敢地走上台，这一次他看着同学说竞选词了，博得了为数不多的掌声，但还是因为票数少落选了；

到竞选卫生委员时，他又站起来了，同学们发出惊呼，我可以真切地感受到他不管那么多了，大声地说着竞选词，这一次他博得了同学们更多的掌声，我想这掌声包含着同学们对他一次又一次走上台的鼓励，但还是以一票之差落选了；轮到竞选劳动委员了，他又一次站了起来，同学们一边惊呼一边报以热烈的掌声，这一次他大声地、自信地说出了自己的竞选词，终于赢得了全班同学的心，孩子们纷纷把自己的选票投给了小 M，成功了！小 M 绯红的小脸绽开了笑容……在那一刻，我也被他一次次上台的勇气震撼了，这是什么？——这就是一个特殊孩子成长的经历呀！

小 M——从一个问题学生蜕变成中队干部，他像一张白纸，被赋予五彩斑斓的色彩，映射出师生给予他的浓浓的爱，他没有理由不转变！

爱是教育的基石。作为教师，不管怎样，只要有爱，任何一个孩子都会是我们心中的独一宝贝；只要有爱，我们就会试图了解他们；只要有爱，我们就会懂得去尊重他们。"育人为先，爱心为主"，一个教师如果不把学生放在心上，他又如何去要求孩子把他记在心里呢？朋友们，爱我们的孩子吧！爱每一个孩子，千万不要忽视其中最需要爱的那一个！

开学第一天从一个拥抱开始

李娟娟*

这学期开学第一天我便早早起床，精心"打扮"一番，踏上去学校的"征程"。经过一个假期的调整，马上就要见到我的宝贝们了，哪能不高兴呢！路上我一直在想一个问题：见到他们要怎样呢？相互问个好？相视一笑？问问想不想我？对了，给他们每个人一个拥抱吧！不用过多的言语，不用过多的问候，所有的想念、问候、祝福……都在这个温暖的拥抱中了。

当我进到班里时已经来了三名学生，他们很自然地问候了我，还有个孩子祝我春节快乐呢。我笑着对他们说："假期过得怎么样？有没有想我？有没有出去玩

---

* 北京第二实验小学四年级教研组李娟娟，一级教师，获得北京市"紫禁杯"优秀班主任一等奖，被评为西城区教育系统优秀青年教师、优秀班主任、先进工作者、教育系统青年岗位能手、西城区德育带头人。

啊？"他们一下子围过来争先恐后地说着自己的假期生活与收获。等他们说完，我便张开双臂说："今天是开学的第一天，来，李老师给你们每个人一个大大的拥抱。"别看就三个孩子，但他们听我说完后的反应各不相同：一个孩子马上笑着迎上来，同样张开双臂与我来了个"亲密接触"；一个孩子笑眯眯地看着我，但却仍然原地不动。我转向他说了句"过来呀"，他才不好意思地走过来，小手轻轻环住我的腰。我拍拍他的肩膀对他说："嗯！真棒！"小伙子笑着跑回了自己的座位。第三个孩子同样也是看着我，但是从他的眼睛里我读到的却是矛盾（别的小朋友都和老师拥抱了，我该不该也和老师来个拥抱呢？）、紧张（平时只和爸爸、妈妈拥抱过，这回可是经常"教训"我的老师呀！有难度！）。我笑着对他说："你呢？不过来抱抱我吗？"他低下头不好意思地笑笑。"来吧！没关系的！"我走近他，张着双臂等着他的回应。他终于鼓足勇气站了起来，但是身体明显比较僵硬，双手低垂，对我的拥抱明显存在"抵触情绪"。虽然我有些失望，但还是鼓励他说"谢谢你的拥抱。"这个孩子抿着小嘴跑出了教室。

接着，孩子们陆陆续续来到学校，一一与我相拥，之后方可回到自己的座位上。他们对于这个开学第一天，一进门，一见到老师便来个拥抱这一"壮举"的反应还是比较强烈的，因为从他们的表情上和蹦跳着回到自己座位上来看，孩子们是喜欢老师给他们的这个"见面礼"，我也为自己能想出这么一个"good idea"而高兴不已。虽说是小小的一个拥抱，但它却功不可没。这么一个细小的动作，却拉近我与学生的距离。因为它所传递的东西实在是太多太多了，胜过了所有的语言，学生也能从这一直接的"表白"中体会到老师的那份爱。

除了开学的那一次拥抱后，我不再吝啬自己的拥抱。生病康复的孩子回到学校，我会抱抱他，告诉他老师同学很惦念他；被我严厉批评后的孩子我会抱抱他，告诉他老师依然爱他，一定要改正错误；学生遇到困难不够自信时，我会抱抱他，给他战胜困难的勇气和力量……我发现，孩子们渐渐理解了我赋予"拥抱"的各种含义，他们不再抵触，不再抗拒。他们学会了接受，甚至学会了传递。

曾听一位资深的老班主任介绍经验，"班主任工作没有太多的理论和技巧，最重要的就是用心与爱心"。"爱"是最有说服力的教育，"爱"是师生关系建立的原动力，"爱"使师生关系更加亲密。孩子们也正是在这种爱的传递中不断地体验爱，理解爱，付出爱。因此，班主任对学生的那份爱是教育中必不可少的，"爱"也必定能成就班主任工作的精彩！

导一出好戏给大家看
——教师领导力的研究

张 浩*

　　紧张的期末阶段；炎热的下午；学校多次禁止学生叠纸飞机。

　　五年级第二学期已接近尾声，正是紧张而又忙碌的时候。我和孩子们在炎热的下午一起上语文复习课。因为临近期末，各学科复习的内容都比较多，所以一到下午很多孩子容易出现疲劳的现象，导致注意力不够集中。对于很多老师来说，这时候的课不好上。不过学生们可不这么认为，这些年的班主任经验告诉我：越是紧张的复习阶段孩子们越会用自己的方式放松。最近，很多学生都迷上了叠纸飞机，一时间，各种款式、各种姿态的纸飞机在校园内随处可见。更有一小部分学生难以控制自己，不分时间场合，全身心地投入到叠飞机、扔飞机的队伍中，对自己和他人的学习效果及人身安全都产生了较大的影响。出于安全考虑，学校多次利用广播、集会要求学生禁止此项游戏，开展其他有意义的活动，大部分学生都遵守了这一规定，玩纸飞机的现象明显减少。回到下午的课上，我讲得挺带劲儿，和学生一起奋笔疾书复习重难点知识。在学生整齐划一的动作中，我看到教室一侧不和谐的一幕，一个男孩正在认真地叠一架纸飞机，好像期末复习与他无关。不仅如此，他还把叠好的飞机扔向周围的同学。看到一脸傻笑的他，我心里的火一下就点燃了。我努力控制自己的情绪（那声音也足够大了），直截了当地批评了他违规玩纸飞机和不认真学习的行为，并没收了他的飞机，一把攥成个纸团，跟着扔进了垃圾筒。可能这一连串的动作发生得太快了，那个学生先是一愣，然后不愉快的表情瞬间一闪而过，最后情绪变得失落起来，一句话都不说。紧接着周围的同学议论之声四起，个别淘气的男生还有起哄的意思。

　　这个男孩平时就比较淘气、贪玩。对他来说，期末的学习确实比较辛苦，因此出现上课开小差的情况可以理解。在严厉批评他后我突然间想起了我的小学时

---

* 北京第二实验小学六年级语文教研组张浩，一级教师，学校骨干。作为一名男班主任，积极参与男班主任特色的课题研究，获西城区班主任基本功大赛一等奖；撰写的论文、案例、班队会活动等获得多项市级、区级奖项。

代，比他淘气还要加个"更"字！最让老师头疼不过。早就被老师批评惯了，所以我的童年最不高兴的回忆就是被老师批评！我决不能成为别人不好的回忆，重蹈我原来那个男班主任的覆辙。

作为老师，我觉得教育的目的就是让学生在做人做事中感到快乐，不论是学习还是活动。而面对学生成长中出现的各种错误，"批评"作为教育手段就成了老师每天工作的一部分。经常被别人批评，又怎么可能过得愉快呢？如何把教育学生改正缺点不足和让学生快乐的学习生活巧妙地结合在一起，就是我们应该多思考和研究的教育的艺术。要想艺术地教育学生，得学会设计特殊的教育方式。

作为老师，不能总是利用集体的时间来批评个体学生的错误，要努力把教育学生的功效最大化，使得每一个孩子都能从老师的教育中受益。教师还要在教育学生的过程中把正确的思维方式、是非观等传递给学生。这些都是教育艺术的重要组成部分。

总而言之，我要换一种方式艺术地教育学生。既要那个男孩快乐地接受批评，改正错误，更要其他的孩子不再犯类似的错误，强化良好的班集体风气。

简单直接地批评学生，任何老师都能做到，但绝不是好老师的选择！所以，我简单地批评完那个男孩后马上就后悔了，并且飞快地改变了自己的教育策略。我决定导一出戏给全班的孩子看。我使劲拍了拍手，跟学生们说学习了一天也挺累的，放松一下。大家一起配合我演一出戏，我当导演，那个男孩当男主角，刚才周围议论或者起哄的同学当配角，其他同学当群众演员，我们来个原景重现。所有的孩子马上来了兴致，尤其是那个刚才被批评的男孩，一听自己是主角，迅速抬起了头，激动地看着我。我从垃圾筒捡回了那个褶皱的纸飞机，还给了那个男孩，并开始给大家说戏：从我们复习课文，我发现有人叠飞机开始演。一切都应该非常自然……演戏之前，我问学生，当老师发现有人上课玩飞机，不听讲，被老师发现后面对老师的批评应该怎样做呢？这是要让所有的学生知道怎样认错和与师长沟通。同学们你一言我一语抢着回答，最后达成共识，把演员台词定为："老师，我错了，我不应该……我真心承诺以后不犯这样的错误……"在这一刻，我看出了孩子们面对错误时勇于承认并改正的真诚态度，不禁窃喜。我接着安排：周围的同学，你们刚才在我批评犯错误同学时小声议论了，这个情节很重要，谁来告诉我议论的内容是什么？那些刚才议论和起哄的孩子一下不好意思了。我说没关系，我刚才没听见，现在来告诉导演。他们都说以后不再参与这种议论了，如果非要议论就小声说"我们可不能跟他一样！"我说，好！一会表演的时候就说这句。另外，群众演员，刚才没参与议论，做得非常好，一会表演的时候我要看到你们正义的表情……全班就这样因为一个小表演环节高度凝聚在一起了。另外，我这个导演还要加一个冤枉的环节！我一会儿不先批评那个叠飞机的同学，老师也有犯错误的时候，每个人都有受委屈被冤枉的时候，我要看看在这种情况下大家的表现。这时全班同学争先恐后地要扮演受委屈的同学，我再次窃喜，受不了一点委屈可是独生子女的通病啊，争取教育效果最大化。我特意找了个平时最吃不了亏的孩子来演这个角色，他大声说自己就爱受委屈，大家都开心地笑了。

一切就绪，我高喊：灯光准备！（离灯近的赶紧开灯）音响！大家全安静了，恢复了上课的状态，演员准备！有拿书的、有打本的、有记录的，那个男孩双手握着纸飞机，大家有的表情放松（我夸有舞台经验），有的严肃（我夸入戏早），1、2、3开始……就像一切设计好的那样，演出相当成功！大家最后热情地为自己的表现鼓掌欢呼，我也满意地笑了。

没想到一个学生上课违规惹怒老师的举动，最后变成全班同学的大联欢。在愉快的氛围中，原本犯错、心有怨气的孩子愉快地接受了教育，更多的孩子同样学会了面对错误，不嘲笑他人的错误，还有能够有心理准备地接受点委屈的意外收获……更重要的是，通过这样的教育活动，拉近了师生之间的距离，形成了良好的班级风气。

这次教育威力超出想象，从那以后，不管什么事情，只要我批评他们，他们都会严肃地说出那句台词：老师，我错了，我不应该……我真心承诺以后不犯这样的错误……我也会毫不客气地提醒："别只把这句话挂在嘴边给人听，我要看你以后的表现！"感谢这些可爱的孩子们，跟他们在一起我会永远年轻！

以柔克刚
——巧用书信化解矛盾†

陶思路*

传统观念认为：男班主任的最大特点就是幽默，而做起事来比较简约、粗犷、粗心、不太在意细节，缺乏细致的观察力，不善于沟通，等等。其实身为一名教师，一名小学班主任，不细心怎么能行呢？这是完全没有必要的担心。可是我们男班主任在外表上给人的感觉就是这样的，无论学生还是家长，第一印象都是如此。

† 本文获得北京市第四届"智慧教师"教育教学研究成果一等奖。
* 北京第二实验小学六年级语文教研组陶思路，一级教师，西城区心理教研组成员。

那么究竟该怎么做，才能得到学生的喜爱和家长的信任呢？通过两年的教育实践，我找到了行之有效的方法——沟通。这两个字看起来容易，做起来却很难。学生要因材施教，其实沟通更要对症下药。对待不同的学生，就要采取不同的沟通方式，这种沟通应该是基于对学生情况的全面了解，对事件的前因后果查清、查明之后做出的理性选择，同样的沟通方式用在不同的人身上会收到不同的效果。当然，教师的表率作用也是万万不可忽视的。我们平时常说"身教重于言教"，其意就是要求别人做到的，首先自己要做到。19世纪俄国著名教育家乌申斯基说过，"教师个人的范例，对于学生的心灵是任何东西都不能代替的最有用的阳光。"

遇到一些突发事件，如何发挥自己的优势去处理才能收到最好的教育效果呢？我总结出的经验是：三思而后行，做一个幽默伴着睿智、简约而不简单、粗放中有细腻的男班主任。下面请看这样一个书信沟通的故事：

在五年级放寒假前，我收到了一名很优秀的学生的一封名为"痛"的电子邮件，内容如下：

人不理解某些事时，或感觉自己被背叛了的时候，就会感到很伤心。我，就深刻体会到了这种感觉。——题记

记得那是一个冬天的下午，我在家里准备叫小A下楼玩，等了半天，他才慢慢悠悠地接电话："喂？"

"我是小C，你能下楼玩一会儿吗？"

"我正在语文办公室里帮老师做事呢！现在不能出去玩。"听着那神气而又得意的话语，我心里顿时像被针扎一样的疼。那是一种说不出来的气愤，就像喝了几瓶醋加上辣椒面的液体，疼痛至极。您，一位老师，在我心目中的形象，如同被撞后的双子座大厦一般轰然倒塌，而撞大楼的飞机就是这件事情。

痛，痛，痛！

陶老师竟然偏心！我深爱的陶老师竟然偏心！怎么可能？

陶老师，平时您的两位小助手，成绩都很好，现在我在学校门口租房了，也离您近了，您怎么反倒不叫我？

您可能会反驳："不是这样的，只不过他离我们学校最近，成绩也最好。"

那么既然这样，小B呢？

痛，痛，痛！

您还是喜欢个别学生，最喜欢的就是小A。还记得上学期，小A的练习题全部写完了，他就得意地站在讲台上，一副嘲弄的眼神，一个不老实的身子，时刻在刺痛我的心。要是我站在上面，您平常肯定会批评我。

您还可能会反驳："他的练习题全部写完了，所以我才让他这样的。"

那他也不应该违反纪律，您也知道，小学生不允许在上课时乱下座位，这又是怎么一回事？

痛，痛，痛！

您对小 A 能够一再地容忍，对其他同学却没有耐心。

不，这不是我想要的，这不是我想要的！我让泪水肆意地奔腾，静静地流过我的面颊，这是一滴充满杀气的泪水，在夕阳下炯炯生辉。这是一滴蕴藏着冲天怒火的眼泪，里面的热量已把想象中的您和小 A 燃烧殆尽。这是一滴孤注一掷的眼泪，任何人都阻挡不住它的攻击。

我哼了一声，和小 A 开始了大决战。"两败俱伤"之后，我们分道扬镳。我恨他，我也恨您。我俩再也不会做朋友了。这是为什么？这都是因为您的偏心。

可能我也有一些错误，但我还没有意识到。有错误您就说，咱们大家一起讨论。但是我可能永远也不会再这样喜欢您了。注意：我用的是"可能"。

这一切都是怎么回事？我要一个公平的答案！

读了这封信，我的内心无法平静。一个看起来大大咧咧的男孩，原来也会"争风吃醋"。这种细腻的情感是单纯而又脆弱的，这样的孩子如果得不到正确引导的话，很有可能会影响到他的心理状态，甚至影响他以后和同学、朋友交往的方式。如果这种爱的情感走向极端，将造成无法弥补的损失。

读着孩子饱含愤怒的文字，面对这样一份强烈的情感，我按照小 C 的格式，回复了一篇名为"沟通"的电子邮件，内容如下：

心里暗自较劲、背后说三道四不是男子汉大丈夫的行为，我欣赏你的沟通方式（写作），赞美你的沟通意识。——题记

记得那是一个冬天的下午，我在办公室进行试卷分析。因为组里有其他女教师病了，作为组里唯一的男教师，又是年轻教师的我一早就来到了办公室，帮助组长整理那两位缺席的老师的班级所需要上交的材料。

"我是杨老师，你能来办公室帮我登分吗？"

组长的声音打断了我的思绪，她在给离学校近的孩子打电话，我想：这是个好办法，可以找个孩子来帮我分担一些简单的任务，我也找一个吧！我的头脑里瞬间就出现了三个家近而又优秀的人名：小 A、小 B、小 C。一秒钟以后，小 B 就被否定了，在教育界，有这样的规定：男教师是不方便把女学生单独叫到办公室帮忙做事的。

谁，谁，谁？

选哪个呢？叫小 A 来还是小 C 来？他俩都是我最喜欢的小助手啊，可这事儿

确实不用两个人干，只能选一个。

对比一下二人的条件吧：小 C 平时有妈妈照顾，爸爸很温柔，小 A 妈妈经常出差，不在身边，爸爸很严厉；小 C 很懂事，比较成熟、诚实，小 A 思想上不太成熟，不善于和别人沟通。

这次机会给小 A 吧，下次有事情再找小 C，我心里这样想到，于是拨通了小 A 的电话。

他很快就到了办公室，没有和其他老师问好，没有和我寒暄，坐下就开始干活。刚过了十分钟，他的手机响了……

谁，谁，谁？

他离开我身边，走到放衣服的地方，从衣服兜里掏出手机看了看屏幕，疑惑地说道："小 C？"然后支支吾吾地接了电话，说着什么，可能是怕打扰其他老师，他拿着手机走到了办公室外面。接完电话之后他回到我身边，他说是小 C 打电话叫他下楼玩。我的脑子里闪过一个念头：啊，小 C 知道小 A 在帮我干活了，他一定会很纠结为什么不是他，但又转念一想，小 C 不会这么小气的，他会理解我的。

晚上他俩还要一起上课外班，还会见到的，两个小男孩见面打打闹闹、嘻嘻哈哈，这事很快就过去了，于是我就没有在意这件事情，继续工作了。

周日回到办公室工作，进行周五没有做完的试卷分析。这时短信来了，是小 C 妈妈，她告诉我小 C 写了篇小说，选取了真实的素材，运用了夸张的手法，我听后表示很感兴趣，就打开邮箱一看究竟……

谁，谁，谁？

题目叫《痛》。哟？这都考完试了，要开联欢会并放假了，谁让我的小 C 痛了？读完之后我再次震惊了，我震惊于文章中绝妙的夸张修辞手法的运用；震惊于结尾议论的好词好句与语言的精彩；最震惊的还是文章的内容！啊……前天的事情对小 A 和小 C 造成了如此不良的影响，天呐！

先来解释你说的不公平现象：下座位也好，练习题提前写完了在前面帮我做事也好，这都是针对于小 A 的行为。我说过：42 个学生是 42 本不同的书，每个人都有个性特点。小 A 是个学习很好但行为常规很差（坐着向后都能摔倒）的学生，类似于他的咱班还有小 D（坐姿永远歪）、小 E（不受控制跳来跳去），对于不同的学生我就要有不同的对待。你是完全可以做到坐姿端正、踏实稳定的学生，我为什么要对你放松要求呢？所以请擦干你的眼泪，熄灭你胸中的怒火，尝试着换位思考。

我叹了一口气。叹气是因为小 C 没有达到我所希望的大气，他把这件事深深记在心上并付出了行动；叹气是因为小 A 的表达能力不怎么样，这件帮我干活的事一定没和小 C 说清楚；叹气还是因为我最喜欢的两个学生因为我居然动手了，他们还不够理智。

转瞬，我又笑了。我一笑小 C 这篇文章写得好，写得精彩，写得饱含真情实感；我二笑我能够及时看到这篇文章，得知这件事情；我三笑夸张的部分是打斗的场面，两个宝贝儿没受伤；我四笑两个小男孩为了得到我的喜欢、重视居然能够动起手来，可见我的魅力之大；我五笑小 C 应该是大气不记仇的，通过这件事他可以更大度！我六笑小 C 是个细心的孩子，他一定会主动和小 A 沟通，会把这两封信发给小 A，并主动向他道歉。我七笑可以通过一封回信展现一下我的写作水平，让小 C 能够重新认识我并继续喜欢我，把这件事情圆满解决！

可能看完信你还不能完全化解心中的疙瘩，但我知道经过思考你会得到最好的解决方法。42 个同学，家庭背景不同，性格各异，在班级工作中，我肯定会有一些失误，有的我可能还没有意识到，如果你发现了一定要第一时间告诉我。这才是我的最佳小助理——小 C。注意：我用的是"可能"。

我相信自己的文笔，一定会让你化解心中的疑虑，这就是沟通的重要性，你觉得这个答复你满意吗？如果满意的话，快去联系你的好朋友小 A 吧！

亲其师，信其道。面对这样一份纠结的情感，我想，最好的解决方法就是让孩子在真情流露中体会老师的良苦用心，真诚沟通，以柔克刚，化解心中忧愁，这样才能让孩子在沟通中成长，在碰撞中成熟，在交流中成才！

都是杨絮惹的祸[†]

张文胜[*]

小苏是个极其顽皮的孩子，他比同班孩子大一岁，平时总爱招惹同学，尤其爱招惹女生，常常使班内战火不断。往往他挑起事端后却寸步不让，咄咄逼人，常把对方惹得恼羞成怒，甚至哇哇大叫恨不得扑上去拼命，他自己却在一旁扭动腰胯幸

[†] 本文获校级一等奖。

[*] 北京第二实验小学三年级语文教研组张文胜，一级教师，区级骨干，曾获西城区教改先进个人，先进教育工作者，北京奥运会、残奥会先进个人，西城区优秀班主任。

灾乐祸，双方对峙后他从不吃亏。谁一旦招惹上他，他会没完没了，或用话语贬损，或找机会收拾，或自己不出面当军师找他人去出气，别人是不堪其扰，能躲就躲，吃亏了也不敢吱声，长期下来没人敢惹他，也惹不起他，他成了班里的小霸王。

新学期重新排座位后，小苏和小胡坐前后座，小胡是位女生，脾气不太好，但从不生事。有一次午餐时，小苏捏了两片杨絮放在小胡餐盒旁，笑嘻嘻地说："你说，我要是一吹，它会怎么样？"小胡看了他一眼没吭声，打开餐盒准备吃饭。小苏随即轻轻一吹，杨絮飘起小胡急忙用双手捂住餐盒，气愤地瞪着他，"快落，快落，落在菜上，落在米饭上。"小苏边说边双手合拢做祈祷状。眼看着杨絮落下，小胡一把抓在手里，扔到别处去了。小苏看着生气的小胡又是吐舌头、做鬼脸，又是扭屁股。小胡气得脸通红，瞪着眼睛大声喊起来："你神经病啊！"小苏怪叫一声："快看女神经病啊！"全班一片混乱……

小苏故意招惹小胡的事在他们之间发生过好几起，比如他在小胡数学书上乱画惹得小胡大哭，课上偷偷剪前面女生的头发等，其实小苏是故意而为之，他知道自己这样做不对，却为了寻一时开心，所以最后都以小苏承认错误向女生道歉而告终，可他招惹他人引起纠纷的事时有发生。那么孩子为什么会变成这样呢？究其原因有以下几点：

一是家长放养式教育，由着孩子性子，强调个性发展，过于溺爱孩子，从小犯错没有任何惩罚，孩子间发生矛盾总是外部归因，先在别人身上找原因，对自己孩子的问题视而不见，导致孩子没有规则意识，做人做事更没有底线，只要自己高兴就可以为所欲为，从不考虑他人的感受。

二是家长对孩子在校表现认识不清，对孩子的问题认识不足，觉得同学之所以怕他，顺着他是因为自己的孩子号召力强，有领导才能，没有认识到同学不是因为信服他、喜爱他才愿意和他在一起玩的。家长认为孩子招惹别人是因为淘气顽皮，无关紧要，长大就好了。

三是孩子在上幼儿园时就参加游泳队，在队里大孩子欺负小孩子的现象频频发生，虽然队里有规定以大欺小要开除，但实际上弱势的孩子迫于队里规定但凡出现了被欺负的现象也都不敢说，说了也没人敢作证，导致欺负他人的现象转入了地下，长此以往使孩子认为要想出头就必须让人怕你，屈服于你的强势，并学会了以暴力和小阴招驯服别人。

四是小苏爱招惹同学，特别是女生，是因为招惹后，女生不是哭，就是吓得尖叫，没人敢跟他打，跟他抗衡，任他取闹逗乐，他觉得特别好玩，很过瘾，欺负别人的快感让他满足。

为了教育小苏，改变小苏几年来形成的不良习惯，我开动脑筋，积极想办法。我利用他想为集体做事，且有一定的组织能力的特点发挥其特长，委以重任，让其承担体育队长，班主任助理等职责，以长促短。我发现小苏比较遵守承诺，就根据孩子目前的主要问题，与其商量后约定条款，促其改变现状遵守承诺。为了走进孩子的内心，了解他，亲近他，我常和孩子聊天，甚至跟他讨论他与同学出现矛盾后我的解决方法他是否认可，并在与其交换意见时教其学会换位思考，让其在换位思考中学会反思、自省。考虑到小苏这个孩子过于敏感，我必须保护他，即使犯了错误批评他也连同几个同学一起批评，给他留足面子。除此之外，我还积极开展了系列教育活动，在班级活动中影响他，教育他，改变他，让他在班级活动中自我发现，自我教育，自我提高。

另外，在全班开展"勿以恶小而为之，勿以善小而不为"的国学名句讨论会，明确在校园生活中什么样的小事是善，什么样的小事是恶，并让同学举出身边的例子谈谈自己的感受，之后达成共识：就从身边的一点一滴的小事做起，培养为他人服务、为他人着想的意识，每人每天至少做一件有益于他人的事，激发正能量。小苏也行动起来了，他在课间提醒疯跑高声喧哗的同学，帮老师领取通知、分发物品等，他的表现得到了同学的肯定，还为小组赢得了加分的奖励。

在以上讨论的基础上，开展"我发现，我赞美"活动并让同学写写自己内心的感动强化正能量。我强调每人都要有一双善于发现的眼睛，尤其发现那些有些许进步的同学，每天我见缝插针，有时是在晨检后的两三分钟，有时利用德育十分钟时间，有时就在下午两节课后，我请同学夸夸，每人一句，多则两句。几分钟内被表扬的人就不少。我们班有一些同学在某方面一直做得不好，但他有一两次按要求做到了，被同学或老师发现了他的进步并及时肯定了，这对孩子的鼓舞很大，他就在大家欣赏的目光中、赞扬的言辞中内心产生了愉悦，慢慢有了自信，甚至在同学不断的鼓励下学会了坚持，养成了一个好习惯，形成了在班里人人皆知的一个优点。

小苏曾经欺负过的一个插班生小白，在"我发现，我赞美"活动中，不计前嫌，当着全班同学的面表扬了小苏的进步，这对小苏冲击很大，也让他很惭愧。在小苏与小胡发生冲撞后，小胡主动示好，帮他架椅子、拿餐巾纸，在老师的耐心点拨下，小苏也适时赞扬了小胡，并说这是向小白学来的，这是同伴互育共同进步的典型，从中可以看出在活动中小苏自身发生的巨大变化。

之后我让学生动笔写一写，题目是：夸夸——，写写别人为你做的一件让你感动的事，散发正能量。学生在随笔中发现同伴的优点，真诚慷慨地赞美他，激发出了被赞美同学内心深处的希望和信心，更是给了他们行动的动力，使他们做事更积极，学习更加热情。班上有几个同学在随笔里都谈到了小苏的进步，我适时地在全班进行了交流，大家都对他的进步报以热烈的掌声，小苏非常激动，活动中激发了小苏的成就感和价值感。

我还注意在小队日常评比争先中激发其集体荣誉感，约束其不良行为。

每天的各个时段都在进行评比，给小组加分。每周五小组评分颁奖的时候，各组可申报加星奖，加到各组的总评分里去，但要说明加星的理由，如及时改错小组、课前准备及时小组、听写全对小组（某一次即可）、静心小组、餐盒净小组等，每组在保证已有特色的前提下，还要在组长的带领下商量下周大家共同努力的方向或目标，以形成共同的愿景，互相督促，共同进步。在每日的评比中，小苏也主动参与，甚至还提醒组员课前的坐姿及课上的发言，午餐时提醒做到饭盒净，可以看出他的集体荣誉感被激发出来了。

经过一个学期的努力，小苏招惹同学的行为明显减少，与邻座同学的关系，尤其是女生的关系有了改善。与同学出现纠纷后，也能查找自己的问题，学会了反思自己。通过约定条款，孩子基本信守了承诺。课上随意大声说话干扰课堂教学的情况及课下打闹、疯跑的行为明显减少。上课铃响后能及时回教室。课上发言积极了，改错主动及时。午饭后能接受检查，随意倒饭的情况明显减少。

小苏的转变引起了我的思考，我想：走进孩子内心，让孩子真正地接受你、认可你非常重要。俗话说："亲其师，信其道。"其实每位老师都知道被孩子信服后对转化教育孩子的重要性，但真正做到却不容易，尤其是班主任每天面对四十多位学生，既要关注他们的日常生活，忙于琐碎的班级管理，又要进行较繁重的教学工作，一天难得有静下心来的时间与学生聊聊，但这都不是借口，要想提高爱的能力，老师必须每天有计划地抽出时间来了解学生的所思所想，了解他们的喜怒哀乐，真正懂他们。

其次，心灵的成长需要包容。对孩子要宽容，尤其是顽皮总犯错误的孩子，更需要老师多给他们一些关怀一份体谅，更需要老师的鼓励，让他们有勇气正视自己的错误，培养战胜错误的自信心。另外，与家长有效地沟通，真正让家校形成合力才能使教育功能最大化。

我 是 谁

明晓洁

　　小学一年级的学生——小宇的鞋带开了，小天轻轻地拍了拍他，想提醒他把鞋带系好，还没等小天开口说话，小宇的拳头就举起来了，冲着小天的后背就是几拳。因为下手太狠，小天被他打哭了。小宇爱欺负同学，这样的事，在班里发生过几次。小朋友们都有点儿怕他。午休的时候，我向小宇询问动手打同学的原因，一来二去，总算弄明白了，原来他认为别人拍他的肩膀，就是冒犯他、攻击他，他身上的刺就立刻竖起来，小可爱瞬间变成"小刺猬"。这件事情之后，大家都纷纷远离他，再也不敢和他玩。课间休息的时候，他常常自己玩，操场上到处都是他孤独的身影。

　　望着小宇孤独的背影，我的心里酸酸的。怎样才能帮助小宇，让他回归集体，让同学们接受他呢？

　　我们先在班级中深入地开展了"我是谁"的讨论，我是谁呢？有的同学说我是爸爸妈妈最珍爱的宝贝，有的同学说我是爷爷奶奶唯一的孙子，有的同学说我是北京第二实验小学一年级八班的一个优秀的同学，还有的同学说我是未来的钱学森……

　　就在孩子们的讨论逐步深入的时候，我提出了出自《孝经·开宗明义章》的那句话："身体发肤，受之父母，不敢毁伤，孝之始也。"在详细地讲解了这句话的意思之后，我们一起把这句话背了下来。并与同学们约定好，当自己的身体要受到伤害的时候，我们可以把这句话讲出来，提醒他人，不可以随便损伤你的身体。保护好自己身体的同时，绝不能去伤害别人，因为这样会让同学的家长伤心。

　　第二天的课间，我随手拍了几个同学的肩膀和后背，他们有的扭过头来，冲我笑着说："老师，您有啥事？"有的根本就没在意，头也不回地跑开了；最可爱的是一个女生，她一下子搂着我，可高兴了。德育十分钟的时候，我采访了这几位同学，请他们说说各自的感受。孩子们争先恐后地表达自己的想法，有的说：

---

* 北京第二实验小学一年级语文教研组明晓洁，一级教师，区骨干教师，西城区教育系统优秀教师。

"我以为老师找我有事，所以我就问了一句有什么事吗？"有的说："我没什么感觉。不知道老师拍了我一下。"那个上午搂着我的女生说："我觉得老师很喜欢我，所以才拍我的。"此时，我话锋一转，又提了一个问题，如果把老师换成男生，你会怎么想？一个大大咧咧的男生站起来说："我也会轻轻地拍拍他，我们男孩子就喜欢这样逗着玩。"有的说："估计同学是有什么事，需要我帮忙。"还有的说："我会想我最近有没有得罪这家伙，他为什么要拍我呢，我得问问他。"同学们讨论的时候，我特意看了看小宇，他一副正在思考的样子。我忙问小宇："如果是你，有人拍了你一下，你会怎么想？"小宇支支吾吾地说："我觉得他在和我闹着玩。"

"如果这个同学力气比较大，你觉得特别疼，你又会怎么处理？"我忙追问了第二个问题，小宇不作声。其他同学纷纷举手回答：

"没关系的，每个人的劲不一样。"

"妈妈总说我们下手没轻没重，我想同学也是一样的。这不算什么。"

"我会告诉他，你的手劲还挺大。下次轻一些。"

此时，我觉得火候差不多了。我总结道：孩子们，我们共同生活在集体中，这样的事情会经常发生。拍肩膀，这个动作包含了很多内容，有时它是友好的表现，有时它是在提醒你，有时它是表示关系亲密的一个动作，当然，有时他也可能暗藏着别人对你的不满，但不管是什么，我们都该问一问。可不能随随便便误会别人哟！话说到这儿，我又看了看小宇，他有点儿不好意思了。此时无声胜有声，我没有再说什么。通过这一系列的活动，集体中的每一个同学也从中受到了教育，更加珍爱自己和他人的身体，同学之间相互关爱、相互帮助，亲密得像一家人一样。

这两个活动有效地控制了小宇的攻击行为，然而并没有解决小宇的交友问题。随后不久，我又抓住小宇是个热心肠，愿意为集体做事的特点。在竞选班干部前，与他谈了一次话，鼓励他竞选班干部。在我的鼓励下，他勇敢地走上了讲台，参加了竞选。在他很顺利地当选了班级的宣传委员后，为了提高他的表达能力和交往能力，我提议在班级中增设时时播报的栏目。在学校的广播结束后，时时播报就开始了。在短短的几分钟时间里，可以播报国内外重大新闻，也可以就校园里、班级中发生的事情，谈谈自己的看法。这个栏目的负责人就是小宇。自从当上了宣传委员，他完全变了。小宇的人际关系有了明显的变化，情绪稳定下来了，与同学发生矛盾的次数明显减少。同学们也逐渐接纳了他，他在班级中也找到了自己的位置。嘴上说的全是充满正能量的事，手上做的都是帮助他人、关心集体的事，小宇身上的正能量越来越多，在班级中的威信越来越高，朋友也渐渐多了起来，她的妈妈也不再那么焦虑了。

学生在校、班、组中所充当的角色会影响其行为，这与日本心理学家长岛真夫等人研究班级指导对"角色"加工的意义后所得出的结论完全一致。他们的研究是这样的：长岛真夫等人在小学五年级的挑选了地位较低的八名学生，任命他们为班级委员，一年后，这八位同学中的六位同学在自尊心、安定感、明朗性、活动能力、协调性、责任心等方面都有所变化。

当笑容又回到小宇脸上的时候，我们来回顾整个事件。小宇只是千万个独生子女中的一员，他们中间的问题只会越来越复杂，单凭教师原有的简单说教、多年的工作经验肯定是不行的。教师必须善于运用各种心理活动，让学生在活动中成长锻炼，学会与人交往，学会处理问题。

"小小便利贴"
——爱心传递的使者
赵　虹*

一天午饭时，我看着同学们在安静地吃着午饭。小林同学帮助小万同学盛了汤，因为大家都在安静吃饭，所以小万同学习惯性地小声说了"谢谢"就回到位子上，继续吃饭。我忽然灵机一动，在安静的教室中，对小万说："小万，我知道你是一个感恩的孩子！小林帮助了你，小小一声'谢谢'怎能表达你的感谢之情呢？来，我给你一张便贴纸，用咱们学过的留言条的写法，给小林点个赞吧！"小万愉快地答应了，小林的腰杆挺直了，很骄傲。我对微微有些发愣的全班同学说："有谁得到了别人的帮助，也想给同学点个赞，也可以来拿便贴纸。"同学们很兴奋，跃跃欲试……

学期过半，学生开学初的自我约束力逐渐减弱。课间休息时，追跑打闹的人越来越多，午休时，值周老师也向我反映，男生喊叫打闹现象比较严重，甚至有

*　北京第二实验小学三年级语文教研组赵虹，一级教师，区骨干教师，北京市西城区优秀教师，校级优秀班主任，被评为学生心目中的好老师。

家长也向我反映，孩子回家也有这方面的抱怨……如何让学生课间有事做，不打闹，既安全又能友好交往呢？这小小的"便利贴"，给同学点个赞，也许就是一个很好的契机。

"爱心贴"——名字由来

午休时，有几位同学也来找我要便贴纸，要给帮助过自己的同学点个赞。我发现不管是点赞的同学，还是被点赞的同学，都是愉快的，脸上都洋溢着灿烂的笑容。德育十分钟时，我请主动点赞和被别人点赞的同学分别谈了谈自己的感受。那种愉快的心情感染了周围的同学，有更多的同学也想加入到这个行列中。于是，我提议请大家给这个小小的便贴纸起个名字，同学们经过一番热烈的讨论后，最终定名为"爱心贴"，这张便贴纸上承载着同学之间的关爱，也承载着同学之间的相互欣赏。于是，班级中开始了写"爱心贴"，给同学点个赞的活动。

善于发现的眼睛—关注内容

在活动的初期，学生来取便利贴时，我总要问问"你要写什么？"我发现，学生们写得都是"谁谁帮助了我，我很感谢他（她）"。于是，我给大家读了我给一个同学写的"爱心贴"："小冕，你给大家带来的便利贴，可以让同学们记录更多的爱心行为，留下美好的瞬间，我代表全班同学感谢你！"我还请小干部给在某一方面表现突出的同学写爱心贴鼓励、表扬他。我引导学生：给同学点赞，不仅是自己得到帮助这一个方面，还要用一双善于发现的眼睛去捕捉别人对大家、对集体的爱心行为，或是别人的优点、长处，都可以给他点个赞，鼓励他、表扬他，让他感受到你对他的关爱，同样他也会怀着感恩的心关爱你的。欣赏是一种催人奋进的力量，更是情感的黏合剂，可以使我们同学之间更加团结友爱，可以使我们的班集体更加和谐奋进。

制造机会—关注个别

在活动中，有些同学得到了许多爱心贴，也有许多同学会赏识别人，送出了许多爱心贴，可也有个别学生得到的少，送出的也少，也许是性格所致，更有可能是不知，或是不会怎样去做，但是内心也是渴望得到别人的欣赏、赏识的，是我这个活动发起人尤其应该重视的。于是，午饭后、德育十分钟等时间，我会请同学们晒晒自己的爱心贴，借此机会找到没有得到爱心贴，或是得的比较少的同学，确定目标，制造机会，帮助他们得到爱心贴，或是引导他们给同学点个赞，让他们也体会到欣赏和被欣赏的喜悦。

活动开展以来，班级中的氛围更加和谐了。课间，收拾教室的同学越来越多，帮助老师做事情的同学越来越多，用发现的眼睛捕捉爱心行为的同学越来越多，用欣赏之心给同学点赞的同学越来越多，在外面追跑打闹的同学越来越少……此项活动得到了同学和家长的认可。

孩子的成长需要真善美，需要爱。李烈校长在接受采访时说过："爱首先来自善，是对他人善良品格的体悟、接纳与认同，然后才有对善的执著追求与对他人的无私付出与奉献。归根结底，善是对生命的尊重，对他人的尊重。学校的核心理念是'以爱育爱'，就是要以真诚之心和执著之情，重新唤醒人内心深处爱的本能与品质，让心在'爱'与'被爱'中变得柔软而温暖，倾听并尊重内心真实的声音，让生命也因之鲜活起来。"

记得在一次采访节目中看到，一位久居美国的华人在朋友提出"如何尽快融入美国氛围"这个问题时，他回答道："美国人与中国人最大的不同，是与人交往时总是先夸奖别人，以赏识的态度与人交流。"是啊，人们喜欢玫瑰的花而不喜欢玫瑰的刺。人与人之间的交往、交流就像在欣赏一朵玫瑰，稍不注意就会把人刺伤。

古希腊有一句谚语："每滴水里都藏着一个太阳。"寓意是每个人都有他的优点，都有值得他人学习的长处。认可对方的重要性，并表达由衷的赞美，就能够赢得回报。人类行为中有一条重要的法则就是：欣赏他人，满足对方的自我成就感。因为人性中最深切的心理动机，是渴望被人赏识。当这种渴望得到实现，许多潜能和真善美的情感便会奇迹般地被激发出来。

欣赏者是快乐的，被人欣赏无疑也是幸福的。善于欣赏别人，不仅能给人以抚慰、鞭策，而且还能培养自己良好的道德情操和海纳百川的胸怀，同时也给自己前进的道路奠定基础。正如一位西班牙学者所说："智者尊重每个人，因为他知道人各有所长，也明白成事不易。学会欣赏每个人会让你受益无穷。"事实上，人们因生活环境、成长经历的不同，看问题的角度和处理问题的方法都不尽相同，多用欣赏的眼光看人看事，就会给自己的生活增添一分幸福，给他人前进的道路减少一分阻力，给人生之旅撒播一粒粒会开出美丽鲜花的种子。

常言道：知人者智，知己者明。善于欣赏别人，不仅是一种聪明，更是一种智慧。历史证明，一个不会与别人分享的人，最终自己永远分享不到任何成果；一个不会欣赏别人的人，也永远得不到别人的欣赏。

欣赏别人是一种境界，一种涵养，一种素质；欣赏别人是对人的一种肯定、一种理解、一种尊重；欣赏别人，既是一种给予、一种馨香，又是一种沟通、一种祝福。

这个世界倘若人人彼此欣赏，就充满了温暖与生机。欣赏别人，又是一种智慧，因为在欣赏别人的同时，也在不断提升和完善自我；欣赏别人，是一种美德，付出了赞美，这非但不会损伤自尊，相反还将收获友谊与合作。同时，欣赏别人，也是一种人格修养，赞美别人的过程，其实也是自己矫正狭隘自私和嫉妒心理从而培养大家风范的过程。

希望我的学生是具有这一美德的人，我会为此努力。

南 风 行 动[†]

陈 莉[*]

最近，在孩子们当中兴起了一股新的热潮——使用动物造型的毛绒铅笔袋。这种笔袋色彩鲜艳，外形可爱：有圆头圆脑的狮子、通身翠绿的小青蛙、长耳朵的兔子，还有时下流行的喜羊羊、美羊羊……难怪孩子们会爱不释手呢！

当五花八门的卡通笔袋摆上课桌后，新的问题也随之出现了——课堂上孩子们的注意力分散了：有的不停地摆弄毛茸茸的"兔耳朵"，有的让"小猴子"玩"倒立"，甚至有时同桌的"两只小动物"激烈地"厮杀"起来。

这样下去可不行！课堂纪律涣散了，听讲效率下降了，何况现在还是期末复习阶段。作为班主任，一定得想办法尽快解决这个问题。怎么办呢？重申课堂常规？下条禁令不许再使用这种卡通笔袋？效果会有，但不一定最理想。想想看，让孩子们和他们倍加喜爱的文具"断绝关系"，他们怎能口服心服呢？

思考中我想起一则寓言，讲的是北风和南风比威力，看谁能把行人身上的大衣脱掉。北风大发威力，寒气逼人，结果行人把大衣裹得更紧；南风徐徐吹拂，春暖花开，行人脱下大衣。怎么做才能让我的学生们心甘情愿地"脱下大衣"？看着室外的炎炎烈日我终于想到了主意。

[†] 本文获得北京市西城区小学班主任"我的教育故事"二等奖。

[*] 北京第二实验小学五年级语文教研组陈莉，一级教师，区级骨干教师，曾获北京市西城区教育系统优秀教师、优秀共产党员称号。

每天午餐时间，我都会和学生们交流一些轻松的生活话题。今天午间我照例面带微笑走进教室。"浩轩，你这件 T 恤是新买的吧？看着就凉快。""老师，我这件衣服透气性特别好，不怕出汗。"听了我的赞赏，浩轩很高兴。"陈老师，我这条纯棉裙子穿着也特别凉快！"听着我们的对话，雨馨也凑过来。"是啊，面料多轻薄啊。"看着我观察着他们的着装，学生之间也互相打量起来。这时，我走到教室前面，开始了正题："同学们，如果现在让你们每人穿上一件皮毛大衣，你们会感觉如何？"这个问题自然使教室里热闹起来。"那还不汗流浃背！""我会立刻中暑晕倒！"甄宝一边说还一边做出晕倒的样子……"那你们是否替你们的文具着想过，它们在夏日里还穿着皮毛大衣呢！"此时孩子们把目光落在他们的毛绒铅笔袋上，情不自禁乐起来，频频点头。见时机成熟，我笑着说："老师建议大家开展给文具换夏装活动，看看谁的文具袋简洁清爽！我也来参与一回，看，这是我的夏装文具袋。"说着，我举起准备好的长方形淡绿色透明塑料文具袋，"它轻巧耐用，使用方便。"从孩子们的目光中，我看到他们已经跃跃欲试了。

此后几天里，那些卡通毛绒文具袋渐渐不见了踪影，取而代之的是一个个简洁轻巧的笔袋，还有不少同学选用了和我那款一样的笔袋呢！更让我高兴的是，没有了玩具型笔袋的干扰，孩子们上课听讲更专注了，课堂更有序了。

借着这股南风，我又引导学生给文具过量的铅笔袋"减肥"，以前有的学生一个笔袋里装着近二十支笔，"体重、体态"都严重超标。铅笔袋"减肥工程"后，学生带文具适量了，书包也减负了。

给文具袋"换装、减肥"的活动达到了预期的效果，但教育活动并没有结束。在此后的班会上，我引导学生交流参与活动的感受和启发。学生们分析了使用"玩具型"文具的危害，明确了该如何恰当选用文具，还谈到了养成"勤俭节约"的习惯应从这样的小事着手……我们的讨论热烈深入，气氛轻松和谐。

在班级管理中、在问题解决时，老师应该是"北风"还是"南风"？我心中有了更明确的答案。人们常说，"良药苦口利于病，忠言逆耳利于行"。但如果不注意方式方法，不考虑学生的感受，再中肯的批评也难以产生最佳"疗效"。反之，如果我们能艺术地解决问题、巧妙地引导学生，不仅能避免严厉的批评带来的逆反心理，使学生以愉悦的心态心甘情愿地接受教育，还能密切师生关系，达到事半功倍的教育效果。

走进他们，我读懂了等待

洪 岩*

在四年级以钱币为主题的研究实践活动中，我们班同学们精心绘制的钱币经过评选后，得到了年级嘉奖——11 班可以在义卖中使用"欧元"进行交易。同学们听到这个消息时欢呼雀跃。

我们从年级那里领回了学生们绘制的钱币。其中有 4 张百元大钞，8 张 50 欧元……我把平均分配欧元的任务交给了小毛同学。

当我再次回到班级中，"不幸"的事件发生了。"老师我们班的百元大钞丢了两张！""副班老师帮助找了也没有找到！""我们可损失了 1600 元人民币呀！"大家七嘴八舌地向我报告着上节课的事。

从丢失的欧元面值来看，我估计是几位同学合谋，毕竟是两张百元大钞！从丢失的欧元时间来看，拿"欧元"的同学们是趁着课间小毛同学和别的同学讨论时把"欧元"神不知鬼不觉地拿走的。从丢失"欧元"报告我的时间来看，他或他们的行动不仅很迅速而且很隐晦。从"欧元"的用处来看，他们除了想在年级嘉年华中多拥有些钱币进行买卖，会不会还有对"欧元"的一种好奇心呢？

我凭借着多年的"破案"经验，先让同学们展开了自查的工作，就在自查时，小 A 的同桌发现小 A 的书包里有一张百元面值的"欧元"，小 A 同学为了不被大家"误会"赶紧把钱上交了。在课间我们又复原了小毛同学分配欧元的现场。同学们又一一开始了回忆。整整一个午休时间，我精心创设的"老师不在场钱就能出现"或者是"老师在场主动承认"的两种情境均无效，我们的另一张百元面值的"欧元"始终还是没有找到。

这回要使杀手锏了。我让学生们闭上眼睛用右胳膊捂住眼睛，静心想一想自己做的事。然后我平静地说："我们谁都有过做错事的经历，请你把自己的左臂平放在桌子上，用挠一挠手的方式告诉老师，你知道自己做错了！如果你在这件事

* 北京第二实验小学五年级语文组洪岩，一级教师，区级骨干教师，曾荣获北京市西城区优秀教师称号；撰写的论文曾多次获国家、市、区一等奖。

中没做错，小手平放不用动！"说完要求后我说"3，2，1，做。"当时我惊喜地发现靠窗户一组的第一个同学小手在桌面上反复地挠动。我故作平静地说："大家可以上体育课了，我们的一百欧元会回来的，因为这位同学认错了！"看着同学们议论纷纷，有的不解地问："是谁？"有的小声嘀咕说："是小A吧！我的同桌。"还有的高兴叫道："错能改归于无呀！"

小明同学平时纪律学习都很优秀，怎么会这样？我低头沉思。冷静后的我利用课间时间，依仗着小课桌和小明同学挨得很近的有利地理位置，悄声说："你需要我的帮助吗？"小明同学使劲地点头。我想和她马上谈话，可又怕其他同学关注到我们，于是就按捺住自己急迫的心情，平静地做完了后续的教学任务。在当天放学时，我趁大家收拾书包没人关注到她时把一张字条递给他。字条上我写的是"我已经原谅你了，请你明天找机会把欧元还回来。"我看见他放到书包里打开看后，背着书包参加合唱队训练去了。我暗自高兴，一百欧元找回有望。

没想到当天晚上就接到了小明同学家长的电话："洪老师好，听孩子回来说把班里的一百欧元丢了，要赔。但明天我不能给孩子一百欧。因为她说不是她拿的钱，她只是听错了您的要求，当时不应该挠手。"我顿了顿，这简直是晴天霹雳呀！都怪我优柔寡断，没当机立断，放学留下她问清楚、核实就好了，总是怕合唱队的同学乱猜疑就……可现在翻案了……稳定了情绪之后，我与家长达成共识，决定第二天到学校与孩子当面谈话。

第二天我和小明同学谈话。"不是你拿的钱，你为什么挠手？"小明同学紧张地说："我当时想别的事，听错了，以为没拿的挠手。"小明同学不停地抠手指头。"我给你暗示问你需要帮助吗？你为什么点头？""我……我想说我搞错了，不是我。""洪老师给你字条时，你为什么不解释？""妈妈说过解释就是掩饰，掩饰就是事实，我怕解释不清楚。"听完这一席话，我不仅是诧异，而且哑口无言。我握着她的手说："你放松，我知道钱不是你拿的。"小明同学长出了一口气。看到她放轻松的样子，我真是哭笑不得。此时的我想法变了，急于破案的我就像花店老板那样，把花放在手心里，用热气暖着哈着，轻轻地揉搓，花奇迹般绽出如丝的花蕊，但花开只是一时不是真正的自然的开放。

我和小明同学的谈话结束啦！可还是没有任何有关欧元的消息，可我想：只要有耐心，相信会有更多的惊喜在等着我。午休时，我正在教室开门窗，小A跑到我面前说："老师，我想再向年级主任要一张一百欧元，他不给。我……""要不要老师帮你"我试着问他。他低声说："洪老师，我本想拿一张……可一下……拿了两张……我不敢还，于是把欧元撕了……"我心里长长地吁了一口气：经过漫长而又短暂的等待，"欧元事件"终于可以结案。"知错敢于承认，你真是个了不起的孩子！那你准备怎么办呢？""我在义卖的时候把一百欧元挣回来，您看行吗？"我扶着他的肩膀说："我看你的办法行。不过，以后想要东西时，一定要先征得别人的同意，好吗？"他使劲地点点头。

对于小明同学的这份等待，在入情入理的教育等待中，是我对她的理解，这份理解使学生体验到什么是正确、什么是错误，从而就会不知不觉地抛弃那些沾染在自己身上的不正确的思维方式。

对于小 A 的这份等待，在感化的教育等待中，是我对他犯错的宽容，更是对他自尊的呵护。正是这份等待让他在愧疚之后能够平静而从容地抬起头……也正是在等待中。

这件事给了我很多思考。

我们处理问题时之所以着急，是因为过重的功利心，让我等不及学生认错的过程，差点搞出冤假错案。而今，我回味这一切的时候却发现，我在等待的那个瞬间，是让迟开的"花朵"沐浴阳光雨露，健康成长的时刻；我在等待的那个瞬间，是一种积极主动的无声呼唤，是一种智慧的等待。

教育是一个等待的过程，而等待也是一个教育的过程，在等待中付出，必然也能在等待中收获。种子会慢慢地发芽，花儿会悄悄地开放，我会静静地等待。我要用汗水浇灌校园沃土中的每一种植物，耐心等待每一株鲜花争奇斗艳，每一棵小草勃发生机。让我们一起耐心等待，倾听花开的声音，守候花开的幸福。

一字一乾坤

明晓洁

中华民族的文化源远流长，汉字堪称奇葩，每一个汉字都承载着厚重的文化，它们肩负着记录、传承中华文化的重任，是中华民族智慧的结晶和无价的瑰宝。

在新一年级的开笔礼上，李校长挥毫泼墨，送给孩子们两个字："人""爱"。告诉他们要学做人，要全人发展，要泛爱众，而亲人。李校长的做法开启了我的智慧。开笔礼的第二天，孩子们就要第一次踏入王府校园，我也要送给他们一个字，我千挑万选，选中一个"孝"字。百善孝为先，孝敬长辈是中华传统美德。我们的孩子早就习惯了那来自父母伟大而无私的爱，他们把父母的付出全部都当作司空见惯的事情，很少有人知道那一件件小事中，都蕴藏着父母对他们浓浓的爱。他们从未想过要付出爱，我就要用这个"孝"字点醒他们。

我与孩子们的第一次见面，就以这个"孝"字开场，我在黑板上写了一个大大的"孝"字，并对他们说："孩子们，从今天起，你们就是一名光荣的小学生了，老师送给你们一个字，你们谁认识这个字?"一个漂亮的小姑娘喊道："这个字是"孝"，我在《弟子规》里见过这个字。"她的话音未落，孩子们一起背出了"首孝悌，次谨信"。"你能讲讲这个字吗？"我追问道。小姑娘摇摇头，看来她只是会背，并不知道其中的意思。

"你们看，'孝'的上半部分是'老'字的一部分，下面是个'子'字。孩子背着老人，奉养老人，这就是'孝'了。只有孩子非常健壮，能力又强，才能把父母照顾好。你们今天来学校学习，就是来学本领的，好好学习，学好了本领，在家做个好孩子，让父母每天都开开心心的，才算真正做到了孝。孝顺父母，要从现在做起，从小事做起。"

我把孩子们又带到了王府校园的壁画前，给你们讲了"扇枕温席"的故事。"古时候有个叫黄香的小孩，九岁时母亲就去世了，剩下体弱的父亲和他相依为命。他知道父亲养育自己的艰辛，就把自己的一片孝心全都献给父亲。夏天，天气炎热，黄香每天晚上都要先把父亲蚊帐里的蚊子驱走，再用扇子为父亲把床上的凉席扇凉，以使父亲安然入睡。冬天，天气寒冷，黄香每晚都要先上床，用自己的体温把被褥焐热，以免父亲受凉。不仅如此，黄香在学业上还十分出色，当时就有'天下无双，江夏黄香'之说。"

孩子们的小眼神里闪着亮光，我想我已经把这个"孝"的种子深深地植入了孩子们那幼小的心灵。乾为天，坤为地，乾坤代表天地。一字一乾坤，"人""爱""孝"这每一个汉字中都有一片大天地呢！

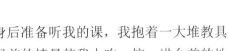

无声的教育

黄 竞*

上课铃响了，新毕业的小老师跟在我身后准备听我的课，我抱着一大堆教具满心欢喜，胸有成竹地推门走进教室。可眼前的情景使我大吃一惊：讲台前的地上满是铅笔、钢笔、橡皮、直尺……

不待我询问，个子矮小的龙龙已经从座位上站起来，一向爱哭的他眼泪已挂在了脸颊，愤愤地告诉我："老师，刚才高×把我的铅笔盒摔在地上……"没等龙龙说完，高×也站了起来，不服气地回击："他在下课时打了我一下，还把我的尺子弄折了。"全班同学这时都格外安静，抬头望着我，好像在说："老师，您打算怎么处理呢？"是讲课还是……班里一些调皮的孩子已经开始你一言我一语地评论肇事者的是与非了。看到这一切，我心里的气不打一处来。

"你们'真好'！"这四个字我讲得很响，响得连我自己也感到有些吃惊。这两个孩子实在是惹事太多了！到了这时还这么不懂事，我有点恼火了。龙龙、高×又惊又怕地看着我，同学们也都用惊异的目光注视着我。我能隐约地感到新老师也在静观事态的发展、变化。怎么办？这不是一下子给我将到这里了吗？大家都能猜到在"你们真好"这四个字的后面，将是一连串急风暴雨式的批评。可是，当我的目光接触到龙龙、高×那慌张的眼神时，我下意识地把头转向了窗外，借此稳定了一下自己冲动的情绪……

教室里一片寂静，足足有 30 秒钟。这 30 秒钟让大家都觉得很长很长，说实话我脑中也是一片空白。本来满脑子想的是如何把今天的新知识传授好，这样的突发事件真让我措手不及。当我把目光再转向两个孩子时，我发现龙龙、高×还在僵持着，谁也不想先去捡起那些滚落得满地都是的文具。看来，此时强迫命令和严厉批评都无助于问题的解决。从他俩脸上的表情我感觉到他们渴望得到的不是老师板着脸的训斥，而是老师如何能公正地、态度温和地帮助他们解决问题，更何况他俩还都以为自己有理呢！现在讲课不仅他们听不进去，恐怕大家都会心

---

* 北京第二实验小学三年级数学教研组黄竞，一级教师，区级骨干教师。

不在焉。因为对于孩子们来说，这件事就是一件天大的事。想到这些我平静了下来。

我蹲下身，捡起了掉在墙角的文具盒，又把散落在地上的钢笔、橡皮等文具一件一件往里捡。这时，龙龙、高×也默默地来到我的身旁，抢着把东西往文具盒里捡。一切都那么悄然无声，一切又是那么和谐。我把收拾好的文具盒递给高×，示意他交给龙龙。龙龙接过文具盒，走到高×跟前低声说："对不起。""我也不对。"望着手足无措的龙龙、高×，同学们都善意地笑了。此时，还需要我对他们说什么呢？不必了，因为他们全懂了。教室里又充满了往日的温馨。我用平静的语气说："好了同学们，我们开始上课了。"

讲课的过程中我偷偷观察他们两人。看着龙龙、高×专心致志地听讲、做题的样子，我不禁感叹道：那不露痕迹、不加雕琢的隐性教育，从某种程度上来说，无疑比板着脸的训斥更有成效，它犹如和风细雨，使学生在悄无声息中自然而然地受到感染。

这次成功的"无声教育"给我的启迪很多。我深深地体会到学生有了过错，教师要学会延时判断，更要学会等待和宽容。有人说，犯错是学生成长过程中应有的权利（原则性错误除外）。我们不能苛求学生人人完美，既然犯错误难免，我们在面对学生犯错误时就不必马上生产，也不能奢求靠一两次批评、谈话就立竿见影。因为，一个好的品质的形成，一个不良品质的矫正，都不可能一蹴而就，都要经历一个长期的、曲折的培养过程。事后我反思自己当时的言行：在那个特定的时间、特定的场合，我选择了一种看似无奈的处理方法，但我现在觉得这种做法也许是最恰当的。在这件事的处理过程中我学会用等待的心情看待学生，我当时的做法也许是无意识的，但是我突然意识到我们如果能对学生少一点苛责、少一点批评、少一点失望，多一点信任、多一点鼓励、多一点身体力行，那么取得的教育效果就会大大不同。学生良好行为不是直接教会的，而是潜移默化的结果。如果孩子生活在批评里，他将学会谴责；如果孩子生活在充满宽容的环境里，他将学会反思、学会善解人意。以上案例的成功告诉我：真正的教育建立在尊重与信任的基础之上，建立在等待与宽容的期待之上。真正的教育存在于老师与学生心灵距离最短的时候，存在于师生情感共鸣、心灵契合之时。

学生犯了错误，教师要以情感的力量促使学生自我反思和自我纠错。是啊，我们的学生听惯了被动接受的批评、说教，已形成了一定的"抗药性"，许多道理老师不说，他们也明白，老师说了，他们也听不进去。因为，缺乏师生情感这座桥梁，道德认知就难以转化为道德意志和道德行为。俗话说情通理必通，我想就是这个道理。如果教师能抓住某些事件激起他们思想斗争或情绪波动，然后给予启发诱导，这种经历往往会在他们心灵上留下深深的印象，渐渐地孩子们就能学会自律，就会对自己提出一些要求而做到自治，从而达到不用师教而自我教育的最高境界。

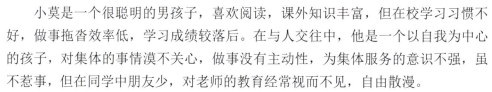

师爱让每一个孩子都闪亮

贾 敏*

小莫是一个很聪明的男孩子，喜欢阅读，课外知识丰富，但在校学习习惯不好，做事拖沓效率低，学习成绩较落后。在与人交往中，他是一个以自我为中心的孩子，对集体的事情漠不关心，做事没有主动性，为集体服务的意识不强，虽不惹事，但在同学中朋友少，对老师的教育经常视而不见，自由散漫。

通过和孩子谈心、家访及电话交流，我了解到小莫生活在一个条件优越的家庭里，他的父母均为独生子女，家中爸爸、妈妈、爷爷、奶奶、姥姥、姥爷六位家长共同照顾一个孩子，因此在家里小莫是名副其实的"小皇帝"，集万般宠爱于一身，凡事由家长包办代替的现象在小莫身上显得尤为突出。不难想象，孩子的生活和学习习惯及自理能力是何等的低下。而且，他做事很少会替别人着想。在集体中，他从不主动担任干部职务，认为同学替他做的事情都是应该的。他喜欢阅读，自认为见多识广，同学都不主动和他玩是因为他们比不上他，所以他也很少主动找别人说话，朋友很少。当然，他和我的对话也仅限于我问他答，而且言简意赅。

教师的爱，是照亮学生心灵的火把，是通往学生心灵的桥梁，是打开学生心灵之门的金钥匙。在不断的交流和接触中，我慢慢地发现突破口，那就是注重感情投入，拉近心理距离，为教育转化奠定基础。

为拉近和小莫的心理距离，我抓住了一次小莫生病在家休息的时机，一方面去看望他，为他补课，另一方面准备和他像朋友一样做一次友好交谈，进一步走进他的生活和内心世界。没想到我的这次家访，受到了小莫的热烈欢迎。电话那

---

* 北京第二实验小学三年级语文教研组贾敏，一级教师，区级骨干教师，三年级首席班主任；曾获西城区优秀班主任。

一头还没等妈妈说话，他就开始在屋里欢呼起来。进了他的家门，看到他病情好转，又生龙活虎般地又蹦又跳时，我暂时放下了对他身体的担心。可接下来还没有等我说明来意，他已经迫不及待地拉着我到他的小屋，向我打开了话匣子，使我看到了一个学校以外热情、开朗、真诚的小莫。他能很清楚地从他的家庭说到他的父母，从他的生活说到他的朋友，从他的兴趣说到他的愿望。此时此刻，我已经成为一个地地道道的倾听者，而他正在毫无保留地向我敞开心扉。从那以后，我和小莫的关系真正拉近了，他每天来到学校，我和他都会有一番课堂之外的对话，这也成了一天中他最享受的时光。除师生关系之外，我们更像无话不说的朋友，这为我后面对他陆续采取的教育措施奠定了良好的基础。

作为教师，教育好学生的前提便是尊重。要从学生的自尊、情感需要入手，多鼓励、引导，坚持正面教育。小莫是一个缺乏集体荣誉感的孩子，凡事总是以自我意识为中心。开学初，我班打扫卫生，为保持地面整洁，学生共同商讨决定每天利用早读和中午广播时间墩两遍地。于是，墩布便成了班里的抢手货，很多同学争着抢着为集体服务。一个月下来，我有意识地观察了小莫，发现他竟然未为班里墩过一次地。于是，在一天的早读，我对同学们说道："孩子们，一个月以来我们班的地面亮洁如新，这离不开每一位同学的劳动和服务精神。可我们班的小莫同学总是抢不到为班里擦地的机会，所以他想让贾老师帮助他问问全班同学，今天让他擦地行不行？"此时此刻，全班同学会意地点了点头，表示赞同，而小莫也明白了我的用意，不好意思地站起来，拿起了墩布真的一板一眼地墩起地来。有了这次经历，聪明的小莫懂得了老师的用心良苦，我都会把任务交给他去做，给他找机会"抢"着墩布，渐渐地不用我暗示，也能够主动摆桌椅，在这其中，我没有间断地鼓励他，因为他无法做到真正的爱劳动，在劳动中，我还有意地让他协助饭官推饭箱，协助门官及时关门，协助窗官开窗，慢慢地我发现了他在同学上操之后很多次主动为同学开窗关窗，体育课下他还能为同学拿衣服。就这样坚持着快到放假了，同学们在班级优秀小干部评选中，都纷纷表示小莫越来越关心集体了，把宝贵的一票投给了他。他越来越自觉地加入到为集体服务的队伍中来！特别是对于大家都不愿意做的班级事情，他却总是抢着去做。小莫变了，他在为同学做事情的时候，也受到大家的主动邀请，他觉得自己很重要。许多同学也很主动来找他交流。他很高兴。

有时候，教师为了达到教育目的，常常对学生采取简单的批评和命令，但这种方式所收到的效果却往往不尽如人意。这时，如果能够冷静处理，逆水推舟，也许意想不到的结果就能够孕育而生。小莫做事拖拉，学习效率低，这是影响他学习成绩的一个重要因素，而我一直以来对他的督促和提醒已有多次，但起色不大。于是，在一天分析试卷后的改错课上，我幽默地对他说："小莫，你平时完成作业的速度都不算太快，我想这节课下课之前你应该改不完这张卷子。"此话一出，班里的同学便纷纷窃窃私语："贾老师是在使用激将法吧。"听了他们的话，我不作声，只是微笑不语。这时，小莫听了我的话，那股不服输的劲儿可上来了。剩下的时间里他一改往日边玩边写的毛病，闷头改错。直到下课铃声响起之前的一分钟，他箭一般地拿着卷子冲到了我的面前，大声说："贾老师，我改完了！"看着他的举动，全班同学不由自主地鼓起了掌，而我内心的喜悦也难以用语言形容。此后，每到改错误的时候，我都会提前给他示意，有时候还商量着打赌，我故意输给他一些小书签小橡皮，他得到鼓励还把这些小奖励作为班级奖励基金，奖励那些改错有进步的同学。从那以后，课堂上他没有一次偷懒拖延时间。在他的带领下，同学们还设计了一个"一字不错了不起"的小奖状，奖励像他一样改错认真努力的孩子。而每次他得到奖状，我都会特别关注把奖状大张旗鼓地发给他，还请其他任课老师协助，也在此基础上帮他养成有错及时改的好习惯。最可喜的是，班上许多同学在他的带领下改错的效率也增强了不少。从此以后，他的学习效率逐步提高，成绩也越来越有进步。

经过近一个学期的训练与培养，小莫更加关心集体了，自己在集体中更愿意积极地表现自己，上课也能大胆举手发言，作业的错误率减少了，很在意同学老师对他的看法，主动帮助同学，还把自己看到过的好书带到学校中来，与同学们分享，因为他爱好历史，也赢得了许多男孩子的青睐，下课主动找他谈论读书心得。看到了他的成长，我和他的家长都真心地为他高兴。后来，我每隔一段时间就会耐心地和孩子谈一次话，及时表扬他的点滴进步，和他共同找出这段时间存在的仍需改进的问题，让他的小伙伴为他做出表率，用他们的行为去感染熏陶他，和他的家长建立家校联系，取得支持和协助，并开展"我们的小莫变了"小型班会。果然，小莫一天一个新面貌，我们的关系也渐渐融洽亲密了，我发现了他的很多优点，他也越来越喜欢我，对我无话不说。

教 育 感 悟

教师对学生的态度不仅对学生的学习和智力发展有着重要的影响，而且对学生一生的个性发展都有潜在的广泛的、长远的、深刻的作用。陶行知先生有一段非常感人的话："您不可轻视小孩子的情感，他给您一块糖吃，是有汽车大王捐助一万元的慷慨。他受了你盛怒下的鞭挞，连在梦里也觉得有法国革命模样的恐怖。他写字想得双圈没得着，仿佛是候选总统落了选一样的失意。"

这就是说，教师要有一颗可贵的童心，我们只有"变成孩子"，才能懂得孩子，理解孩子，教育孩子。我们只有蹲下身子，以孩子的视角来观察世界，才能做到尊重和理解孩子的情感。

在学生不能正确地估计自己和缺乏自信心的时候，如果得到教师的爱，就会鼓起勇气，振奋精神。此时，师爱又转化为学生信心的源泉。在孩子的成长历程中，会对自己刚刚涉世的这个世界有很多的安全感，他们心中向往着被接纳、被重视、被肯定，但是因为家庭教育的过度保护，有时孩子失去很多自己探索的勇气和信心，他们渴望被理解，却又不知如何作为。作为教师，他们的爱能使学生产生积极的情感体验，获得温暖，受到鼓舞，从而转化为学生学习和个性发展的内动力，去大胆地走进社会活动中，实践、发展。学生得到教师的爱，会把这种爱迁移到教师所教的学科，迁移给他的同学、他的班级、他的学校，乃至他的家庭……所以，师爱是促使学生纯真的爱不断升华的根基。

在下一阶段的教育活动中，我将关注"促进学生学习和个性发展的内动力"帮助小莫和像小莫一样的孩子主动学习，主动交往，提升他们爱的能力和体验。

优秀≠完美[†]

宋　征[*]

忘不了——那个德育十分钟……全班在讨论是否申报优秀班集体？作为班主任，我心中有若干个理由申报。这事一定会全班通过，顺利当选。但事实并非如此！

"我们班还没有达到全班都优秀的标准，科任课上还有个别同学需要老师提醒，站队或走队时总有人出队，有的同学课间还在楼道里追跑……"班中的纪律委员说。

平时不太爱说话的小 N 激动地说："我还发现有的同学说不文明语言，一年级时就没有。有时有的同学没完成作业，有的同学发生矛盾别人劝时还不听，这些

[†]　本文获区级二等奖。

[*]　北京第二实验小学三年级数学教研组宋征，一级教师，区级骨干教师，获得"西城杯"教学比赛一等奖，被评为"教改先进个人""先进教育工作者"。

都是不文明同学……所以我觉得我们在退步，所以我不同意申报。"

"我们班经常能获得三星级中队，大家在大活动时都能齐心合力，比如运动会、艺术节表现都很好……所以，我认为应该申报。"

"我们班同学经常获得科任老师的表扬，很多展示活动咱们班都表现得特别好。成绩上咱们班也经常是全优班。"

……

时机到了，我适时地接过话，"的确，一个优秀的班集体不是十全十美的，问题本身就是成功的一部分。感谢问题的存在才促使我们思考，团结一心、共同努力去解决问题。同时不能因为它的存在就淡化我们取得的成绩。细心的你一定发现，成绩往往都是集体努力得到的，问题往往出在个别同学的身上。所以我的观点还是申报优秀班集体。"

"我们举手表决一下，同意申报的请举手。"令我惊讶的是将近四分之一的同学没有举手……

不能再说了，我心中想着，"好吧，因为要上第一节课了，所以申报的事暂缓讨论"。同学们异常安静地排好队去上课了。

这件事必须迅速解决，怎样解决呢？

时间紧迫，我决定采用"谈话+活动"的方式解决。

1. 谈话

我在当天的体育活动课时间单独邀请了反对者谈话："要感谢各位，因为你们都是勇敢的、有责任感的孩子。面对那么多同学的支持，各位能不随波逐流，坚持自己的观点，并且说出的的确是班中目前存在的一些不良现象。我想那么多同学支持说明他们更多地看到的是班级中积极阳光、取得成绩的一面。但这不代表优秀班级事事完美，没有问题。也不代表同学们没有注意到那些需要我们解决的事。所以我想听听各位眼中咱班优秀的一面有哪些？"

一下子，大家的话匣子打开了。

"我们班优点也有很多，我们班的早锻炼是坚持得最好的，篮球队的成员也是最多的……"

"老师不在时，绝大多数同学都能自觉遵守纪律。"

"比如同学有矛盾时，总有人上来制止。"

……

"对！就像同学之间不可能没有矛盾，但一个优秀的班级要看有没有人制止不当的行为，有多少人有制止的行为。这才是成长！对吗？"

大家纷纷点着头。

"我想让各位多关注的就是问题发生时大家的态度和反应，那才是班级是否优秀的标志。另外我希望小 N 成为我们的班风纠察员，专门监督管理那些不文明的行为。"

小 N 眼睛睁得大大的，似乎那就是他一直向往的。

同学们也响起了热烈的、欢迎的掌声……

"希望大家多关注我们的成绩，继续保持。观察我们的问题，建言献策。一周后的班会，我们再来投票是否申报优秀班集体？好吗？"

2. 活动

第二天小 N 就上岗了！

每天我都和小 N 还有几位班委了解情况如何，渐渐地我听到大家更多地在关注班中的正能量。发现问题也在积极思考，提出合理的建议。看到他们被肯定时的笑容我的心中更是无比欣慰。

相信班级申报的过程对每个同学都有触动！一周中，全班同学站队时快速安静，生怕成为落后者。班中没有发生不文明现象，因为谁也不想成为小 N 口中的不文明同学。一周后的班会，全班同学一致同意申报优秀班集体！班中再次响起热烈的掌声！

从儿童的个体发展角度来看，看问题的片面性、孤立性、静止性，是其思维在从具体形象思维走向形式逻辑思维发展进程中不可逾越的一个重要阶段。四年级的学生正处于思维高速发展期，认识事物往往通过几件事的拼接得到一个轮廓，便认为是真理或定论。很少去探究现象背后的原因。

仔细分析不同意申报的同学，我突然发现，8 人中有 5 人都是班委。为什么有号召力的、平时表现突出的班委会有这么多反对的声音呢？我想：因为他们在班级管理过程中更加关注或直接面对的是出现的问题，正因为他们是解决问题的思考者和主要力量，所以在评价班级时才容易把问题放大，而降低对取得成绩的认同度。还有平时比较内向的小 N，身材弱小的他思考问题深刻，学习成绩优异，有热心为班级出力，但总因性格内向而没有得到大家的认可，没能成为班委。对自己要求严格的他自然认为优秀就是同样的问题不能再犯第二次，没交作业等现象更是突破了他对优秀的底线。所以反应激烈也就不足为奇。一次班级同学闹矛盾，他挺身而出，因平时内向，身材弱小，双方并没有取信于他。现在想来，那件事对他影响很深。

另外，平时对于班委的关注更多的是学习和交往，有些忽略学生自身心理的动向，才会导致有些同学的负面情绪没有地方倾诉。

通过申报事件，我更加坚信——走进学生的世界首先是坚持倾听。当学生愿意向你倾诉时，你需要做的就是张开双臂，用心去接受、拥抱他们的心扉。"全接纳，慢引导"则是第一要义。这件事完全可以直接告知全班少数服从多数，所以申报。但想象一下，那些班委、小 N 心中会怎样想？那些不文明的行为是否会滋长？正是少数人的逆袭才使全班每一位同学陷入了思考，反思自己的行为，关注别人的感受。这个非常有意义的成长过程不正是有观点的碰撞才产生的吗？在这一周中，班委更多地关注的是正能量，小 N 不但行使了他的权利，更多的是自我情绪的一种释放。全班同学出奇的踏实，每个人都想成为优秀班级的一员，想想这就是共同愿景带给大家的一种压力和动力。

教师固然是平等中的首席，但对于四年级的学生已有自己的主见，虽然这些主见还不全面，不够深入。但也不是教师几句引导就完全按照去做，他们需要一段内化的时间。所以如果再遇到此类情况，我应该在开学时就和同学们共同制定目标——申报优秀班集体，并在申报书上有全班的签字并且建立建议箱等沟通渠道。学生对班集体的概念是随着集体生活的扩大与丰富的开展逐步形成和发展的。这种集体荣誉感是建立在切实可行的德育活动中的，可以从身边的小事做起，通过日常行为规范教育。将德育的要求化为一条条班级的具体的奋斗目标，可以激励全班学生向着目标奋进，使每一个学生都感到自己是和集体同呼吸、共甘苦的，通过集体的力量培养起学生的集体荣誉感，使学生受到德育教育，这无疑是一个行之有效的方法。同时把每月一评的"10+N+3"和优秀班级的申报相结合，从而阶段性的总结：鼓励表扬保持良好的习惯和行为，发现问题和不良倾向，群策群力去实现目标。或者和今天采用的方式相同，但对于反对者，不应采用公之于众的方式，可以私下沟通，了解详情，再逐步解决。这样"大声表扬、小声建议"的效果也许会更好。

实时跟进才是目标实现的根本保证。小学生因其年龄特点，往往是开班会时冲动、激动，一段时间后便一动不动。学生是成长中的孩子，犯错误是正常的，不犯错反而是不正常的。所以教师不但要对孩子宽容和理解，还要实时陪伴和跟进。把握学生的心理动态，当然更要关注平时的"沉默一组"，他们不是没有态度，恰恰相反，他们有时更是冷眼旁观。之所以能全票通过，不仅仅是大家在意识上重视，更多的还有及时的跟进。及时迅速把握思想动态，因势利导，以申报优秀班集体为契机，切实提升学生思考问题、解决问题的能力，同时增强班级荣誉感和凝聚力。

　　任何活动都是载体，目标都是提升学生自身的认识水平和交往能力。所以学生要做到的，教师首先要有职业的敏感、未雨绸缪，有所计划。其次就是要走进学生的内心世界，关注每一个孩子从观察开始，从倾听开始，从交流开始，我们不是医生，但却是心灵的理疗师。

　　每一个案例都是一段令人回味的成长经历，我们和孩子都在不断的经历中前行着……

过去的故事

田晓茜[*]

给彼此留下一点儿特别的东西

　　从寒假我就在琢磨，下学期送走自己的第一个毕业班的时候，我留点什么给学生们做纪念呢？刚开学不久，我有机会进行一次教学展示活动，跟学生们说完这件事后，对于也许是小学阶段的最后一次全班展示的机会，他们热情很高，也非常珍惜。我也有同样的感受。每一次进行班级展示活动，无论是教学方面还是教育方面，从准备、操作到最后完成，整个过程中我们都会觉得大家在"并肩作战"，而当我们出色地完成了一个个展示活动的时候，我们也会在一起分享成功的荣誉和快乐！进行这次教学展示活动也不例外。在开始准备阶段，无论是在我备课的过程中还是在学生前参的过程中，我们都遇到了一些意想不到的困难，对课文的理解和感受没有起初想象的那么简单。于是，我们在一起查阅、交流了大量的相关资料来帮助自己理解课文内容。由于刚开学不久，学生们在课堂交流上还没有尽快进入状态，我们就在常态课的教学过程中互相提醒、纠正……在我们共同的努力下，当天的教学展示活动很成功，得到了与会老师的肯定，我和学生们都很高兴！得到"凌空奖杯"之后，我又一次把它拿到班里，在每一个学生的手中传递，最后摆放在班级的展示柜里。对于这个奖杯，我是不该"占为己有"的，

＊　北京第二实验小学五年级语文教研组田晓茜，一级教师，区级骨干教师，区兼职教研员，曾获北京市阅读教学大赛特等奖、西城区"西城杯"教学比赛一等奖。

因为它承载了我们每一个人的汗水和智慧！

还有什么能比"同甘共苦"的经历更让人难忘和回味呢？我把这次教学展示课刻录成光盘，在毕业的时候作为纪念送给了每一个学生。我留给他们的不仅仅是一张光盘，还有他们在小学学习的经历和回忆，与此同时，他们也将每一个人的音容笑貌印在了我的脑海中。假期中写论文的时候，我又一次看了这张光盘（我给自己也留了一张），看着他们在课堂上投入身心地学习和纵情淋漓地表达，我在不知不觉中，笑了。不知道，他们是否也会在将来的某个时候，看到这张光盘，在看着自己当年上课时的样子，看到他们以前的老师，是不是也会会心地一笑呢？

耳畔又响起那些动听的歌

教他们两年一直没有机会听他们唱歌，虽然他们每一个人身上都有很多的"艺术细菌"，几乎每个人都能演奏弹唱点儿什么。今年"六一"前学校组织了"百灵鸟"歌咏比赛，在紧张的复习考试前夕，我们六年级也参与了这次活动。在筹备比赛的过程中，从老师到干部再到同学，每个人都很投入：参赛曲目和服装确定下来之后，我们就利用中午吃完饭、大课间甚至有时用我的语文课一遍遍地练习和彩排。由于准备的时间比较紧张，再加上那段时间我正好要参加一个培训班，周末没有时间去准备道具，一个电话打给班干部，周一早上十几束灿烂的向阳花就摆在教室里了，后来由于不够用又补买了十几束，是孩子和家长放学后跑了好几个批发市场凑齐的⋯⋯听说其他班的展示有管乐队伴奏，班里管乐队各声部的首席们，自发地熬夜把我们所演唱歌曲的谱子改编成了伴奏乐谱，互相通过电话联系确定合练时间，虽然在比赛当天由于一些原因没有让他们进行现场伴奏，但我们仍被他们的热情、才华和责任感深深地感动了！今天再回忆起那段忙碌而快乐的日子，像这样让人感动的一件件事和一个个人，就这样清晰地浮现在了眼前⋯⋯

比赛当天，我坐在台下听孩子们动情地唱起——"实验二小是座爱的幸福家园，给我爱的温暖、爱的情感⋯⋯"，不知不觉中感动的泪水悄然滑落⋯⋯这次歌咏比赛，虽然最终我们"荣获"了年级倒数第三的"好成绩"，但在我心里，这是记忆中最动听的歌！

珍藏"六一"的美好回忆

先解释一下这个标题的含义：这个标题有两层含义，第一层含义是——六年级的儿童节应该是孩子们的最后一个儿童节了，迈进中学的大门后，他们也就告别了童年长成了少年，因此，"珍藏'六一'的美好回忆"也就是珍藏童年的美好回忆了；第二层含义是——进入六月份，就意味着分别在即，也希望我们所有人都能把自己对"六一班"的美好记忆珍藏起来，留在以后慢慢聊⋯⋯

我从寒假就开始有了这个想法并且开始琢磨具体怎么操作？我给孩子们定做了一个大蛋糕，上面写着"珍藏'六一'的美好回忆——送给我亲爱的孩子们。"5月31日那天中午，我让孩子们从前台把蛋糕取回来，放在讲台桌上，对全班说："去年的'六一'儿童节我给大家每人做了一个寿司，今年我为大家定做了一个蛋糕，东西都不大，但是老师的一份心意，我希望大家能高高兴兴地过你们的最后一个儿童节，更希望以后即使你们毕业了，还能记住我们的'六一班'！"大家围着蛋糕合影照相，然后由我和几个班干部把蛋糕分给每一个人，因为正是吃饭的点儿，大家都吃得很尽兴。吃着吃着，不知道是谁偷偷地把一块奶油抹在了我的脸上，我也从蛋糕盒上抹了一把奶油弄在他脸上，这下可炸开了锅了，大家都你一下我一下地抹起奶油，有的追出教室抹、有的"偷袭"着抹、有的还一边吃一边抹，几乎每个人身上、脸上都有奶油印儿，而且每个人都笑得跟"烂菜花儿"似的⋯⋯不过，那天的值日，做得是——相当的费事！这也算是对我们"偶尔疯闹"的惩罚吧。看到这里，冯校长会不会生气呢？哪有老师带着学生这么疯的？！您别生气，首先呢，我们已经及时收拾了"战场"，保证没有留一点儿痕迹，保证不影响楼道和教室的卫生；看着孩子们在紧张的学习之余，在"法律允许的范围内"，真正地放开身心地闹一闹、笑一笑，您是不是也会很欣慰呢？

不想让你（们）走

最初的想法很单纯，只不过想让学生们留一点儿甜蜜在嘴里，留一点儿回忆在心里，仅此而已。

再难舍的情谊，也挽不住时间的手。

6月12日，星期五，严格意义上说，这是孩子们在小学阶段的最后一天：上最后一节课、做最后一遍操、做最后一次值日、放最后一次学……下午最后一节课，按要求我们要整理考场（本班教室）、打扫卫生、贴考号……做毕业考试前最后的准备工作。在收拾自己的东西的时候，教室里很安静，没有人说话，大家把小柜子、位子里的东西都放在自己的书包里；没有人提醒，一个高个儿的男孩主动拿着垃圾桶挨个收同学们的垃圾；负责当天值日的组，在组长的带领下各就各位做教室卫生；我把他们每一个人的考号发给他们，让他们贴在桌子的左上角……真希望时间可以过得慢一点儿……

毕业前，为了做毕业册收集了每个学生的照片。我把这些照片按学号排好顺序，选了一段背景音乐，还有我写给他们的"毕业寄语"合在一起做了一个课件，再加上之前我们做展示课的录像，一并制作成一张光盘，取名也是"珍藏'六一'的美好回忆"，拷贝了45张，毕业节的时候，作为"毕业礼物"同毕业册一块儿送给了孩子们。作为回报，孩子们也给我留下了可以回味的东西，他们每一个人都给我写了一份东西，叫什么呢？权且叫它们"毕业感言"吧。我把他们写得这些"毕业感言"装订成册，现在这本珍贵的册子就静静地躺在我的写字台抽屉里，而这个册子上所记录的发生在我们之间的一个个故事也深深地藏在了我的回忆里……

这就是我和我刚刚送走的自己第一个毕业班的学生们之间的"故事"——过去的事情。写这篇文字的时候，已经和他们分别近两个月了，很快，我们又都要开始各自全新而忙碌的生活。哎，金秋九月，他们会回来吗？我们在记忆中都会念着彼此吧？

写在后面的话

读上面的文字，让我有一种非常熟悉的感觉——我们和家人、朋友之间一定也会有一些刻骨铭心的往事，但更多沉淀在彼此心里的还是那些生活中的一些点滴和一些片段吧。我们和学生们每天朝夕相处，其实，也是在不知不觉中，在每天的教与学、喜与悲、笑与泪中"过着日子"。"教育即生活"——看来杜威真的为我们这些做教育的人点透了教育的真谛。用对待生活的态度去对待教育，用对待家人和朋友的情感去对待学生，我们会收获比专业成长更为丰富的东西，会看到比教育本身更加美丽的风景！

谨以此文表达我对学生们的想念……

机会罐子机会多

明晓洁

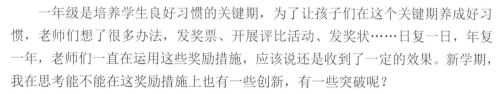

一年级是培养学生良好习惯的关键期，为了让孩子们在这个关键期养成好习惯，老师们想了很多办法，发奖票、开展评比活动、发奖状……日复一日，年复一年，老师们一直在运用这些奖励措施，应该说还是收到了一定的效果。新学期，我在思考能不能在这奖励措施上也有一些创新，有一些突破呢？

今年当我再次迎来一年级新生的时候，我用起了机会罐子。这可不是一个普普通通的罐子，它是一个具有魔力的机会罐子，罐子里装着孩子们最喜欢干的事：

"参观老师的办公室"

"给你心爱的小花浇浇水"

"请你为同学们发水果。"

"发现教室里的一个卫生死角。"

"允许你今天坐老师的座位"

"让全班同学一起夸夸你"

……

一时间，机会罐子成了孩子们梦寐以求的东西，为了得到机会，孩子们努力地表现着。课堂上，他们坐得精神百倍；操场上，他们更是站得精神抖擞。不好意思当众讲话的同学，为了得到机会，开始尝试着用洪亮的声音来发言。机会罐子我可不会轻易拿出来，它一定是在 培养、巩固新习惯的时候，发挥不可替代的作用。我们就拿"听到铃声，快步走进教室，在座位上坐稳"来说吧。这一训练在以往是最让老师伤脑筋的。可这个学期当机会罐子出现之后，孩子们进教室安静而有序。

在学生最容易违规的时候，机会罐子的威力就更是显露无遗。收拾书包就要放学了，孩子们最容易散，此时，我会抛出一句话，"安静收拾书包，做到三净（桌椅对齐，桌面、位子、地面干净），十次抽奖机会。五次机会奖励进步最大的五位同学。"这就意味着会有十位最安静、最快收拾完书包的同学和五位在收拾书包方面有进步的同学享受到这项殊荣。一时间，教室里会鸦雀无声。

为了把"抽奖活动"搞得异常隆重，我们一定会在全班同学都在场的时候，让赢得抽奖机会的同学瞬间当众抽奖，当众来宣读。此时，你会发现那些获得抽奖机会的同学稚嫩的小脸绽放，眼睛里闪着亮光；而那些没有赢得抽奖机会的同学眼里一定闪着羡慕的、钦佩的目光，他们的小腰板一定挺得直直的，那是他们在暗下决心，明天一定要赢得抽奖机会。

为了更好地结合我们的主题板块式学习，让孩子们更加热爱王府校园这个大家庭，增进孩子之间的友情，在和同学们商量之后，我们在机会罐子中又增添了许多有意思的字条：

"做爱心使者，找班上一个最需要帮助的同学，去帮助他。"

"邀请你的同桌和你一起做干杯游戏。"

"课间邀请一位独自玩的同学，和你一起玩一个有意思的游戏。"

"和你的好朋友坐在一起"

"带你的好朋友去参观王府的前院"

"带你的好朋友去读一读王府的壁画故事"

"与孔子爷爷照个合影吧！"

"主动和你从未说过话的同学，介绍一下自己吧。"

"和你最喜欢的老师拥抱一下。"

"和你的好朋友（或老师）在校园里合影留念"

机会罐子机会多，开学已经三个月了，机会罐子里的字条越来越多。它作为一种全新的奖励机制，极大地调动了孩子们的积极性，促使他们尽快地养成了好习惯，顺利地完成了幼小衔接。这一奖励措施受到了学生的欢迎，孩子们从机会罐子里得到了来自老师、同伴的认可、赞赏，得到了关爱，得到了友情，更产生了在这个新的家庭中的归属感。从此，上学变成一件有趣的事，老师、同学们变成了他们的好朋友。如果说，开学这一段时间还算顺利的话，机会罐子确实功不可没。

"包容"的力量

善　晖*

有人说："花的事业是甜蜜的，果的事业是珍贵的，叶的事业是平凡的。"我选择叶的事业，因为叶总是谦虚地垂着它的绿荫，选择了叶的事业，就是选择了教师的事业，教师的一生与花相伴，与花相伴的一生富于诗意而美好。教师这个职业平凡却伟大，我喜欢这个职业，并且享受其中。每天都能与可爱的孩子们朝夕相伴，我爱着他们，同时也感受着他们传递给我的爱。

爱学生不仅要爱他们的优点，更要去接受他们的缺点。毕竟每个学生家庭背景不同，他们所受到的家庭教育也不同。很多人都把刚入学的孩子比喻成白纸，如何去构图，还是要靠老师的指引。

作为一名数学教师，当班主任的第一天就遇到了这样一件事：当天，我早早地来到教室等着在操场早锻炼的孩子们。这时一位身体娇小的精灵出现了，我赶紧笑容满面迎了上去："你叫什么名字呀？你是第一个回来的"。没想到，他没好气儿地反问我："你是谁？干什么的?"好家伙，这口气！我走到他座位旁，看到他新书上写的名字，就笑嘻嘻地说："你叫小豪呀!"他横眉立目，手还指着我，

---

* 北京第二实验小学五年级数学组善晖，一级教师，校级骨干教师，区先进工作者，区级做课曾获一等奖；多篇论文获北京市一等奖。

一句有名的日本骂人脱口而出："八格牙鲁……你怎么敢叫我的名字？"我被他的话语惊到了，半天接不上话来……就这样我们之间非同一般的相处开始了。

渐渐地，我发现：平时不安分、总是喜欢与同学动手的他，是班里随时可以炸开的雷。在课上他很少听讲，家长也拿他没辙，班里的同学很排斥他，遇到了事情总是笑话他。缓和他与同学们的关系，让他安静下来，听从老师的话，成了每天我找机会改变他的头等大事。

一天早上我在黑板上写了："同学们早上好，今天你做到包容了吗?"之后我带着学生们在操场上早锻炼，小豪来晚了刚跑了半圈就吐了，我跑上前去搂着他说："孩子，咱们去漱漱口吧！"这时浓重的中药味残留在他身上，为了治疗他的狂躁症，他每天都要喝大碗的中药。喝这些中药伤了脾胃，又要喝大碗的中药来调脾胃，我真是心疼他。可小豪硬生生地说："我不漱口，没事！"这时班里排斥他的孩子在一旁说："老师您不用管他，是他自己不要漱口……""停，不说了！"我马上打断了这个孩子的话，这时的小豪像一只小豹子就要扑向这个同学。我死死地拉住小豪，带领着同学们回到教室，我指着黑板上的字说："孩子们，请你们大声读出黑板上的字！""包容"响亮的声音回荡在教室。我语重心长地说："孩子们，小豪吐了，我很心疼他，他吐的都是中药，我更是心疼他，他说不用让我带他漱口，我知道他怕耽误我照顾你们大家呀，你们心疼他吗?"

"小豪，我刚才不应该说那样的话。""行了，我才不跟你计较呢。"两个人的对话引出了同学们的掌声。

为了让小豪休息一下，我把他带到了办公室，只字不提刚才的不愉快。我对他说："我听说你非常厉害，没有任何一件事能难倒你的，但是我给你出一个难题，你肯定完不成。"他一听便来了兴趣，很亢奋地说："不可能！没有人能难倒我！哼！"我拿出九连环，递给他。"给，你要是能把这个九连环解开，我就佩服你。这儿有解环秘籍，给你。我猜你肯定看不懂，给你看看也无所谓！"他接过九连环，便安安静静地坐到了我的椅子上。认真地看起了秘籍。我再跟他说什么话他都不搭理我了。我去上课了，四十分钟很快过去了，下课了，我要带学生去跑步了，这时，小豪回来了。他自豪地把解开的九连环举到我的面前，兴奋地说："看我解开啦！"他眼睛里闪烁着快乐的光芒。看到他非常开心，我接过九连环说："同学们，你们知道这两节课小豪干什么去了?""解九连环去了。""九连环我家有，我还没解出来。""我也有！""我解了一半了，挺烦琐的。"……学生们七嘴八舌地说着，这时小豪的脸微红，一转身不知为什么又冲出了教室。正好，我利用他不在的时机在同学们的面前夸夸他，让学生们多给他些包容。正说着小豪回来了，手里竟然抱着我的羽绒服。"走，老师咱们上操了！"教室里又响起了掌声……

从陌生到熟悉，从对抗到融洽，我慢慢走进小豪，小豪也在一点点地接受我。和他相处的日子也一点一点变得美好起来。小豪是个重感情的孩子，他爱激动、爱挑战。这周，我给他提出了新的挑战，把我钟爱的数独题介绍给了他，这两天他还沉浸在数独的快乐中。我想这个孩子能认认真真地解开九连环、踏踏实实地坐在那里解数独题，为什么不能像别的学生一样认真地上好每一节课、认真地完成每天的作业呢，也许这些对他来说没有挑战性吧，或许这也就是他与众不同之处。我在想，后面我要用什么来激励他给他新的挑战呢？我能通过这些给他挑战来改变他吗？我做到什么才能缓解他与同学们的关系？

"包容"是一种智慧和力量，是对生命的洞悉，是庇护孩子们成长的绿荫，更是维护学生与老师和谐相处的秘诀。这个词能帮我。我包容了小豪的独特，并用老师身上的厚德融化和他交往的过程中的每一点小摩擦，融合着我们之间的情感。也许小豪做得不完美，但只有我们教师做得完美，才能让学生们更加完美。

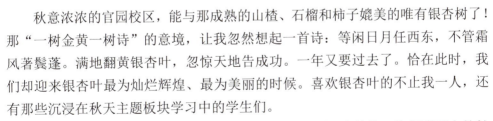

一片银杏叶

杨　蕊*

秋意浓浓的官园校区，能与那成熟的山楂、石榴和柿子媲美的唯有银杏树了！那"一树金黄一树诗"的意境，让我忽然想起一首诗：等闲日月任西东，不管霜风著鬓蓬。满地翻黄银杏叶，忽惊天地告成功。一年又要过去了。恰在此时，我们却迎来银杏叶最为灿烂辉煌、最为美丽的时候。喜欢银杏叶的不止我一人，还有那些沉浸在秋天主题板块学习中的学生们。

一片银杏叶飘悠悠地落在我脚下，弯腰拾起，仔细端详着，终想到了它的妙处。正值我班如火如荼地开展"超级马力"活动之时，而这小小的银杏叶将继续承载无穷的动力，成为获胜的小队的奖励。

---

* 北京第二实验小学二年级语文教研组杨蕊，一级教师，校级骨干；撰写的《图文日记开启低年级学生"写话"之门》一文获北京市2013—2014学年度基础教育科学研究优秀论文一等奖。

教师自己制作的"爱"

这周获胜的是梦想小队，给予他们团结一心、积极向上、自我成长、动力十足的第一个奖励就是到操场上拾银杏树的落叶，我特意安排在德育十分钟。我相信：因为梦想小队的离开，对于其他小队即是一种无声的教育。不一会儿，梦想小队的队员静悄悄地走回班，手里攥着像花一样的银杏叶，开心的笑容浮在脸颊。我把叶子收到袋子里，告诉他们第二个奖励是个惊喜。不仅他们期待，其他小队的学生也很期待。

回到办公室的我，从袋子里取出七片最漂亮的叶子，用水洗干净，放在报纸里吸干，再晾一晾。待叶子完全干了，我在上面写下大大的"爱"字。

语文课的精彩两分钟由我和梦想小队一起完成。我以采访的形式抛出一个问题：首先祝贺梦想小队夺冠。其实，我们大家都想知道为什么你们小队可以有这么强大的"超级马力"呢？

他们积极回应着。有的说："努力做好自己该做的事，就是给小队出力。"有的说："我约束自己，不违规，不偷懒，遇到困难不放弃。"有的说："克服自己的缺点，有时挺难的，但一想到小队，我就咬紧牙关，坚持下来。"有的说："我做事慢，为了我们小队，我在家练，提高速度。"有的说："我们小队也出现过问题，大家不埋怨，想办法解决。"……

这时，我走进梦想小队，亲切地告诉大家："因为梦想小队每个人心中都有爱，这些爱会聚在一起，最终化作对小队集体的大爱。也正是因为这份厚重的爱，才有了无穷的动力与力量，战胜各种挑战和考验，最终走向成功。来，掌声送给他们！"热烈的掌声过后，我举起写着"爱"字的银杏叶，宣布给予他们的第二个奖励，就是写有二小教育最高境界"爱"字的银杏叶书签。我郑重其事地将银杏叶赠送给他们，梦想小队的同学们沸腾了！我们的精彩两分钟也结束了。

我相信梦想小队的学生会在爱中继续充满动力和力量，迎接下一个成长。我也相信其他学生在他们的带动下也会拥有大爱。

精彩两分钟虽然结束了，而精彩却在继续，只因一片银杏叶。

由一块糖的"失踪"引发的思考[†]

赵艳春

一个周一下午的第一节课品德课上，冯校长让学生做精彩两分钟。有一组做精彩两分钟的同学提出了一个问题，班里的一个男生小杨同学答对了。提问的同学就奖励给小杨一块她家乡的特产——孝感麻糖。下课后，小杨就把这块糖放在了饭盒里，并把饭盒放到了座位里。等再次上课时，小杨就发现自己的饭盒被放在了桌面上，饭盒被打开了，里面的糖不见了。小杨立刻把这件事告诉了我。

当时，我想，只有课间这几分钟的工夫，糖就没了，肯定是某个同学拿了。但是要想查出来是谁拿的，几乎不可能。因为拿糖的同学肯定是吃掉了，没有了证据，谁会主动承认呢？就算没有吃掉，一块小小的糖藏起来太容易了，也几乎不可能找到。但是，即便查不出来，我还是希望通过这件事，能对全班同学进行教育，东西虽小，但行为的性质和危害是严重的。如果不及时教育，可能对后面学生的生活、成长造成影响。

于是我立刻对全班讲了这件事：首先，我叙述了这件事的经过，然后给学生分析讲明了这种行为的危害，并且对拿糖的同学提出希望：希望他能悄悄地把糖还回去或者写一张条表示道歉。最后，我对全班再次重申了以前提出过的两条要求：①严格要求自己，不随便动或拿别人的东西。②当你看到别人在未经他人允许的情况下动别人的东西，要及时制止，并告诉当事人或老师。

第二天，我了解到没有同学还糖或写条道歉，于是我准备进一步采取措施。我给学生布置了一篇随笔，题目叫：《由一块糖的"失踪"引发的思考》，准备第二天交流。

然后我通过飞信与家长沟通，在飞信里讲了这件事，以及我对学生的教育。告诉家长，我请同学们以《由一块糖的"失踪"引发的思考》为题，写一篇随笔。请家长配合对自己的孩子加以教育。明天，我们将交流大家的随笔，以同学自己的思考教育有这样不良行为的同学。

第三天，周三，我上午先批阅了学生的随笔，重点选了一些，准备上课交流。

[†] 本文在北京市西城区小学班主任"我的教育故事"评选活动中荣获一等奖。

下午，上心理课时，我们交流了大家对这件事的思考。形式是：学生交流自己的随笔+老师点评引导+同学即兴发言。

1. 我请丢糖的小杨来读他的随笔

他在随笔中写道：

昨天下午第一节品德课，我得到了一块孝感麻糖。下课，我把它放在了饭盒里，然后就出去玩了。当我回来后，发现饭盒被打开了，里面的糖不见了。我还没尝过孝感麻糖呢，这下可把我急坏了。我把这件事告诉了赵老师。

第二节课刚上，赵老师就针对这件事在全班进行了教育。开始，我以为赵老师就问问谁拿了我的糖，还给我就是了，没有多大事。可当听到赵老师严肃地说："拿别人的糖不是一件小事，今天拿别人一块糖，明天拿别人一支笔，长大后就可能犯下很大的错误。"听了这些话，我马上感觉到自己的想法是错误的，这些话深深地教育了我。使我懂得只要不属于自己的东西，哪怕再小、再好，也不能去拿。如果你今天动一下，明天拿一个，以后，就可能养成不良的习惯，犯下更大的错误。

虽然自己没能吃上这块糖，但赵老师的话比得到这块糖的收获要大得多。通过这次丢糖，我懂得了今后不但要保管好自己的物品，更不能随便动别人的东西。要从一点一滴做起，做到"勿以恶小而为之，勿以善小而不为。"

读完之后，我们对他的随笔进行点评：你看，小杨是多善良、多宽容的孩子，文中丝毫重没有谴责拿糖的人，而是反思自己的想法，谈自己从中受到的教育。值得我们大家学习。

2. 我请一位班干部小徐来读她的随笔：

她这样写道：

小杨丢了一块珍贵的糖。可能有人会说："不就一块糖嘛，能有多珍贵、多值钱？大不了让他爸爸妈妈去商店再买一包、买一斤！"

我可不是这么想的。这块糖是小杨正确回答品德精彩两分钟问题而得到的奖品，是湖北孝感麻糖。小杨得到糖块时，非常开心。他没舍得吃，小心翼翼地放到他的饭盒里，肯定是想慢慢品尝这份快乐。也许他还想带回家，与爸爸妈妈一起分享这份学习的甜蜜。但是，不知是谁，一念之差，剥夺了别人的快乐！

我曾经品尝过妈妈的同事从家乡带来的孝感麻糖，又酥又香又甜，非常可口。可是，如果不经允许拿别人的糖吃，我想，就是吃到嘴里也不会香甜了。

这次麻糖"失踪"事件，使我想起《三国志》里的一句话："勿以恶小而为之。"不管别人的东西有多好，不是自己的一定不可以拿走。一块小小的糖，隐藏着一个人的品质。小小年纪就沾染了偷拿别人物品的恶习，如果屡教不改，长大了就会成为盗窃犯，会蹲监狱的。

我希望那个拿了糖块的同学也能明白这个道理，亡羊补牢，为时不晚，做个遵纪守法的好学生。

我们的点评是：这位同学能够让我们设身处地地体会当事人的感受，对这个问题的分析晓之以理，动之以情。

3．从学生的随笔交流中，我们还看到了家长是如何配合教育的

比如有一个同学小周在文中这样写道：

……我眉飞色舞地说着……

然而，此时，妈妈的神情却十分凝重，她一把把我拽到跟前，表情严肃地说："看着妈妈的眼睛，告诉我，你拿没拿这块糖？""没有，我真没拿！"我面红耳赤地辩解道。听到这，妈妈的目光变得柔和了许多。语重心长地对我说："世界上五颜六色的东西很多，你不可能全部拥有。如果想要，一定要通过正当的途径。"

"未经别人同意，私自拿走了不属于自己的物品是错误的。如果别人未经你同意，私自拿了你最喜欢的拼插玩具，你会怎么样？一定很难过很生气，对不对？"我使劲点了点头说："嗯，妈妈，我懂了。"

妈妈的一席话，让我领悟到，作为一个学生，不仅要学习好，还要有爱心，有责任心，有良好的行为习惯和个性品质。

从学生的随笔中，我们也看到家长的重视和配合教育的效果。

4．很多同学从不同角度去谈了自己的思考和认识

（1）有的同学谈到了这种行为的危害

虽然这块糖很小，不值钱，但从小养成了偷窃的坏习惯，长大了，就可能偷大东西。那时候就会受到法律的惩罚了。有一句老话："勿以恶小而为之。"说的就是这个道理。

这块糖还让我想到，拿走糖的同学如果被发现，就会给大家留下很恶劣的印象。如果下一次班里再发生丢东西的事，别人首先就会怀疑他。要想改变大家对他的坏印象，将是一件很困难的事。

我认为，偷吃了一块糖，嘴里一时是"甜"的，但是后来发生的事真"苦"啊！

这件事虽然很小，但是日积月累就会酿成大祸！俗话说："小时偷针，大了偷金。"我们要防微杜渐。

（2）有的同学在文中表达了自己的情感体验

小杨很伤心，我也很气愤。老师曾经多次教育我们，不是自己的东西不要随便动，可是这次却发生了这种事情。可见这位同学没有认识到这种行为造成的严重后果。

虽然一块糖很小，可是对小杨来说，这是他的奖品，是他的荣誉，更是他所珍惜的。偷拿了他的糖，是对主人极大的不尊重，伤害了小杨，应该为此感到羞愧。

（3）也有的同学通过这件事进行了自我教育

我要用这件事引以为鉴，在思想品德上严格要求自己。不仅自己不乱动别人的东西，还要及时纠正其他同学，避免我们班再出现这种事情。

只有大家都重视，才能杜绝这种行为，我们才能成为品德端正的栋梁，我们的集体才能风清气正。

希望大家有则改之，无则加勉，共同建设我们这个和谐的大家庭！

糖虽小，却能引来"不速之客"，班风再正，也有小插曲。希望同学们尽力驱赶那些小插曲吧！让自己做品德高尚的人吧！

（4）还有的同学展现了宽容大度的胸怀

拿了糖的同学请你不要心存顾虑，人的一生中每一个人都有可能犯错误，只要你勇于承认自己的错误，同学们会原谅你的。

我想拿糖的同学心里一定不好受，他也一定很想把事实真相说出来。我希望他勇敢地说出来，因为现在还不算晚，同学们还能原谅他。

我衷心地希望那个人能勇敢地站出来！我们会期盼着你，会为你勇于承认错误而骄傲！

（5）同学们还对拿糖的同学提出了改正错误的建议

我希望那位同学勇敢地站出来，赶快把奖品还给小杨。如果是吃到肚子里了，写一张小纸条给小杨，他就知道是谁了，小杨就不用成天想着这件事了。

（6）其中，很有意思的是中队长的随笔

中队长谈道：老师，我觉得您让我们写随笔是一个很好的办法，拿糖的那个人一定写得"格外有趣"。"格外有趣"是画了引号的。什么意思呢？就是这个同学如果在随笔中没有承认错误，那就只能故意掩饰自己，和别的同学一起说这种行为有多么大的危害，等于是自己在指责自己。那他在写随笔时，是怎样的心情啊？一定是很纠结的，因为他要用谎言来掩盖自己的错误行为。这种感觉多难受啊！还不如勇敢地承认错误呢！

在这一节课的交流中，没有人猜测是谁拿了这块糖，也没有一个同学指责、谴责拿糖的同学，而是以这件事作为自我教育的契机，谈自己的收获和感受，氛围是很感人的。当时我想，即便这个同学不承认，也一定受到了震撼和教育。

真相大白：

交流是下午一节课进行的，第二节上科学。我带着学生排队去科学教室的路上。小杨对我说，老师，我知道是谁拿的糖了。我赶紧把他叫到后面，问他是怎么回事。他说那个同学给他写条道歉了。而这时已有几个同学知道了。

我赶紧占用了科学课前的几分钟，对全班讲：这件事已经真相大白。拿糖的同学已经给小杨写条承认了错误。让我们对她的勇敢表示由衷的鼓励。大家的掌声突然一下子响起来，大家的表情都很激动，很兴奋。然后我说，这件事已经有了一个圆满的结局。请大家不要再追问是谁，不要再议论，给她一个改正的机会。大家都表示同意。

之后我给家长发了飞信，表达了同样的意思。希望家长放心的同时，不要再追问是这人到底是谁，不要给这个孩子造成太大的心理压力。

第四天得到家长反馈：

1）有的家长发来飞信，说：前天回家关于孩子写糖"失踪"的随笔时，当时我很担心，如果假设这个孩子就是自己的孩子，应当怎么教育他，既能让他感觉到错在哪里，又能不要因此而让孩子背上包袱留下阴影。昨天收到您关于此事处理的结果，作为任何一个孩子的家长都应该感到很欣慰，真的！谢谢您！

2）家长在我们孩子们的班日记上写道：糖果事件已经过去了，这只是孩子们成长过程中的一个小插曲。二小的孩子们都是宽容和大度的，并没有因此而影响友谊和关爱，多可爱的一群孩子呀！

那么到底是谁拿了这块糖呢？原来是两个女生一起拿的，分着吃了。在她们分别主动找我承认错误后，我再翻看她们的随笔。看到正如学生分析的，写得"格外有趣。"

当事人1：

诚实，是一个人做人的本分，如果你失去了本分，你就不配做人。希望偷东西的人能主动地找到老师承认错误。

当事人2：

从这件小事使我想起了小时候大家都会背的《弟子规》中的一句话："物虽小，勿私藏。"古代圣人就教育我们即使是小东西，也不要私自把它们藏起来。未经允许，绝不能拿别人的东西，这是中华民族的美德。我想这位同学一定是嘴太馋了，才忘记了圣人的教训和做人的道理。想起这次麻糖风波，真不该发生。它破坏了我们班里的班风。我建议这位同学勇敢地站出来承认错误，大家会原谅他的。

由此可见：写随笔时，两个同学还不打算承认错误，还在极力掩饰自己。但当大家交流之后，却主动承认了错误。是课上同学们晓之以理、动之以情的交流打动了她们的心，使她们勇敢地承认了错误。这正是学生自我教育的结果，是集体的力量使不可能真相大白的事情真相大白了。

无声的爱[†]

李 颖[*]

现 象 描 述

三月份的一天，由于天气干燥、用嗓过度，我一下子失声了。早上第一节的语文课请"兄弟班"帮忙代了课，算是解决了大问题，可是后面一天中的众多时段都还需要和孩子们交流，这个过程如何解决呢？

采 取 措 施

思考间，到了上操时间，因为雾霾天气，所以操要在楼内上。看着已经站好队的孩子，我向其中站得最直的竖起了大拇指，孩子站得更精神了。于是，整个做操过程中我都是用手势来鼓励孩子和提示动作。下了操，我走进教室，在黑板的一角写下一个大大的"感谢"，在下面写着"能按时、认真上操的孩子；"孩子们走进教室，看到了这段话，小声地议论着，似乎明白了什么。我用手势提示大家坐下，孩子们纷纷坐好了，我又指了指黑板上的那句话，再次竖起了大拇指。更多的孩子坐得更端正了。此时还有十五分钟时间才上课，我拿出了语伴作业想订正几道题，可怎么和孩子们来交流呢？我想：每句话我都向第一排的孩子附耳说上一遍，再让她当翻译未免太慢，要是直接在黑板上出示答案又失去了分析重点的过程，也不能保证每个孩子都专注于这个过程，所以我又在黑板"感谢"角落上写下"能专注听特殊方式讲作业的孩子"；接下来才是在黑板中间位置写下"打开语伴""请同学来交流昨天的作业"，此时孩子们都热情地举手发言，遇到重点的问题我就拍拍掌，多请几位同学说各自的答案，再在黑板上写"大家觉得哪个观点更好？说明理由。"如此一来，经过大家的讨论补充，对问题的理解更全面了，难题迎刃而解。上操和讲题这样的两个回合下来，孩子们已经明白了老师的意思，也对于老师的"感谢"十分高兴，能比较自觉地要求自己了。我的心中也觉得孩

---

† 本文获得北京市西城区教育学会 2014 年案例三等奖。

* 北京第二实验小学五年级语文组李颖，一级教师，区级骨干教师，市级先进班集体班主任。

子们都是那么可爱，和老师的配合很默契，"此时无声胜有声"。失声给自己工作带来的困扰似乎一下子就变得微不足道了。

在此后的眼保健操、午餐、午休等时段中，我在黑板上"感谢"专栏中又陆续写下了"能专时专用做眼保健操的孩子""吃完饭抓紧时间做事的孩子""惜时高效改完错的孩子"，随着每个时段该做的事我把要求提在前，只不过这些"要求"都是以"感谢"的方式存在着。

效 果

在这一天中，我们就这么静静地度过了，随着我的静静无声，班里似乎也变得安静了，这个氛围让我们的心似乎贴得更紧了。到了放学时间，我在已经写得满满的感谢专栏的最下面又加了一句"能用心体会老师意思并积极呼应的孩子。"转过身，我向大家深深地鞠了一躬，来表达我的感谢之情。这时班里响起了热烈的掌声……

反 思

回家的路上，坐在地铁上，回想着这一天，我有很多感慨，也有不少感悟。

首先，我很感动，也很欣慰，我想即使后面还有几天仍是说不出话来，我也能够和孩子们进行沟通，共同完成好教育教学任务了。都说零零后的孩子自我，不太会关注别人的感受和情绪，在与人的情感交流中更多的是"爱"的接受者，但在和这些孩子们共同度过的将近两年的时间里，我感到其实孩子们也有付出爱的意愿和能力。今天通过"感谢"专栏的一项项具体内容让孩子明白了其实做好自己分内之事就是对别人的理解和关爱，就是为他人献出了一份爱心。"勿以善小而不为"正是如此。

更重要的是，今天的偶然事件让我也体会到了教育中的另一种强大的力量——示弱的力量。平时的老师是师生关系中的强者，甚至是强势的代表，而今天的我只能是需要被帮助、被理解的弱者的存在，在这种情况下，学生自然成了爱的付出者，这让他们调动了自己的自觉、自主性，反而达到了比平时更好的效果。由此想见，如果能达到激发学生内驱力，让学生能自我发展，老师是否可以常常示弱呢？

这"示弱"其实是在让学生感受到一种师生间的平等互动的关系，不论是知识、情感、见解等，师生间都是可以双向付出和收获的，这样可以更好地启发孩子的潜能，培养孩子的独立意识和自主行为。我想在教育教学中如能善用和巧用示弱也是使孩子们自主成长的助推剂。其实，"示弱"也并非一个陌生的新方法，在课堂上我们的"学生来做小老师""质疑大家答"等许多教学策略都是为让学生更好地成为学习主体的"示弱"方法。在班级管理中，虽然班主任也有许多培养学生自我管理的方法：小干部负责制、自主早读、自己上下科任课等，但大多数时候班主任往往仍是督促者、检查员，并没有让学生感受到真正的自我管理的价值和意义。那在今后的班级管理中我想可以和孩子通过真诚的沟通，让孩子能够更多理解和帮助老师，比如：老师要去开会或家里有急事，需要你们自己上好上午的四节课，这是为老师分担工作，希望大家帮助。当然，并不能一下子地"大撒把"，这时也一定还需要老师的指导，和孩子共同分析可能出现的问题和应对的办法，让孩子既要发挥自己的主观能动性，又能有相应的助力，不至于有心无力地面对问题。这里也更加考验着老师在预设和处理中的"进""退"的把握。

爱的行为参差多态，不论是循循善诱还是默默守候，不论是言传身教还是平等相待，总之我们都只为了一个目的在不断前行中提升自己爱的能力，那就是让每个孩子成为一个完整的、大写的人。

我在微信上写下了这样一段话以记录这难忘的一天："今天失声了一整天，感谢孩子们的理解，虽然我在黑板上写的每项都没有做到百分之百，但是这关于'爱'的修炼，每个人都只是在路上……"

妙语连珠，自管自育

许德刚

我在班级管理过程常加入一些小小创新点，希望垂拱而治。

一日放学，我匆匆赶往教室，进班已经到了放学时间，还有大半个班学生没有收拾书包，我大声说："大家赶快收拾书包，插椅子，捡纸！"可效果不佳。作为一个男老师我总不能以声音取胜。上午刚学完《飞夺泸定桥》，我灵机一动，急中生智，说："看！快看！"学生立刻安静下来，转头侧脸，停下手中的事情，向我投来询问的目光。我继续说道："前方一万多敌人在扫荡，让我们'整装待发'，迅速转移，一要轻快，以防自己暴露被敌人发现；二要整洁整齐，以防留下蛛丝马迹。同志们，快！"学生们立刻行动起来，人人奋勇，个个争先，非常快速、安静、整齐地就整装待发了。我没想到一个简单情节的创设，小小的四字成语就能取得如此神奇的效果。

　　第二日收拾书包时，我只说了四个字："整装待发。"学生立刻行动起来，井然有序。还有同学小声说："快点，敌人来了！"另一个说："安静，被敌人发现我们会全军覆没的。"多有童趣，我再次为自己能点燃学生心中的欢愉窃窃自喜。

　　通过这件事让我深刻地感受到，儿童对任何程式化的刻板教条会感到厌烦，不同的表达形式，不同的语言表达同一个意思，更容易让学生接受。而四年级学生一个明显的特点就是对自己的行为和情绪变化变得更有意识；第二信号系统的语言和文字反应增强，思维能力的发展处在转折时期，抽象概括、分类、比较和推理能力开始形成；思维的敏捷性和灵活性提高；表现出来就是比较好动，想象力丰富，对形象的语言感到新鲜，有浓厚的兴趣。

　　这让我对这个问题有了深入的思考，我们实验二小的理念是以爱育爱，我们讲求的是爱的能力，追求爱的艺术。学生对此事如此感兴趣，我怎样才能更好地把它运用起来？我们的校园里有很多成语故事，我何不借助这个契机，用成语作为班级的管理语言，自管自育，从而摆脱乏味的程式化的命令语言。接下来我发动学生查找成语，进行筛选，形成我们班的管理语。

　　每当上操、上体育课，就会听到班长说："拔地而起。"只见全体学生迅速收拾桌面，插椅子，站在椅子后面。当班长说："巍然屹立"时，全体小伙子个个精神抖擞，挺胸拔背。当班长说："亭亭玉立"时，女生各个站得飒爽英姿。紧接着一声"凌波微步"，全体同学迅速、安静、有序走出教室。只听班外体育队长说："泾渭分明。"同学们迅速站成两队。听着班干部们用成语管理着班级，学生兴奋异常，队伍安静有序，我也喜笑颜开。

　　简洁的四字成语，蕴含着丰富的文化内涵，让学生产生联想，进入情境，不仅激发了学生的兴趣，还在生活中学习使用这种词语，长期下来形成默契，达成共识，成语变为了班级管理语。我们喜欢悠闲的生活，孩子们更需要轻松愉快的学习方式，班级是孩子们的家，用生动的成语管理班级，创设了轻松的氛围，孩子们非常喜欢这种方式，班干部管理起来也得心应手。达到无为而治乃是一种教育管理的最高境界，这也是我的追求，喜欢那首《有一种爱叫做放手》。更喜欢每日独立班头，晨钟悠悠，看学生精神饱满，意气风发。侧耳听，书声琅琅，语气争优。卫生晨检，班长分忧。问今天，谁主健康常识，课堂精彩。携来衣物书包送入柜中游。恰同学还有，美文共赏，书意浓浓。指点名著，拿出书卡。曾记否，到中午热爱劳动，周游书海。

　　在双主体育人的理念下，我们在"以爱育爱"的主旋律下，发挥老师的才能，影响和教育着学生，爱是无声的滋润，不仅茁壮了孩子，在这其中，也浸润了自己。

从"我"做起

崔 宁*

人们常说，做老师首先要做到的就是爱自己的学生，我想这一个"爱"字包含了太多的含义，作为新时代的老师，面对各种各样的学生，不仅要有爱的情感、爱的行为，还要有爱的能力，讲究爱的艺术。寒冷的冬天，我们班发生了这样一件事：

一天，我们班的一个学生突然跑过来对我说："崔老师，您快去看看吧！小宇用粉笔在图书馆外面的墙上画画。"起初我听了不太相信，怎么可能发生这种事呢？我们学校原是一座王府，是市级文物保护单位，从开学第一天，我就跟班上的学生说如何爱护王府的环境。我带着疑问走出了图书馆，这一看，真的吓了我一跳，墙上用红色粉笔画了一个大圈，圈的中间还有一个"十"字，经询问，果真是小宇画的，我当时真是生气极了。

刚入学的孩子还不知道在课间怎样做正当游戏，所以从开学的第一周开始，我就和孩子们讨论如何保证安全、如何做恰当的游戏，等等。讨论后，我们还商量出一种方法，就是由学生动脑筋，亲自制作游戏道具，组织丰富多彩的课间游艺活动。于是，第一个游戏——"纸箱投包"产生了，为了固定站位与箱子之间的距离，我从教室拿了一根粉笔，在地上轻轻地做了个标记。这个游戏受到了同学们的好评，紧接着，越来越多的游戏诞生了——纸飞镖、贴鼻子……小宇在墙上画的那个圈和"十"字就是方便玩纸飞镖用的，后来我发现地面上、墙上有很多同样的标记。

看到一团糟的地面和墙面，我的脑袋真是像炸了一样，我试着上前擦了擦，红色的粉笔印已经渗进了墙里，非常不好擦，远远看去，跟我们王府美丽清洁的环境真是格格不入，真想大声地训斥他们一顿。但是冷静下来，我认真地思考了孩子们的行为，其实他们并不知道自己这么做是不对的，那是因为我曾经无意中

---

* 北京第二实验小学三年级语文教研组崔宁，一级教师，校级骨干教师，西城区教育系统优秀教师，曾获西城区班主任基本功比赛一等奖。

给他们做了示范——用粉笔轻轻地在地上做标记，他们只是学着我的样子，想把课间游戏进行得更好，我的疏忽在于没有及时提醒他们。到底怎么做才能起到更好的教育效果呢？我想，既然事情已经发生了，我就该把这件事当作一个教育契机，变被动为主动，把对个别学生的教育转变为对集体的教育，变坏事为好事。

上课铃声响了，回到教室，我看到犯错误的同学把头埋得低低的，我没有批评画画的同学，而是面向所有学生说："对不起，前两天，老师也拿粉笔在地上做标记，却并没有告诉你们如何来做标记、由谁来做标记，所以你们不是故意去破坏王府的环境的，只是模仿老师的样子使同学们更好地进行课间活动，对于老师的疏忽，我先向大家道歉。"班里顿时鸦雀无声，我接着说："今天的天气真的很冷，但崔老师一定要去做一件事，因为每当我站在讲台前，看着外面的那面墙，我都会很心痛。如果有一天，来学校参观的人问我墙上的粉笔印儿是怎么回事，我想我会羞愧得说不出话来，不知道你们的感觉是否和老师一样？"说完，我就拿着抹布走出了教室，认真地擦拭着，我一直没有回头，但没过多久，我看见了我的大手旁边出现了很多小手，他们有的拿着抹布，有的拿着湿纸巾。瞬间，一堆人挤在了那面墙的前面，其中也包括在墙面上乱画的小宇。红色的粉笔印特别难擦，我们擦了很久，手都冻得通红。经过我们的努力，那面墙终于又恢复了以往的样子，孩子们也高兴极了。同样的方法我们也把地面擦干净了。回到班里，我把护手霜挤到了每一个孩子的手上，一个微笑，一声谢谢让我们心灵相通。

后来，我们班的孩子自发地成立了"金眼睛"侦察队，专门发现校园内死角，然后把他们打扫干净。我大力赞扬了他们的做法。

孩子犯错是难免的，当他们犯错以后，如果只是一味地批评，恐怕起不到很好的效果。这次，我只是告诉他们我要怎么做，并没有要求他们什么，而是让他们自己思考，却收到了良好的效果。"学高为师，身正为范"，只有教师事事做榜样，才能调动起孩子们的积极性，而且是发自内心主动去干。我想，无论任何事老师都能从"我"做起，学生定会受益匪浅。

小杨的检讨

赵爽嬛

2015 年 10 月 14 日，注定是一个不普通的日子。

这天，是全体北京第二实验小学五年级学生这个学期的第一次出游，目的地是奥林匹克森林公园，这一次社会大课堂的活动内容是定向越野。

准时到达后，年级主任把全年级学生集结在一起做了一个活动开始前的动员。学生们都跃跃欲试，想要在活动中取得好成绩。年级主任动员后以班级为单位由班主任和副班主任老师把本班学生带离集合地进行最后的叮嘱。我也跟孩子们约定了集合时间为 1 点 20 分，又特别提示了一些注意安全的事项。学生们则按事先分好的组，由组长带领，副组长协助管理，开始了各自的"探险"之旅。

……

时间飞逝，一转眼集合时间就到了。眼看着班里的学生都准时地、安全地回到了集合地点，我心里的一块石头总算是落了地。当过老师的、特别是班主任老师的人都知道，带学生出游最担心的就是安全问题。这第一次出游似乎是一切正常，但，就在这时，事情却出现了突变。

"你们看，李老师手里拿的是什么？它应该在什么位置？"年级主任李雪峰老师面对全年级学生的问话，以及拿在右手里此时被高举过头顶的撕得破破烂烂的两张纸似乎提醒着我"活动远没有结束！"原来，李主任手里拿的是本应张贴或悬挂在树枝上的此次定向越野的"提示单"，不知被谁从树上撕扯了下来。而恰在此时，班内的小丁同学悄悄走到了我身边，对我耳语道："赵老师，咱们班小杨同学把密码纸从树上撕了下来，然后又给埋到了土里。"什么？小杨，他可是我们班的班长啊！这到底是怎么回事？难道……？我转头看着小丁的眼睛，轻声问："你是怎么知道的？""我看见他撕了，而且当时在场的只有我们三个人，别人都不知道。李主任手里的那张纸不是小杨撕的，小杨撕的那张纸现在还埋在土里呢。"听了小丁的话，我略一思索，感觉此时不宜把小杨叫出来当着全体同学和老师的面问个究竟。一来这也不是一两句话就能说清楚的事，再有，也没有进行最后核实呢，也不好就简单判断是与非，我要三思而后行，给自己和小杨一个"缓冲"思考的时间与空间。想到这儿，我对小丁说："你反映的这个问题老师很重视，一定会调查清楚的。不过我想问你一句，你既然当时在场，那为什么不劝阻他呢？"小丁听了这话，不好意思地低下了头，一边还嗫嚅着说："嗯，嗯……我没说，我不对。"我示意小丁回到原位继续聆听李主任的教诲，自己则一边听一边在想"应对"的"策略"。

乘车回去的路上，我特意把小杨叫到我身边的位子上坐下，一路上我一边询问他们小组（他是组长）的"战况"，一边听着他眉飞色舞地给我介绍精彩难忘的"探险"经历。就在他完全放松、彻底地沉浸在探险之旅的回忆时，我看着他的眼睛，问道："刚才李主任说的有同学把提示单从它本该待的地方拿了下来这件事你怎么看？"细心的我注意到，毕竟是孩子，一丝不安的神情从他的目光中即刻流露了出来。我趁热打铁，对他动之以情、晓之以理，他终于跟我和盘托出了事情的全过程。原来，他们组是在前面有一个班走过之后经过那里的，当时他发现有一张纸不知被谁（后经调查是外班学生）撕得只剩下一个小边儿还和原来的"主体"连在一起，这一情况"激发"了他的"灵感"，他抄完在那张纸下面的另一张纸上的密码，为了不让其他同学看到密码到底是什么，想都没想后果，就把密码纸从树上撕了下来，又揉了揉，然后埋到了旁边的土里，还用脚踩了踩，以免被别人发现。而组里的其他同学当时在树林外侧的便道上看管着大家的书包，没跟进来，只有和他一起进到树林里来的小丁和小王同学看到了，但他俩也没说什么。做完这一切，他没事人似的跑到了放书包的地方，背起书包，带着全组同学向下一个目标进发了。（倒是亲历全过程的小丁听了李主任的讲话联想到这件事，才意识到这样做的危害，告诉了班主任老师——我，要不这件事他们是不会让其他人知道的。）

事情的经过小杨如实地向我做了陈述，我一方面被他的诚实所打动，他没有跟我撒谎，一方面又为这个孩子的为了所谓的成绩而不惜做出这样的事情来而痛心。看着窗外消逝的风景，我陷入了沉思：任何一个孩子的成长都不会是一帆风顺的，对于犯了错误、做了错事的孩子我们教师应该怎么办？李校长引领过我们，对每一个生命都要尊重和热爱。虽然今天这件事他做错了，但他还是一个孩子，一个涉世未深、懵懂的孩子，一个对未来充满着无限憧憬的生命。教育的过程就是发现问题、解决问题的过程，因此，作为教育者，光有爱的天性还不够，教师职业中还需要爱的智慧。对，我要因势利导，启迪学生去分辨、求上进、能自律、有责任，这是爱的引领，是时代赋予当今教师的职责。

想到这儿，我转头继续问他："事情是不正确的，是错误的，你也意识到了它的危害，但它已经发生了，你准备怎么解决这件事情呢？"面对着我"抛"回去的"皮球"，小杨坦然地说："我要向全班同学承认错误，也请他们吸取这个教训，要公平参赛，公平竞争，不做'小动作'。"我微笑着看着他，对他说："此时此刻，老师为你骄傲！我支持你！"我俩决定，这件事不管两位年级主任李主任和陆主任知道不知道，我们都要如实向他们承认错误，并承担相关责任。

下车前，我给小杨的妈妈打了一个电话，请她在方便的时候到学校来一趟。当天，我们三个人坐在一起，把这件事的利害关系再次重申了一下。家长非常感谢和支持老师的做法，说这件事里蕴含的教育智慧她全部感受并体会到了（当晚，她代表孩子爸爸又给我发了一条感谢短信：赵老师，实在不忍心打扰您宝贵的休息时间。今天的事情让我感受颇深！您对孩子错误的处理既让他感到深深的惭愧，又很好地保护了他幼小的自尊心。对人格和心灵的塑造值得我们学习。真是一名难得而又优秀的好老师！我和他爸爸向您深深地致敬！您是他人生中的贵人，也是我们心中非常珍贵的朋友！下一阶段，我们会要求他严于律己，脚踏实地，对己负责！）

在第二天召开的班会上，小杨在全班同学面前做了一个深刻检讨，他诚恳地跟大家道歉，并剖析这件事说明他自私和狭隘，这样得到的好成绩一点都不光彩，今后会更严格地要求自己，恳请大家一起来监督他，等等。认识很深刻，分析很透彻，态度很坦诚。他的做法对全班同学也是一次学习和提高"思想认识生长点"的好机会，小丁说："我应该当时就制止他的，而不能只是在一边笑。""急切地"跑去向李主任和陆主任汇报小杨的行为的小张同学（小张是事后听到同学议论才知道的此事）说："我听到这件事以后也应该第一时间和小杨面对面地沟通、交流，帮助他认识到这样做的危害，而不是只是去向年级主任汇报就完事了。"……

听了同学们的发言，我说："听了你们的发言，我首先是高兴和感动。'高兴'是因为这件原本看似不好的事情现在反而成了一件好事，它凝聚了大家的心，提高了大家的认识，让我们了解到了小杨原来是一个能坦诚地认识到错误并向大家赔礼道歉的同学，我高兴于大家的成长。'感动'是因为大家能以诚相待，做好深刻的自我批评和善意诚恳的相互批评，这是对他人最大的帮助，因为我们都知道，赞扬是爱，批评更是爱。其次，我要跟大家道歉。我作为班主任，在此，当着全班同学的面，跟大家说'对不起'！我在活动开始前没有彻底尽到班主任的职责，除了提示大家要注意安全以外，确实没有再次强调和重申要遵守活动规则，要对己负责，对他人负责。这是我作为班主任应该承担的责任，请大家接受我的道歉！"

话一出口，班里先是静寂，而后是掌声，发自心底的掌声。我知道，这掌声不仅仅是给我的，更是给小杨的，小丁的，小张的，给班里每一个人的……

我最后问大家："事情的经过就是这样的。现在我们都知道了李主任拿的那张纸不是小杨撕的，而且虽然小张跟两位年级主任都做了及时汇报，但两位主任并不知道小杨撕纸这件事是真是假，因为没有得到肯定的结论。那么问题来了：我们要不要去向两位年级主任如实说出这件事来呢？"我是想看看经过了这样一系列的分析、引领之后，孩子们的态度到底如何，如果有孩子认为反正两位主任也不知道真相呢，就让这件事在班内"消化"就行了的话，那么就说明他们还是缺少对己负责、缺乏一种担当。此时，等待的几秒钟时间好似几十分钟那么漫长，终于，孩子们肯定地告诉我"必须要向年级主任如实说出这件事。因为错了就是错了，要勇于认错。""对，人非圣贤孰能无过，知错就改善莫大焉！"我们一致决定：虽然"此"纸非"彼"纸，但是问题的性质是一样的，我们要主动向李主任和陆主任承认错误，并且承担应该承担的责任，这就是"对己负责"的具体体现。

心与心的沟通，心贴心的表达，勇于承认错误的小杨，全力支持的家长，诚恳的道歉，充满爱意的班会……在洋溢着浓浓师生情的班级里，心灵与心灵走得更近！

从无声到有声

张玉鑫*

今年我新接了二年级的一个班。刚一走进教室，我的目光被一位漂亮的小姑娘吸引了。她长长的睫毛下一双大大的眼睛笑眯眯地看着我，好可爱。可是在上完第一节课后，我知道她叫陈茜，发现她就是我们常说的在学习、思想、行为等方面存在一定偏差的"潜力生"。她上课时眼睛常常会看着你，然而思想根本没有集中在课堂上。当你叫她回答问题时，她会一脸茫然地看看我，有时会看看同学，嘴却不张开，一点声音都没有。不管你心里有多急，她都是金口不开。做作业时她动作很慢，而且不肯动脑筋。于是，我找她谈话，问她为什么不回答呀？有什

---

* 北京第二实验小学一年级语文教研组张玉鑫，一级教师。

么想法，她还是依然如旧。于是我把答案告诉她，让她学一遍，她却还是笑而无语。几天下来，她每次依然是睁着大眼睛无助地看着我。每次我都要被她气晕了，不知道她到底会不会。多少次想想还是算了吧，反正她也不影响别人。但又觉得身为班主任，不能因为一点困难就退缩，不能让她就这样下去。我要对得起自己的良心，我要尽最大的力量去转化她！我把心一横:不转化她，誓不罢休。

她总是不和人交流，或许是她没有真正认识到自己这样做的错误，没有真正的朋友可以交流，也没有要做个他人喜欢的人的思想。在集体教学中，我要尽可能多地要求每个孩子，也要尽可能多地尊重每个孩子，让每个孩子对自己都有信心。像她这样的孩子往往被忽视、被冷落，殊不知，当她看起来最不值得爱的时候，恰恰是她最需要爱的时候。如果错过学生的一个教育机会，没准就错过学生的一辈子。对"问题学生"只有诚挚的师爱，才能填补他们心理的缺陷，消除他们心理的障碍。永远用欣赏的眼光看学生，永远用宽容的心态面对学生。要得到孩子的尊重和爱戴，首先要学会尊重孩子的人格。所以，我应当给予他们更多的教育引导和关爱，最大限度地理解、宽容他们。于是，无论她有没有反应，我总是耐心地和她谈话，给她讲总不回答问题的危害，让她知道每个学生都应该树立做个好孩子的思想。无论在生活上还是学习上，我都会特别地关注她，课前会给她讲一点有关课文的知识，课堂上我也会经常表扬她遵守纪律。随着时间的推移，虽然她还是不张嘴，但有时会点点头有了回应。当我在课堂上表扬她时，她也会看着同学，虽然没有太多的表情，但我能感受到她内心的欣喜、自豪。我对她的爱，使我和她之间建立起一座心灵相通的爱心桥梁。我知道教师的对象是富有情感的、具有纯洁心灵的学生，教师的辛勤劳动和坦诚之心一旦感染了学生，就会引起学生对教师由衷的敬爱。"爱是教育好学生的前提"。对于她这样的孩子，要敞开心扉，以关爱之心来触动她的心弦。"动之以情，晓之以理"，用师爱去温暖她，用情去感化她，用理去说服她，从而促使她从内心接受，才会主动地认识并改正错误。功夫不负有心人，有一天她突然举起了小手，虽然是一瞬间又放下，却让我捕捉到了机会，看到了希望，我赶紧叫她回答。虽然她的声音不清晰内容不令人满意，但我看到了同学们诧异的眼光。我抓住这一时机，为她的大胆发言鼓掌，同学们也热烈地拍起掌来。因为"潜力生"同样拥有一颗真诚纯洁的心灵，也有被尊重、被赏识的愿望。

为了稳定她的状态，除了在思想上教育她，行为上感化她，我特别重视同学对她的认可和给予她的帮助。我特意和同学们做了交流。她从不出声音到自己能举手，你们有什么想法？同学们都肯定了她的进步，并且表示愿意帮助她。看到同学的理解与支持，我感到十分高兴。从此以后，课堂上她会举手发言，当她回答得比较正确、语言通顺时，同学们都会不由自主地给她鼓掌，当她回答不上来时，有的同学会很着急，小声地提醒她，她对自己越来越有信心。我还特意安排一个责任心强、乐于助人、耐心细致的同学李琦和她同桌，目的是发挥同伴的力量。事先我和李琦进行了谈话：老师安排你坐在她身边，希望你能尽你最大的努力，耐心地帮助她，督促她使其进步。李琦满口答应。课堂上讨论时，李琦会先听陈茜的想法，再耐心地把自己的想法讲给陈茜听，然后鼓励陈茜举手。写作业时，陈茜遇到问题，李琦都会主动帮忙。在他们的共同努力下陈茜各方面都取得了不小进步。她学习上更努力了，发言更积极了，学习积极性提高了，成绩也有了很大的进步。为此，我感到由衷的高兴。同学的帮助对她来说，是必不可少的，同学的力量有时胜过老师的力量。通过同学的教育、感染，促进了同学间的情感交流，会在"潜力生"的工作中就能起到较好的效果。同学的认可会成为她进步的动力。同学的信任会让她感到自豪，感受到同学给她带来的快乐，让她在快乐中学习、生活，她会感受到学习、生活中的无穷的快乐！

另外，我还在她第一次举手时就在家长面前表扬了她，"我们茜茜今天自己举手发言了，说得特别好。"她当时仰着小脸一脸高兴地看着自己的爸爸，她的爸爸也非常高兴，不相信这是真的。接着，我又和家长进行沟通，希望得到家长的支持。现在孩子能自己主动发言了，希望孩子从此能变得更好，所以希望家长稍微下点工夫，在课前能监督孩子进行预习，遇到不会的字指导孩子查字典，不懂的句子画上问号，可以的话查查资料，能帮孩子讲讲的可以说说，让她对自己发言有信心，自己不会的听起来更专心。老师在学校也会多给她讲讲，同学也会帮助她，希望在我们的共同努力下，孩子会专心听讲，主动发言。家长表示会支持工作，让孩子尽快赶上来。得到家长的支持，我觉得也是行之有效的方法。每位学生的情况不同，老师必须弄清学生的落后原因，因材施教，因人而异，正确引导，运用各方面的力量，才会达到最好的效果。我想，"老师没有教不好的学生，只有不会教的老师"这句话说得一点儿也没错。我们的孩子就需要用爱心和耐心去感化。因此，我就以爱心为媒，搭建师生心灵相通的桥梁，借助各方面的力量，给予她学习和思想上的帮助，从而唤起她的自信心、进取心，引导并激励她努力学习，从而成为一个好学生。

教师的对象是富有情感的、具有纯洁心灵的学生，教师的辛勤劳动和坦诚之心一旦感染了学生，就会引起学生对教师由衷的敬爱，才会使其找回自信。教师的爱，家长的爱，同学的爱，会成为她进步的动力。老师的鼓励，同学的认可，家长的支持会激励她大步向前。

一个误落凡尘的纸人

郑　阳*

　　我叫纸人，我老是以为自己是人，也一直觉得我和其他纸人不一样。我只是被塞进纸人的身体，里面的灵魂才是真正的我。

　　虽然我不能说话，但是我能看见小朋友们这些日子总是用剪刀在我和我的伙伴身上剪来剪去，一会儿剪出个双胞胎，一会儿剪出个四胞胎，一会儿剪出半个我，还有的剪出个外星人，一会儿又不知道他们会剪出什么东西来……

　　铃……上数学课了，是我最喜爱的郑老师的课，我正在她的书里休息，突然书打开了，我被郑老师捧在手心，展示给孩子们看，和这些可爱的孩子们在一起，我好想和他们打招呼问声好，但是我不能说话，只能静静地看着，原来郑老师在启发孩子们尝试自己亲手剪出一个我，但是在剪之前先和小朋友们讨论，她说："孩子们你们想一想，要想剪出一个左右对称的纸人需要几步呢？"孩子们有的美术水平高，就说："可以直接画一个人的样子，然后沿着边剪就行。"有的孩子说："在纸的中间先画一条竖线，再画人，再剪。"还有的说："可以把纸对折，只画一半的人，再剪。"我想，你们说的挺容易，要把这件事变得简单是很复杂的，我倒要看看你们谁能把我剪出来。这时，郑老师停顿了一下，她语重心长地说："小朋友们，不能把剪下的纸屑掉在地上哦！开始吧！"

　　话音未落，小朋友们就拿起笔，抄起剪刀自顾自地开始创作了，这些孩子能做到郑老师最后的要求吗？全班安静极了，只能听见剪刀咔嚓咔嚓剪纸的声音。"哎哟喂，我的小伙伴就快掉到地上了。""小朋友注意，别把纸掉到地上！"我使劲喊。但是小朋友们听不见，随着纸人的形状越来越清晰，地上的纸屑也越来越多，"你们都忘记郑老师刚才提的最后一个要求了吗？"任凭我怎么喊叫，这些孩子们都根本听不见我的声音。美丽温柔的郑老师走到我的身边，她仿佛明白我的心声，但她没有像我这样大喊大叫，而是蹲下身子，用手捡起了掉在地上的碎纸，

* 北京第二实验小学三年级语文教研组郑阳，一级教师，西城区优秀辅导员，荣获第八届西城杯教师基本功二等奖、第十届西城杯教学评优二等奖。

轻轻地把纸揉成一个乒乓球大小的纸球，然后使劲按了按，怕那些碎纸散开再次掉落，小心翼翼地放在小朋友的桌角，生怕打扰了小朋友的创作，小朋友也看到了郑老师的举动，小声地说了声谢谢，继续他的创作。此时无声胜有声，郑老师的这一举动也被周围的几个小朋友看到了，他们也都效仿老师的样子把掉到地上的纸屑捡了起来，我看到一个、两个、三个……越来越多的孩子用他们稚嫩的小手使劲地把碎纸揉成纸球并放在桌角安全的位置，每一次的碎纸都这样反复地揉在刚才的那个纸球上，我的伙伴就快剪出来了，最后的一些纸屑又快掉在地上了，就在藕断丝连的那一瞬间，小朋友用他的小手接住了我的伙伴，虽然他的手很小，又拿着剪刀很不方便，但是他也学着郑老师的样子，把剩下的纸屑揉在了刚才那个小纸球上，变成了一个大纸球，脸上露出得意的神情，好像在说："你看，我多棒，一点都没掉地上，还用废纸做了个纸球呢！"我真想为他鼓掌，可是我的手动不了，不过郑老师看到了小朋友的进步，走到她的身边轻轻地摸了摸他的头，为他竖起了大拇指。其他的孩子们看到他周围地上没有一点纸屑，只是桌子上多了个大纸球，不约而同地效仿他的行为。我放眼一望，刚才的一地纸屑消失了，地上的纸屑都变成了桌子上的一个个纸球，哇，榜样的力量无限大！郑老师的无声举动，使得师生之间的沟通变得那么默契、那么和谐。

说教永远没有行动的力量强大！郑老师，没有一句说教，只是蹲下身子轻轻地把纸屑揉成了纸球，再小心地放在孩子的桌角，很小的举动也许你都不会注意，但这些行动达到了生硬的说教达不到的目的，她的举动无时无刻不在感染着孩子们的心灵。用细节，把爱传递给孩子，久而久之，环绕在孩子们周围的就是满满的爱。

铃……下课了，我和我的伙伴在孩子们的手中翩翩起舞，手拉着手构筑自然、和谐、爱的家园。

有爱的集体，从贴"心"开始

于 光*

"老师，咱班有位小朋友找不到铅笔袋了。"

"是谁啊？"

"我不知道他叫什么？"

"老师，我捡到一个铅笔袋。"

"是小 A 的，去还给他吧！"

"我不认识小 A 是谁啊。"

……

这是开学半个月以来，我与学生经常发生的对话。

操场上，几个独自游荡的孩子羡慕地看着别的同学玩耍；班级里，总有几个小不点无聊地望着黑板发呆

……

这是开学半个月以来，我经常在课间休息时见到的场景。

"我有点不好意思"，更是我经常听到的回答。

开学之初，第一次成为一年级班主任的我，定下了让新入学的孩子懂得什么是爱，什么是责任，什么是集体，养成好习惯的目标。可是实际工作中所遇到的情况却让我一度怀疑是不是自己的目标定得不切实际了，是不是对新入学的孩子期待过高，了解太少？带着迷惑和疑问，我只能到孩子中间去寻找答案。

首先，我发现现在的孩子缺少一种相互交往的集体意识。班里的学生家庭条件比较优越，这给孩子带来的是很好的学前教育，也形成了他们心理上的"优越感"，大多数的孩子以自我为中心，忽视了身边的小伙伴，淡化了"好朋友"的概念。同时，刚刚步入小学的他们在独立面对一个全新环境时，存在一定的畏惧心理。

其次，通过国旗下讲话、精彩两分钟、卫生小常识等活动，我又发现，很

---

* 北京第二实验小学一年级语文教研组于光，中学二级教师。

多孩子的个人能力和情感表达非常好。他们并不畏惧表现，自信的发言、响亮的歌声、优美的舞蹈都常常带给我惊喜。更令人感动的是，课堂上、午休时、放学后，孩子们主动帮我完成一些小工作时认真专注的表情，以及任务完成后满足的笑脸。

因此，我相信，孩子们懂得爱，懂得关心，懂得责任，只是缺少一条将这些个体凝聚成集体的纽带。作为班主任，我就应该寻找一种鼓励和积极向上的方式，联结起这条孩子们之间的纽带。为此我设计了一次交朋友"贴心"活动，在一张爱心奖励榜上，孩子们的名字分为横竖坐标写在上面，每当两个孩子成为好朋友的时候，在他们名字的交汇处就会贴上一颗爱心，交的朋友越多，名字下面的爱心就越多。当这个爱心奖励榜出现在班级的时候，孩子们感兴趣极了，有的孩子问为什么要交好朋友？还有的问如果和所有的同学都交了朋友会有什么奖励？更有孩子直接跟我说："老师，老师，我要跟你交朋友"，孩子们的热情和天真引导着他们的行为，班级里积极破冰的氛围越来越浓。开始的时候，一些活泼的孩子主动去找害羞的同学交朋友，手拉着手求为他们"贴心"；后来，那些腼腆的孩子试着克服不好意思，主动向其他同学伸出了小手；再后来找我贴心的孩子少了，而和不同的同学接触、认识、玩耍却已成为他们每天都在做的事。慢慢地，我发现不仅孩子们有了"朋友圈"，家长们也在网络时代和现实世界里有了"朋友圈"。有人生病时，其他同学会主动送上问候；放学时，孩子们拥着我争先恐后地说："老师，您辛苦了！"家长们也为我的工作积极建言献策。这些小小的变化，无不深深地打动着我。

为孩子们"贴心"，让孩子们学会了主动交朋友，并在无形中感受到同学的爱、集体的爱。我发现，孩子的能量是无穷的，爱的纽带其实就是他们自己……

一杯水的启示

吉梦元　张　楠*

历时半天的运动会在运动员的拼搏声和同学们的呐喊声中落下帷幕。孩子们在赛场上的奋勇拼搏、学生志愿者的积极参与、教师的保护与引导、学生文明有序的观赛……给所有人留下了一个个令人感动的瞬间。但最令我们感动的还是孩子们端着水杯给老师们送水喝的那一幕。

比赛开始了，所有裁判员老师都忙碌在自己的岗位上，不曾有半点松懈。孩子们比完赛，都可以到“饮水站”去接水喝，因此水站前不知不觉就排起了长队。但渐渐地，老师们发现，有些孩子为了接水排了好长时间的队伍，然而他们并没有一饮而尽，而是小心翼翼地端着水杯走了。他们端水要去哪里？原来，可爱的孩子们发现裁判员老师们很辛苦，顾不上休息、喝水，所以去排队给老师接水喝。对于老师们来说，这真是意外惊喜。虽然只是一杯水，然而却让老师们感动不已。

在运动会前开的大大小小准备会议中，老师们最重视的事情之一就是运动会的饮水问题，这么大的运动量、这么长时间的运动会怎么保证孩子们能及时补充水分呢？带着水壶？但担心立刻涌上了心头：孩子们经常在兴奋之余忘记喝水，或特别渴了才去喝水，无法保证身体的水循环，这绝不是为他们开展运动会的初衷。而且，运动中的饮水量和饮用温度至关重要，多了少了凉了热了都容易造成孩子们身体不适。多方面考虑过后，老师们借鉴马拉松比赛项目的饮水方式想出了主意——“饮水站”。饮水站是在运动会进行过程中持续不断给孩子们供水的地方。有两个，分别设立在操场的南北两侧，靠近检录处，方便运动员赛前补充水分，那位置同样也是同学们观赛的途经点，能吸引孩子们的注意，便于寻找。很多平时总忘记喝水的孩子被其他同学提醒着，抱着好奇心也排到了等待喝水的队伍中。在饮水处，老师们在细节上做好了充分的准备。老师准备了好几桶水和充足的一次性纸杯，水温不凉不热，杯子不大不小，杯子方便处理，正适合孩子们运动中补充水分。在运动会中，

---

* 北京第二实验小学五年级语文教研组吉梦元，二级教师，曾获华人少年作文比赛指导奖；北京第二实验小学五年级体育教研组张楠，一级教师，区级骨干，曾荣获西城区优秀教师称号。

刚完成比赛正喘着粗气的、做着志愿工作口干舌燥的、为班级出赛前紧张不已的各种各样的孩子们的心灵都在这一杯饱含着老师细致爱的一杯水中得到了滋润。这些老师无微不至的爱，没准正酝酿着那一杯水的感动。

处处想到孩子前面，时时做到孩子身边。在志愿者、小裁判忙碌工作的时候，有一些人正陪在他们身边，不时弯下腰给同学们解答问题、发令记分、组织检录、为饮水处搬水桶，喊哑了嗓子，急得满头大汗，这就是老师，这就是老师的陪伴。中午下了第四节课，体育老师们迅速吃完午饭便来到操场上布置运动会现场，画线、搬器材、放置标志桶、做最后的检查，有的需要临时调整项目的老师都没来得及吃上饭，就带着期待与担心来到了操场上等候孩子们，一切的疲惫在看到孩子们的笑脸后均烟消云散。孩子们看到老师们不曾停下努力的身影，主动送上一杯水。老师坚持不懈的爱正感染孩子们，没准一杯水的感动由此而来。

不仅是一杯水，孩子们点点滴滴爱的行动感动着我们：摸高组的志愿者们在赛场周围手拉手围成一圈，保护运动员的安全；喝完水的同学们自觉捡拾操场上遗留的水杯，收集同学们手中的垃圾……雅斯贝尔斯说教育就是一棵树摇动另一棵树，一朵云推动另一朵云。教育是一种影响，爱更在传递中感染人心。老师们的辛苦，孩子们看在眼里记在心头；老师们爱的智慧，孩子们心领身受。当他们成为主人，他们会担起责任、发挥创造力，用最直接、最稚嫩的方式来表达自己对老师的那份感谢和关爱。

"饮水站"是应学生需要而生，但我没有想到这个小小的"饮水站"却成了师生彼此关爱的桥梁。一杯水中，不仅饱含着老师对学生的方方面面的关爱，同时也承载着孩子们回馈老师们的爱。孩子们在老师无限的爱中成长，逐渐学会爱，并把爱回馈给了身边的人。这就是我们北京第二实验小学"以爱育爱"的魅力所在。

一个都不能少？

刘思雨*

看到这个文章题目，相信读者们都会想到几年前张艺谋导演的一部电影《一个都不能少》。乡村教师魏敏芝为了让村里的每个孩子都能上学而进城苦求辍学的学生复学的故事打动了亿万观众的心。就在前不久的二小体育嘉年华运动会上，我们也深切地体会了"一个都不能少"的智慧之行。

本学期要进行体育嘉年华的活动，这个消息在学生层面早早就传得沸沸扬扬，大家都摩拳擦掌地等着这一天的到来。嘉年华？体育？会是一个什么样的场景呢？孩子们为了这一天的到来在体育训练的时候都显得格外认真，准备在这次活动中大显身手。我们班的小盛也不例外，他是个特别爱好体育活动的学生，每天都能看到他在操场上飞奔的景象。他早早就跟小伙伴们商量好嘉年华的时候主攻哪个项目，怎么做游戏才能将所有活动做全、做好。谁知道有一天放学之后小盛由于下楼梯没注意，一个寸劲儿让他的腿骨折了。嘉年华在即，可是自己却坐上了轮椅，孩子面对这一切流下了伤心的泪水。不能参加活动，只能在班里坐着吗？孩子只能坐在操场的角落里默默地看着其他同学驰骋赛场的英姿吗？我作为他的班主任找到了主管此次活动的李雪峰主任和体育老师张楠，询问此类情况的办法。张老师斩钉截铁地说："这次活动要的就是全员参与！小盛的情况我也有所耳闻，跟孩子说他可以报名参加裁判组呀！"孩子得知这个消息沮丧的脸上也露出了欢笑。

运动会当天，班里的每个孩子都已经分好小组，准备就绪。小盛的胸前挂着裁判的执照，坐在轮椅上由志愿小组推出教学楼。坐在裁判群里的他显得很突兀，孩子的脸上也挂着对未知活动的犹疑。只见旁边的同学拍了拍他说："没事儿的，咱们当裁判的才最关键呢！得百分百地专注才能让比赛公平地进行下去！"小盛听后，肯定地点力点头！我的心里也放松了许多——北京第二实验小学的学生果真不一般，小小年纪已经知道用简单的几句话安慰同学了。

---

* 北京第二实验小学五年级语文教研组刘思雨，二级教师，曾荣获校级凌空杯一等奖；教育案例《走进他们》曾获区级二等奖。

我们十班所负责的项目是"搬砖过河"。游戏方法：小组排成一队从起点出发，挪动垫子行进，所有人需要站在垫子上，移动过程中脚不得触碰垫外的地面，每块垫子只许站一人，小组在40秒内完成得印章一枚。小盛作为这项活动的裁判，其实我是有些担心的，因为他需要不停地为比赛选手运送、搬挪垫子。他的腿脚非常不方便，我既怕他的伤势加重又怕那大大的轮椅影响其他的孩子比赛。于是跟他商量："孩子，咱们负责在旁边维持秩序好吗？"他好像看出了我的想法，摆摆手说："刘老师，您看，这个项目的裁判都多么辛苦，我不能因为自己的特殊就少干活。"看着他真诚的样子，我只能微笑地点点头。是啊！整个体育组潜心研究了三个月，就是为了能让孩子全员参与其中。说是比赛却更能体现出一种体育精神——拼搏、激励、不畏困难、团结协作。连坐着轮椅的孩子都能享受这场体育的饕餮盛宴，我有什么理由不让他快乐地付出呢？看来学生比我这个老师站位还高呀！

当时正值盛夏时节，放眼整个操场，学生们紧张有序地参与着每项活动。服务人员、老师、裁判们各司其职"坚守岗位"。人群中我时刻不忘关注小盛，看着他满脸汗水一次次地用手挪动轮椅为参赛者搬动器材，心里想着学校多年来致力培养学生大气、博爱、智慧、致行的高素质真是收获满满。一个小小的嘉年华，老师们为了孩子的全员参与冥思苦想。学生们也是不负众望，就连伤病都全然不顾地投身到比赛中。

我们全体老师是不是有些像《一个都不能少》这部电影里的魏敏芝呢？在"以爱育爱"的大前提下，老师们决不放弃每个学生，希望他们能在美丽的校园里收获最美好的童年。

"爱"的力量远比想象中更强大

杨　雪*

2015年的9月，作为新教师的我踏入了北京第二实验小学德胜校区。这所坐落在德胜门城楼下的学校似乎承载着更多的使命与责任。同时我明白，自己即将开启的教师生涯有着其特殊性，它有着一般职业无法承担的责任，并且也有着一般职业无法体会的快乐。

---

* 北京第二实验小学三年级语文教研组杨雪，新入职教师。

虽然有过短短的校园实习经历，但当真正承担起一个班级的事务难免会力不从心。当我第一次接触班主任的工作，内心有过兴奋，也有过忐忑。兴奋于可以毫无保留地将自己的热血洒在属于我的班级和孩子身上，忐忑于害怕自己因无能而导致班级偏离了自己最初的期望值。伴随着这种复杂的心情，我成为了三年级21班的班主任。

归零，一切从头开始

班主任工作之细致与琐碎，恐怕只有真正做过这项工作的人才能体会到。作为一名"菜鸟"，我感到了从未有过的茫然。二小有着其独特的教育理念，其中对于教师，学校建议把"归零"作为发展心态。"归零"最重要的是不管自己原来有着多么大的教育教学成就，在面对新的问题前，都要把自己的姿态放低，不断以低姿态去学习新的内容。而我在进入教育领域之前，有过一年编辑工作的经历，对我而言，"归零"的意义就多了一层——将自己原先的工作经历清零，以新入职场的教育工作者的心态开始新的挑战。

踏入新的工作环境，面对着毫无经验可言的班主任工作，我开始有些吃力。尤其在开学初，一切都还未尘埃落定的时候，所有细枝末节都需要班主任去考虑、去处理、去管理。在还未认识班级里那些稚嫩的面孔时，我早已焦头烂额。这让我有些挫败感，甚至怀疑自己能否胜任教师这一职业。当自己乘坐了自己所选择并喜欢的列车，却发现这趟列车东摇西晃的时候，自己所能做的并不是跳下车逃避，而是调整自己的心态，让自己"归零"，找到方式方法，使这趟列车开的越来越平稳，并走向正轨。

慢慢地，我寻找到了一些有助于提高效率的工作方法。逐渐进入教师角色之后，我开始以最快的速度全面了解班里的孩子。

适合，找到自己的定位

由于我接手的是三年级的学生，所以了解他们最直接的方式就是咨询原先的班主任以及其他任课老师。老师们非常耐心地告诉我每一个孩子的特点和情况，但给我印象最深的还是那个叫小J的男孩。他似乎是所有任课老师都头疼的对象，根据老师们提供的信息，小J将上课注意力不集中、不积极发言、影响他人学习、扰乱班级纪律等习惯占了个遍。与此同时，我在开学短短几天，也发现了这个表现极为"突出"的孩子。他的确像老师们所说的那样，而当我去提醒他修正行为的时候，他会歪着嘴冲我一笑，悻悻地停止自己的违纪行为。但当我一不留神，他的行为又会反复。就这样，他也成了我日常班级管理的"老大难"。

我并不是一个每天板着脸，严厉训斥学生的老师。二小对于教师并没有一个统一的定位，而是主张"适合"学说，找到自己的定位才能更好地赋予教育教学工作自己特有的生命力。当然，这些定位必须处于"以爱育爱"的大标题下。在德胜校区的各个角落都能看到"爱"对于老师和学生的重要性，"爱"是实验二小的理念，也是二小老师平时工作学习的信仰。没有爱，谈何育人？没有爱，谈何塑人？面对班里一个淘气的孩子，我不会选择训斥，相反我会去鼓励他。而这样一个各方面都让人头疼的孩子，我拿他哪方面去鼓励呢？

一天早晨，我发现小 J 来得很早，班里就他和另一个女孩。离早读还有很长时间，我看到班里地面并不是很干净，就蹲下来捡地上的纸屑。他看到我在捡，起初并没有打算帮助我，接着我对他说："小 J，你看班里地上是不是有很多纸屑？"他点点头，我说："那你能帮老师，帮咱们班级打扫一下卫生吗？同学们一来，看见这么干净的教室，一定很开心。"他歪嘴笑了笑，并没有顶撞我，而是走到教室后面拿起了扫把和簸箕，开始扫地。我非常欣慰，因为我原本以为他会拒绝我，却没想到他却毫不犹豫。看到小 J 扫地，另一个女孩也开始做起了值日。

对此，我非常感动，利用中午德育十分钟的时间，在全班面前表扬了小 J 和那个女孩。我让孩子们将掌声送给小 J，这时，我看到小 J 害羞的面孔中夹杂着感激与幸福，此时此刻，我突然有一种信念，我认为这个孩子是可以改变的。

从此之后，不管是小 J 还是其他孩子，只要来得早，都开始主动地去打扫班级。我明白了"爱"是可以传播的。

改变，是姿态亦是方法

当我以为一句简单的鼓励就可以改变这一切的时候，我发现自己把工作想得太简单了。一次鼓励并不会让小 J 坚持太久，他的行为有些反弹。开学至今，语文的教学工作也在有条不紊地进行。我注意到，小 J 在课上会跟其他同学说话，不认真做老师让做的事情。一次语文课上，我设置环节让孩子们与同桌互读课文，加深对课文的理解。而当天小 J 的同桌没有来，我发现他心不在焉地玩着铅笔，于是走过去，跟他说："杨老师当你的同桌，你给杨老师读读课文吧。"他又是歪嘴一笑，非常小声地念叨一句："啊？可不可以不读啊？"我询问他为什么，他一开始眼睛看着书，不出声。我让他放轻松并跟我沟通，当我问他是不是不好意思时，他点了点头。而我看到他的书面很干净，不似其他同学都做了前参。于是我对他的学习开始有些担忧。

当天放学，小 J 的妈妈在接孩子的时候主动找我聊了聊。他妈妈的话至今都给我很深刻的印象，她说她为孩子在校外报了一个心理班，主要是想帮助孩子树立一个健康的心态，这样对他养成良好的行为习惯会有一些帮助。虽然我不能确保一个心理班能否有如此大的作用，但我仍然表示理解，也希望通过这种方式能看到一个积极的效果。他妈妈提到，心理班的老师告诉自己，儿子有时候面对老师的批评和提醒会笑，这个笑不是因为不以为然，而是掩饰自己内心的尴尬。我听到这里，内心触动很大。脑海里回忆着开学到现在，小 J 每次那个尴尬的笑容，自己曾经将这个笑容理解为老师的不以为然，真是大错特错了。

在接下来的几天，我不断地思考着小 J 妈妈跟我说的那番话。又想到小 J 不主动前参一事，于是主动电话联系了小 J 的妈妈。希望能在老师不断强调前参重要性的同时，家长也能监督孩子养成前参的好习惯，哪怕是从读课文开始。小 J 妈妈告诉我，孩子有时候很害羞，但他的内心其实很希望得到老师或其他人的认可。我听了之后停顿了一下，马上跟小 J 妈妈说，希望小 J 在家用妈妈的微信录下自己读课文的声音并且发给我。他妈妈听了之后声音立刻有了生机一般，说愿意尝试。但由于之前在课上小 J 表现出并不愿意读课文，所以我也没有抱太大的希望。

当天晚上，我收到了三条来自小 J 妈妈的长语音，我点开一听，竟然是小 J 在读课文，我欣喜极了。他读得并不流利，甚至节奏感差了点，有些生字还不能顺利地掌握，但音色很好听，能听出是非常努力地在读。我早已抑制不住自己的赞美之词，在微信里极力地表扬了他。

第二天，我有了新发现。在语文课上，小 J 开始举手回答问题了。当我看到他举手之后，毫不犹豫地让他起身回答问题，不管是否答对，我都表扬了他这一积极的举动。同样，班级的其他孩子也都看到了他的改变，会主动请他为自己补充答案，我感动极了。晚上，小 J 妈妈给我发来了一条长长的微信，除了一些感谢的话语，她说孩子回家主动告诉她自己上课举手回答了问题，并且老师表扬了他，他觉得杨老师很爱他。突然间，我感受到了这个职业带给我的第一份"礼物"。从那一天开始，小 J 确确实实开始朝着好的方向改变了，虽然效果比较慢，但我相信经过日积月累的感化，我可以通过自己的爱让他充满自信地在班级和校园中拥有自己的一片天地。

世间的"爱"有很多种，作为教师，爱学生应该是一个重要的前提，自己能给予学生多少爱，学生也将回馈给自己多少"礼物"，而这些"礼物"都是无法用金钱来衡量的，它不仅可以让自己感动，也是对自己工作的一个认可。老师的"爱"让孩子改变，也让老师自己更有信心去面对每天的工作。小 J 这个让大家头疼的孩子，在老师"爱"的温暖与鼓励下，可以每天一点一滴地改变。我想，"爱"的力量远比想象中更强大。

独木不成林
——训练学生团队意识，提高集体凝聚力
陆宇平

问题的提出

当今社会，独生子女在班集体中占绝大多数。他们大多聪明可爱，表现欲强烈，但是过于强调个性，忽视合作，缺乏团队精神又是他们身上的通病。而未来社会所需要的人才，又恰恰必须具备团队精神，为了解决这一问题，我利用德育读本组织孩子展开学习，训练孩子的团队意识，提高集体凝聚力。

实 施 方 案

1. 明理

新学期伊始，我进入了一个新的集体。从整体上说，这个班的学生聪颖好学，有极强的上进心和竞争意识。课堂上，学生的发言积极踊跃；活动中，他们争先恐后。这本来是非常值得欣喜的，但经过一段时间的观察，我发现了一些问题。例如：课堂发言的机会，常常被几个人垄断，而失去机会的孩子内心的懊丧可想而知。有些活动参与人数有限，不能参与的孩子总是觉得不公平，而平时机会较多的孩子也没有表现出谦让的意识。过强的竞争意识使得集体凝聚力差，同学间的关系不够友好。

晓之以理，动之以情。一直是德育工作的最佳工作方式之一。在让学生学习合作之前。我们一起阅读了有关女排的文章，讨论她们成功的原因。孩子们悟出，一个团队要想获胜，就必须合作的硬道理。

在此基础上，利用思想品德课，我设计了一系列小活动：三腿跳、虎口脱险、词语接力等。孩子们在活动中欢笑着，进一步体会了合作的重要性。

2. 抓住突发事件，教会孩子合作

独木不成林，一个优秀的个体只有存在于一个成功的团队中，才会更出色。正在我努力寻找解决问题的途径时，班里发生了这样一件事：

一天上午，外区县的一位老师要用我们班的学生讲一节公开课。孩子们听到这个消息兴奋极了，个个摩拳擦掌，准备大显身手。上课铃响了，孩子们和往常一样，高高举着小手，兴奋地期待着展示的机会。意想不到的情况发生了，也许老师不熟悉学生的缘故，她的注意力完全被一个叫小马的孩子吸引住了，接二连三地请他发言，后来，不管小马是不是举手，也经常被叫起来。此时的小马高兴极了，而其他孩子却失去了参与的兴趣，举手的人越来越少。下课了，孩子们早已没有了刚才进入礼堂的兴奋，一个个垂头丧气，有的孩子的眼圈都红了，还有的孩子嘴里不停地嘟囔着："不公平……"

我走在队尾，最后一个进入教室，班里已经炸了锅：小马趴在位子上，一边哭一边抗议："干吗都说我？老师叫我，我能不说吗？！"而另外几个小家伙也不甘示弱，七嘴八舌地指责着："就你能，你一个人把全班的发言都包了，还要别人干吗？""平时就这样，怎么就不想想别人？"

"想想别人"，这可是从孩子们那里来的话，这是一个多么好的教育契机呀。我走上讲台，示意孩子们安静下来。望着他们红红的眼圈、撅起的小嘴，我故意问他们："同学们，你们认为今天这节课上得怎么样啊？"

教室里没有声音，我也没再追问，只是静静地等在那里。过了好一会儿，小马站起来了，带着哭腔说："不好，我发言那么多次，他们还说我。以后我不发言了，就让他们说吧！"其他孩子一听这话，可不答应了，指责声再次在班里响起。

"那这节课都谁举手了，却没有得到发言机会？"我再次问道。话音刚落，半个班的孩子举起了手。

"嗯，人是太多了，老师想你们的心里一定很不舒服。"孩子们听到这句话频频点头。得到了老师的理解，孩子们的心里似乎也舒服多了。

"那你们说，是谁造成了这种局面呢？"我第三次发问。

孩子的答案无外乎两种：要么怪小马出风头，要么怪老师不公平。这两种答案是在我的意料之中的。而我的答案却是孩子们意料之外的。我认真地告诉他们："造成这种局面的人是我。"孩子们诧异地看着我，见我没有开玩笑的意思，就问："为什么？这事儿和您有什么关系？"

我知道，此时此刻，是让孩子们明理的最佳时期。于是我告诉他们，很多老师在面对陌生的班级时，都会出现今天这种情况，常常叫自己先认识的孩子，而忽视了其他人，但她自己并没有意识到。陆老师就有过这样的经历。而意识到这一问题是在座的各位，但老师却没有交给你们应该如何处理这一突发情况，所以责任在我。

"如果你是小马，那应该怎么办呢？"第四次提问，我把问题又抛了回去。

孩子们的好主意也就随之而来了：

"可以说，老师，我已经回答过多次了，我愿意把这个机会让给别人。"

"还可以问问下面的同学，谁愿意回答这个问题。"

"同组的同学还可以站起来，告诉老师这个问题由我们组的其他同学来回答。"

其实归根到底一个字——让。

听到他们的主意，我笑了，接着提出了第五个问题："平时咱们都是抢，今天怎么会不约而同地想到让呢？"听到这个问题，孩子们也笑了，他们的小脑瓜里一定也在想"这是为什么呢？"讨论过后，孩子们找到了问题背后的答案。

1）总是个别人回答问题，不能代表全班的水平，别人还以为班里就几个人会呢。评价一节课上得好不好，也得看看全班发言的人多不多。

2）总是抢，不谦让，显得这个班没风度。

3）老是几个人发言，其他人就不爱学了。

4）总是几个人说，大家听到的意见的角度就会比较少。

所以，课堂上需要必要的谦让。听到这些，我很欣慰，他们终于知道了独木不成林的道理，头脑中有了团队的意识。于是，我提出了最后一个问题："今后，我们怎么办？"

孩子们认为：

1）在抢答问题时，已经说过的要把机会让给没说过的；说的机会多的让给机会少的。

2）相互提问时，要照顾发言面。

3）发言时语言简洁，为他人保留时间。

4）小组发言要人人参与，不要一个人说，其他三人奉陪。

对他们的讨论，我给予了充分的肯定。在后来的日子里，课堂气氛依然活跃，但活跃中多了谦让，有时，有的孩子忘了大家定的规则，发言中一抢再抢，旁边的同学就会拽拽他的衣角，提示他；有的时候，孩子已经得到了发言机会，却说"让给××吧，我已经说过一次了。"这时大家会给他一个会心的微笑。还有的时候，站起来发言的孩子因为紧张语无伦次，下面的孩子没有了往日的不耐烦，而是静静地等待。在发言后给予热烈的掌声。小组发言不再是一言堂，而是人人有任务，个个有话讲。团队在他们心中已经实实在在地存在了。我们曾经作过这样的统计，在发言机会比较多的课上，单独发言的人数可以占到总人数的80%以上。

有了团队意识，集体凝聚力强了，同学间的矛盾少了，遇事为别人想得多了，说不公平的少了。

作为教师，面对集体出现的问题不能用简单的说教来解决。"团结起来力量大"的道理，是每个孩子从小就熟知的，却很难落实的。我们应该让孩子从亲身经历的事件中，体会问题所在，并用他们自己认可的方法去改正，这远胜于教师居高临下的说教。另外，教师也要勇于承认自己的不足，唯有如此，学生才可能认真挖掘自己的问题。最后一点启示是，当孩子发生问题的时候，不要认为他们是在故意犯错误，很多时候，是因为他们并不知道应该怎样做，老师要耐心教给他们方法，问题就会迎刃而解。

摘苹果的启示

李爱丽

案例背景分析

随着人们生活水平的提高，未成年人的身体发育也越来越快，据有关专家研究表明，目前我国未成年人的生理发育成熟的时间比 20 世纪 50 年代普遍提前了 2～3 年，然而未成年人的心理发育却并不与生理发育完全同步，这样就形成了生理"早熟"与心理相对"晚熟"之间的矛盾。所以，小学高年级的孩子就开始出现对异性好奇，做事易冲动，好模仿，独立意识较强但独立能力缺乏等表象。

我接班不久，就有一些同学向我反映，有不少同学在底下给男女同学"栓对儿"，还有些同学在网上和同学聊天时，经常谈论哪个男同学喜欢哪个女同学，哪个女同学喜欢哪个男同学，弄得同学关系很别扭。

经过学习我了解到，进入青春期的学生，一个突出的生理特点就是性发育，由此也带来了性意识的萌芽和发展，学生开始注意自己的外表形象，并对异性产生了兴趣和新奇感，他们对友谊的追求和情感的需要十分迫切和强烈。于是，我组织召开了"摘苹果的启示"主题班会。

涉及教育内容：

青春期教育。

赏识他人，正确看待自己和别人的优点及问题。

人际交往教育及树立远大的理想。

采用的方法：

与学生平等交流自己的切身体会，同时交流自己看重的异性优秀品质及缺点问题。

教育学生正确看待男、女生的性别差异。

引导学生做一个受人欢迎的同学，鼓励他们学习他人身上的优点。

教育学生与更多的同学交往，树立远大的理想。

实施的步骤

在班会一开始，我就开诚布公地对同学们说："最近，我听说有不少同学都在底下谈论男女同学谁喜欢谁的话题，我对这个话题也很感兴趣，今天想跟大家一块儿聊聊。"听了我的话，大家都吃惊地瞪大了眼睛，我先让男、女生分别谈一谈理想中最优秀的男同学、女同学应具有什么样的优点，再说说最不能容忍的缺点是什么，一番议论过后，大家共同归纳出最受别人喜欢的男、女生都具有的优点：善良、诚实、心胸宽阔、正直、勤奋、幽默、整洁。男、女同学都不能容忍的缺点是：骂人、打架、不诚实、小心眼儿、懒惰。我感慨地说："由此，我看出自己要想成为一个受大家喜欢的人，就得在这些地方努力，要想不成为别人讨厌的人就得赶快克服那些毛病呀！你们呢？（大家由衷地点点头）回到我们最感兴趣的话题，咱们一起听听那些被别人拴了对儿，或指点过的同学心里是怎么想的？"在这段谈话中，有的同学谈到自己与某同学从小在一个幼儿园，家长在一个单位，一直都是挺好的朋友，自从被同学们拴了对儿，再见面连招呼都不敢打，也不去彼此家里串门儿了，挺好的朋友就这样生疏了；有的同学坦率地承认，如果被别人拴的是自己喜欢的同学心里会觉得甜滋滋的，如果被别人拴的是自己不喜欢的同学心里会觉得非常别扭；还有的同学大胆地说："我就喜欢××同学，因为她特别开朗，我觉得这没有什么不好意思的，我又没想怎么样。李老师，如果在您的身边出现一个特别出色的男士，您会怎么样呢？"我笑着说："我一定会悄悄多看两眼，心里说'真帅！'爱美之心人皆有之嘛，但我喜欢的东西不见得就要占为己有，就像我去看画展，我可能喜欢欣赏好几幅画，可我一幅也不能带回家去。"大家都乐了。

看到时机差不多了，我接着说："前两天，咱们去秋游，采摘的时候，我发现大家都往高处爬，抢着摘那些又红又大的苹果，我就很纳闷儿，你们怎么不摘那些又青又小的苹果呢？"同学们一下子都笑了，"李老师，你怎么连这个都不懂呀！

那些又小又青的苹果都没长熟呢，又酸又涩怎么吃呀？那些又红又大的苹果都成熟了，吃起来又脆又甜，我们当然要摘它们了！"我看了看时机差不多了，就语重心长地说："是呀！没成熟的苹果即使强摘下来也没法吃，不如等一等，等它成熟了再摘下来吃。人也是一样呀！人的一生要经历很多不同的阶段，在你们这么大的时候，李老师也曾经像你们一样产生过这样的好奇，你们的想法和做法都是人在成长过程中要经历的，很正常。但就像你们说的，不成熟的果子是酸涩的，不成熟的情感也是酸涩的。听了刚才同学们谈的感受，我想大家一定已经了解到"拴对儿"给有些同学已经造成了伤害，我们是否应该像那又青又小的苹果一样，养精蓄锐，等到长大的那一天，让成熟的情感放出璀璨的光芒呢？现在我们是否应该想一想，自己怎样才能成为一个受人欢迎的人，同时，我们是否应该尊重别人，在毕业前夕好好珍惜同学间那纯洁的友谊呢？在今后的日子里，我这个'过来人'愿意成为你们最可信赖的朋友，如果有想不明白或解决不了的问题尽管来找我。"

最后，班会在《友谊地久天长》的乐曲中结束了。从那以后，孩子们来找我聊天的多了，在底下"拴对儿"指点别人的越来越少了。

正是因为我采取了尊重、平等、关心、接纳的态度与学生进行交流，孩子们感受到了来自老师心里的爱和关怀，才可能在这种民主、宽松、愉悦、和谐的氛围里打开心扉，畅所欲言，而最终才达到"亲其师，信其道"的效果。

让生日成为"感恩日"
——从细节做起，教学生学会感恩

胡春兰

"老师，今天是我的生日，我给同学们带了糖，您看什么时候发给大家？"一大早辰辰就迫不及待地找到我。"先好好上课，老师来安排。""谢谢老师！"辰辰高兴地回到座位等待发糖那一刻的到来。吃完午饭，我对孩子们说："今天是辰辰的生日，他为大家带了糖……""祝你生日快乐，祝你生日快乐……"还没等我说完，《生日快乐歌》便在教室中响了起来。辰辰提着一大包糖穿梭于行间，满脸都是幸福和快乐。"老师，等我过生日的时候，我给大家发巧克力，去年生日时发的那种，每人两块，可好吃了！"吃着辰辰的生日糖，瑄瑄开始惦记自己的生日巧克力了。

"老师，今天是我的生日，我给大家带了签字笔……"

"老师，今天是我的生日，我给大家带了橡皮……"

"明天是我的生日，正好赶上星期六，老师，我邀请您和同学们参加我的生日party。"

……

一个小生命的诞生对于一个家庭来说无疑是一件大喜事，一个孩子健健康康地成长对于一个家庭来说无疑是件高兴的事。给孩子庆祝生日成为一个家庭正常的事，孩子用不同的方式表达自己生日快乐的心情也是一件正常的事。生日已成为很多孩子、很多家庭的"节日"。

生日只能成为"节日"吗？现在的孩子得到的爱太多了！而不懂得爱别人、不知道付出爱的孩子也越来越多了。作为班主任，我不能仅仅组织孩子们庆祝生日、过"节日"，让孩子获得一时的快乐，我应该抓住每一个细节、每一个契机教育孩子、引导孩子，让他们获得一生的教益。"生日不仅仅是节日，生日应该成为感恩日。"我心中暗想。

"孩子们，过生日是你们最快乐的时候，可你们想没想过你们的诞生、你们的成长妈妈、爸爸、爷爷、奶奶以及老师要付出多少辛苦和心血？尤其是你们的妈妈？""我听妈妈说我是剖腹产出来的，为了我的出生妈妈受了很多苦，到现在妈妈肚子上还有长长的一道伤疤呢，我的生日是妈妈的受难日。""我爸爸、妈妈都在国外工作，是爷爷、奶奶带我，他们年纪大了，身体也不好，要给我做饭、洗衣服，还要接送我上下学，可不容易了！"……听老师这么一问孩子们便滔滔不绝了。"过生日时爸爸、妈妈、亲戚朋友给你们买礼物、组织生日party，你们给同学、朋友发糖、发巧克力，生日成了你们的节日，你们说生日仅仅是节日合适吗？""不合适。"孩子们纷纷摇头低语。"过生日的时候应该是感恩的时候，生日应该是感恩日！""感恩日！"孩子们纷纷点头称赞。

"过生日的时候应该是感恩的时候，生日应该是感恩日！"这句话作为"名人名言"写在孩子们的日记本上，记在孩子们的心头上，落实在孩子们的行动上。

"老师，今天是我的生日，昨天晚上我悄悄给妈妈做了一张贺卡，感谢妈妈的养育之恩，一早我把贺卡拿给妈妈，妈妈先是一愣，当打开贺卡看到贺卡上感谢的话时，妈妈的眼圈都红了，跟爸爸说'我们的女儿长大了，懂事了'。老师，我真觉得爸爸、妈妈为我们付出的太多了，我只为他们做了这么一点点，他们就那么感动、那么满足。老师，我以后要多为爸爸、妈妈做些事情……"

"老师，今天是我生日，我用我的压岁钱给妈妈和奶奶买了围巾做礼物，爷爷每天骑电动车接我回家，我给爷爷买了手套做礼物……"

"老师，明天是我的生日，我要让爸爸、妈妈好好休息，我包揽一天的家务活……"

一句感恩的话、一件感恩的事、一份感恩的礼物成为孩子们过生日的"主旋律"，生日渐渐地变成了"感恩日"。

作为班主任应该把握每一个细节、每一个契机教育孩子，让"教育无小事"得到真正的体现。让生日成为"感恩日"，教师抓住这一细节教孩子学会感恩，引导孩子懂得爱、学会爱、付出爱，使他们终生受益，为他们的人生奠基。

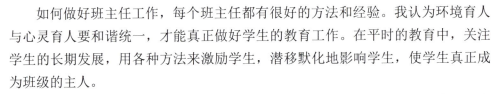

心情交换站

王 楠*

如何做好班主任工作，每个班主任都有很好的方法和经验。我认为环境育人与心灵育人要和谐统一，才能真正做好学生的教育工作。在平时的教育中，关注学生的长期发展，用各种方法来激励学生，潜移默化地影响学生，使学生真正成为班级的主人。

打造班级育人的软环境要融合心理健康教育。师生的关系，多一份沟通，就多一分理解，多一份帮助，可是平时工作那么繁忙，如何时时掌握学生的心理动向呢？结合我上过的心理课《我的情绪我做主》，我充分利用环境布置，在班中设立了"心情交换站"，学生拿来了漂亮的小桶，设立了好心情、坏心情、夸夸你、好建议交换站，让学生把自己的心里话写下来，投进去。大家可以写给老师、同学或者父母，可以署名，也可以只写心情不留名。每天我利用零散的时间拿出这些留言仔细阅读。有需要的就念出来，进行师生交流，生生交流。大家被彼此的好心情相互感染，同时也把坏心情说出来，彼此开解，想办法解决。有时我也会

* 北京第二实验小学语文教师、心理教师、班主任王楠，小学一级教师，校级骨干教师，致力于对学生心理健康的研究与培养；论文、案例等多次获得国家级、市级、区级奖项。

根据内容私下找同学谈心，尤其是平时老师忽略的地方，在"心情交换站"中得到了重视，通过交流也解开了师生之间的小疙瘩。学生们通过这个平台，为班里提供了几十个好建议并付诸了行动，许多同学细心观察发现他人的闪光点，并且通过交换站快速解决了许多小矛盾。

其实，现在这些"00"后的孩子真是很少有机会和同龄人在一起相处，很多问题在学校会集中表现出来，有的事情很小，但情绪一上来谁也不肯让步。一天午饭时间，两个男孩子盛汤时，小军把汤不小心洒在了小浩身上，谁知小浩怒发冲冠，揪着小军又哭又闹，汤洒了一地，班里的同学看到这一幕也都惊呆了。谁也没想到小浩的反应这么大，小军却认为自己是无意的，看到小浩的过激反应更是觉得委屈。两个人哭着来找我，看着他们如此激动，哭得不能自己，我建议他们把现在心里的感受写下来投进交换站，然后各自先去卫生间把自己收拾干净。我也和其他同学一起把教室地面整理干净。过了一会儿，两位同学先后回来，情绪平静了很多，他们不约而同地到"心情交换站"拿出对方的心情卡来看。小军先看了之后，这才知道了这件衣服是小浩新买的，一直舍不得穿，现在弄脏了十分难过，于是他主动找到小浩提出来要进行赔偿。小浩此时也知道对方也不是故意的，而且道歉态度诚恳，于是原谅了小军，也主动道了歉。像这样的小矛盾，学生之间总也避免不了，怎样快速、客观地解决问题是考验班主任智慧的时候。了解了对方的感受，进行换位思考，小矛盾迎刃而解。现在不管开心不开心，孩子们乐于与他人分享，让快乐加倍，让坏心情消失。

要想使学生能有个好的学习环境、好的班级氛围、好的品行习惯，单凭制定这样那样的规章制度是远远不够的，我们还要从学生们的需要出发，将外在的环境育人与内在的心灵育人结合在一起。这需要教师投入积极的情感，迈出与学生之间真诚交流的第一步，变"管"为"疏"，让学生真正成为自己学习和生活的主人。

后　记

　　本书的出版特别感谢北京第二实验小学在理念上的引领，感谢学校领导的支持。成书过程中特别感谢各位老师的分享，几经选稿、改稿的过程中老师们对爱又有了新的认识、新的思考。特别鸣谢本书第一章编审刘娟、慈建芳、王金红、杨坤、边晓爽、郭琪；第二章编审王瑞颖、洪岩、张子成、那敏；第三章编审郭钊、孙玉娇、韩燕、杨蕊。

　　期待本书的出版能够带给一线老师更多的收获。